U0470465

本书系"上海市翻译硕士学位点培优培育"资助项目

语言政策与安全研究

夏甘霖 主编

上海社会科学院出版社

目录 | CONTENTS

语言政策区域国别研究

《应对英语缩略语的伊朗语言规划——波斯语术语规划》述评　　姚　刚 / 3

《英国脱欧、语言政策和语言多样性》述评　　梁　平 / 13

《欧盟中的语言权利和法律》述评　　赵佳蕊　吴苌弘 / 24

《法国的语言政策与21世纪区域语言的复兴》述评　　王春荣 / 35

《语言政策和经济学：非洲的语言问题》述评　　谢　彩 / 43

《以色列的选修语言研究与政策：社会语言学和教育学视角》
　　述评　　杨军红 / 55

《南非后种族隔离时期的语言政策和国族构建》述评　　张晓丽 / 66

《后殖民主义法律的语言选择——马来西亚双语法律体系的启示》
　　述评　　范湘萍 / 78

《东南亚国家马来西亚、菲律宾、新加坡和泰国的语言政策与现代性》
　　述评　　李云玉 / 90

《超越国家的语言政策》述评　　徐　鹏 / 102

《牛津语言政策与规划指南》述评　　张静文 / 113

《语言政策与语言规划：从民族主义到全球化》（第二版）述评　　徐文姣 / 122

《埃塞俄比亚的语言政策——提格雷州语言政策与实践的相互作用》
　　述评　　纪家举 / 133

语言教育政策与规划

《亚洲英语教育政策》述评　　姚春雨 / 147
《中东和北非的英语教育政策》述评　　姜忠莉 / 159
《语言政策与教育中的政治因素》(第三版)述评　　陈　冲 / 173
《成功的家庭语言政策：父母、儿童和教育者的互动》述评　　洪令凯 / 185
《语言政策和语言习得规划》述评　　刘　亮 / 197
《家庭语言政策：在家庭中保护濒危的语言》述评　　陆月华 / 208
《家庭语言政策：儿童视角》述评　　燕守宝 / 216
《语言教育政策的全球视角》述评　　陈　栩 / 229

语言政策与规划研究方法

《语言政策的话语路径》述评　　朱　雷 / 243
《基于社区的语言政策与规划研究》述评　　胡　川 / 254
《语言规划与政策的交叉点：在语言和文化中建立联系》
　　述评　　翁晓玲 / 264
《语言政策和语言公正：经济学、哲学和社会语言学方法》述评　　李诗芳 / 276
《语言政策与规划中的研究方法：实用指南》述评　　夏甘霖 / 287

语言政策区域国别研究

《应对英语缩略语的伊朗语言规划
——波斯语术语规划》述评

姚 刚[*]

一、引言

《应对英语缩略语的伊朗语言规划——波斯语术语规划》(*Iran's Language Planning Confronting English Abbreviations：Persian Terminology Planning*)是伊朗学者法蒂玛·阿克巴里(Fatemeh Akbari)的著作。这本书分为七章,探讨了英语国家以外其他国家的语言规划者所普遍面临的一个重大问题——应该如何处理全球通用语言对当地语言的影响？换言之,应该采用哪种语言政策——推广国际化语言还是本国语言？那些反对规范主义的人通常会建议忽略母语。而那些相信某种规范主义的人,或者从技术角度讲,对语言进行规划的人,则不会对母语置之不理。

大多数关于波斯语缩略语问题的出版物都建议有必要增加该语言的缩略语。他们指出了其他语言尤其是英语中存在大量的缩略语,并认为英语缩略语进入波斯语是因为其简洁性。这一观点的支持者声称最省力原则中提到的说话人喜欢节省时间和精力的语言行为证明了缩略语在语言中的流行。然而,许多

---

[*] 姚刚,上海政法学院语言文化学院(国际交流学院)讲师,研究方向：英美文化、英美文学。

赞同这一观点的学者的判断依赖于个人观点和解释,而不是基于研究或证据。这项研究很重要,因为它通过对相关语言学理论、波斯语结构和社会语境的深入分析来探讨这个问题,而不是从一开始就假设英语是理想的语言模式。

在这本书中,作者考察了鼓励在波斯语中使用缩略语的伊朗官方术语规划,该规划以上述假设为基础,即英语提供了一种理想的语言模式,而最省力原则证明缩略语的流行。这项规划是由波斯语言与文学学会发起并实施的,并似乎要无限期地执行下去。作者研究的语料库是1997—2013年波斯语言与文学学会批准的术语,以及在波斯语言与文学学会术语构造规则框架内核准的缩略语。这项研究的主要目的是从词态学的角度来理解该规划的适用性是否能使缩略语作为一种术语形成方法与波斯语兼容。波斯语言与文学学会批准的在不同知识领域的术语集构成了这项研究的数据来源。这本书涉及在科技术语中使用的缩略语形式,未涉及通用语言中的缩略语实例。

二、内容简介

(一) 理论依据

第一章介绍了英语作为一门语言是如何跨越地理边界,在语言学的各个层面影响其他语言的。此外,第一章还介绍了语言与术语规划的一些基本概念和术语,以及这本书所填补的学术空白。第一章解释了英语学习的方式能够影响其他语言,探讨了英语与其他语言接触过程中所带来的影响。这些影响引起了语言规划者(当然还有政治家)的关注,并导致了相关部门为应对这些影响而出台政策和规划。第一章还解释了一些同语言与术语规划相关的重要理论和概念,以及指出当前研究的重点是缩略语。语言是与社会群体不断互动的交际实体。因此,语言不仅随着社会、技术和经济的变化而变化,而且促使一些国家的高层决策者使用语言和术语规划的体系框架来实现自己的意识形态目标。

第二章简要回顾了波斯语中的外来语历史,以及基于政治考量而采取的应对措施。许多欧洲语言包含大量带有古典拉丁语的术语或者希腊语的词根,像萨格尔这样的术语学家相信只有采用很小的纠正措施的语言社区可以发展出并成功运用新的术语。然而,萨格尔指出,相比之下,发展中国家之间的政治界限常常把使用不同语言的群体划分成不同的政治实体。在缺乏可供选择的科技术语的情况下,某种欧洲语言通常会被作为科学的通用语。在简要回顾了借用新波斯语的历史之后,此章讨论了伊朗目前的语言和术语规划。以前的语言规划机构主要任务是为从不同语言借用的各种形式的缩略语构建与波斯语对等的语言体系。然而,最近的语言政策制定者和规划者遇到了英语缩略语形式所带来的新挑战。

(二) 焦点话题

第三章详述了波斯语中的英语缩略语所带来的挑战,并做了研究综述。缩略语在某些语言中是一种强有力的构词方法。然而,在美国盛行的英语缩略语形式越来越多地进入其他语言,特别是通过其科技术语的形式。该章首先回顾了波斯语中缩略语的动态发展和使用领域,其次解释了波斯语中越来越多的英语缩略语是如何促使伊朗的术语规划者们在官方术语规划的框架下使用缩略语的,最后官方将审查过去对该规划的评估并将更新当前研究所需弥补的差距。

虽然官方已经对创造缩略语形式的策略进行了长达二十年的研究,但不幸的是,相关领域的专家或技术文本的翻译人员并没有对经批准的缩略语形式的可接受性和适用性这一问题进行专门和全面的研究。然而,某些对于波斯语言与文学学会核准的术语可接受性的一般性研究参考了许多缩略语形式。

在一项关于接受波斯语对等词的调查中,经波斯语言与文学学会批准,向伊朗两所大学的教职人员和研究生发放了 101 份问卷。问卷中包含 20 个由该学会核准的术语,其中包含由该学会创造的 10 个新词和 10 个从现有资源中选择的词。

对舶来的缩略语形式缺乏前后连贯的政策一直受到批评。泰尔内贾德等人考察了该学会批准的术语来衡量新词和借用词在波斯语中的比率,并批评该学会对舶来的缩略语形式缺乏一以贯之的应对之策。马吉德也提到了波斯语言与文学学会创造的缩略语并不受欢迎。他采取了另一种方法来处理舶来的缩略语形式。在他看来，"字母的无故省略"（缩略语）是不适用于波斯语的，因为对于说波斯语的人来说，缩略语有时候会词不达意。总之，波斯语言与文学学会创造的缩略语不太可能得到广泛接受。

第四章和第五章描述了英语和波斯语缩略语的不同类型，同时描述了作者所采用的比较波斯语和英语中缩略语的方法，以及这种比较的结果。如第三章所述，波斯语言与文学学会遵循官方规划推广波斯语缩略语，以应对英语缩略语形式的广泛借用。这项规划在二十年前启动，它的重点一直没有改变。决策者们认为，该规划的实施阻碍了英语缩略语形式以其母语形式使用。为了评估该规划的结果，作者比较了作为该规划成果的波斯语缩略表格与规划实施过程中考察的英语缩略表格。

第四章介绍了英语和波斯语缩略形式的类型及此研究所采用的方法。当选择了在波斯语的定义和分类中不包括短词缩略语方法（即短形式）的时候，波斯语言与文学学会似乎有意无意地忽视了波斯语中缩略语形式的高度动态性。正如阿克巴里所建议的，如果波斯语言与文学学会不承认短形式是一种波斯语缩略语方法，它不仅有机会使用一种实用的术语形成方法，而且可以使用一种已经被语言社区广泛接受的方法。此外，它能避免其他类型缩略语的一些缺点。

第五章综述了大多数关于波斯语缩略语的文献，以及官方波斯语规划者的观点，强调鼓励使用波斯语缩略语的必要性。这一论点的支持者们认为，缩略语具有化繁为简的功能，并且波斯语中的缩略语增加了与英语在各个领域的缩略语相对应的波斯语缩略语被接受的可能性（见第三章）。这个观点构成官方术语规划的基础，该规划由波斯语言与文学学会设计和执行，尽管历史上该语言在这一领域缺乏活力。这一章对1997—2013年创造的缩略语形式进行了定量和定性研究，以理解波斯语在构造缩略语的词态学方面的可能性。这是官方第一个推广实施缩略语规划的时期，该规划由伊朗波斯语规划最高官方机构制定和支持。因此，该书中的数据反映的正是波斯语中缩略语的使用比以往任何时候都更为激进的时期。

波斯语言与文学学会审查了1997—2013年不同领域的32 000多个非波斯

语术语。其中,英语和波斯语缩略语的总数来自《审核术语总汇》。这些缩略语包括:(a) 只有英语缩略语形式且未获得波斯语缩略语对应的术语(837 例);(b) 获得批准的与波斯语对等的英语缩略语(174 例);(c) 具有以下特征的英语术语:没有英语缩略语形式,但获得了波斯语缩略语形式(仅 18 例)。

由于缺乏相关文件的支持,因此不可能将波斯语言与文学学会创造的缩略语形式与任何现有的波斯语缩略语形式区分开来。然而,根据作者在该学会和毕业后作为术语学家的经验回顾现有资料,得出的结论是,大多数经批准的波斯语缩略语形式是由波斯语言与文学学会在专门委员会或术语委员会中创造的。

数据显示,缩略语形式是在以下领域中产生的:药物学、农学、考古学、天文学、大气科学、测听学、生物学、地图学、化学、电影学、腐蚀学、晶体学、口腔医学、戏剧艺术、环境科学、食品技术、林业、未来学、遗传学、地质学、健康科学、信息技术、图书馆学、语言学、数学、医学、气象、微生物学、军事科学、音乐、营养学、海洋学、光学、物理学、政治学、高分子科学、项目管理、心理学、体育、技术管理、电信、旅游、交通、通用语言等。

近几年,术语规划部门在术语形成方面的知识和经验日渐积累,奠定了实施波斯语言与文学学会缩略语规划的坚实基础。然而,尽管有这种广泛的经验,该书第五章中的表 5.1 显示该学会仅创造了 192 种波斯语缩略语形式来对应 32 000 多个非波斯语术语(在总共 192 个术语中,174 个等同于英语缩略语形式,18 个对应于没有英语缩略语形式的完整术语)。换言之,0.6%的受检术语采用波斯语缩略语形式。相反,英语缩略语形式约占完整术语的 2.6%(总数 32 000 多个中的 837 个),约是波斯语缩略语频率的 4 倍。还应注意的是,许多非波斯语术语都有两个或两个以上的波斯语对应语,而 32 000 多个非波斯语术语表明波斯语对应语已经被创造出来,其他评论员计算出了波斯语对应语的总数。例如,波斯语言与文学学会会长的研究表明,已经核准的波斯语对应语约为 45 000 个。如果使用这种计算术语的方法,则创造波斯语缩略语的百分比变得更小。它揭示了尽管该学会实施了一项官方语言规划,使波斯语缩略语变得更加生动,但无法大幅增加波斯语缩略语的数量。

波斯语言与文学学会创造出来的缩略语数量很少,这可能暗示着该学会的专家们没有遵循缩略语术语规划。因此,更多的波斯语缩略语形式仍有可能被创造出对应的英语术语。虽然不能根据现有文献否定这一假设,但这些数据确实支持这一观点——那些负责为外语术语构建波斯语对应语的人显示出有限的遵循规划的倾向,因此许多波斯语并没有对应的缩略语形式。作者推测,如果术语部门的人员不愿意创出更多的缩略语形式,那么语言社区也可能缺乏这种积极性。

第六章论述了官方为鼓励在波斯语中使用缩略语而采取的术语规划的理论基础及这一规划所取得的效果。这章还探讨了不同语言当中语言缩略法动态原则不对等的原因,而这可能同样解释了语言之间其他方面的差异。作者针对规划执行过程中出现的难题提出了建议。

目标语社区对新术语的接受程度通常被用来衡量新术语成功与否的标准,而且通常也是官方语言规划想要达到的主要目标。对于语言和/或术语规划来说,语言社区的接受不能被认为是理所当然的,也不能被认为是猜测或直觉的结果。相反,需要进行社会术语调查,以评估语言社区的观点。成功的语言和/或术语规划会持续收到来目标语社区的反馈信息,但还没有开展过全面的针对波斯语中创造的缩略语的社会术语调查。此外,波斯语言与文学学会就其核准的术语征求民意开展的调查是分散的和不定期的,通常没有得到什么反馈。然而,如第三章所述,就相关问题开展的民意调查过程中收集到的某些反馈表明,说波斯语的社区确实没有表现出采用缩写形式的强烈倾向。此外,艾哈迈杜尔的田野调查征求了波斯人对波斯语言与文学学会核准的缩略语的意见,尽管她没有特别关注该学会核准的那些缩略语,这项研究的结果可能也适用于他们。艾哈迈杜尔在伊朗三个省(德黑兰、伊斯法罕和克尔曼)进行了问卷调查,并开展了 60 次访谈。问卷调查的结果证实了在新词的接受和传播中评估和使用作为两个重要变量,它们之间存在直接相关性。此外,艾哈迈杜尔得出结论,说波斯语的社区倾向于使用熟悉的词语,而不是该学会核准的那些缩略语,人们不熟悉该学会核准的缩略语和害怕被对话者嘲笑是推广这些缩略语的两个主要障碍。换句话说,受访者认为他们不熟悉的这些缩略语对交流既没有用处,也不值得信任。尽管在波斯语中几乎没有方言缩写形式,术语规划委员会成员卡夫声称没有大的障碍能阻止波斯语缩略化的进程,虽然他没有解释他所说的大的障碍到底是什么。然而,卡夫承认有许多因素阻碍了波斯语缩略化的进程:(1)广泛使用缩写形式;(2) 使用外国缩写形式;(3) 错误地认为波斯语书写和发音习惯会导致缩写形式不恰当和令人不快;(4) 说波斯语的人倾向于忽视缩写的必要性;(5) 波斯语由于其悠久的历史而变得迟钝。法米安认为波斯语书写系统的草书性质阻碍了波斯语的缩写,而帕拉万·希尔加尼认为缩写形式在当代波斯语中不受欢迎主要有两个原因,即波斯语字母表中三个短元音(/æ/、/e/和/o/)缺少标注在上方的变音符号和波斯语缩略语使用的口碑不佳。

(三) 发展与展望

以术语规划的长期和最终目标为背景,第七章总结了在长期和最终目标的背景下伊朗语言术语规划的成果,即增长了目标语社区的知识。它强调语言和/或术语规划的目标应该是不仅与语言结构兼容,而且与语言社区的认知词态学和社会语言学特征兼容。重要的是在科学和技术教学中使用习惯性语言。

缩略语术语规划显然带有为英语缩略语形式创造对应语的目的,已通过波斯语言与文学学会根据具体情况指定新的术语。然而,该规划并未采用创造性的术语造词法,这种造词法更能促进语言社区的术语开发。作者现在考虑的是该规划将在长期内取得什么结果。目前的做法可能会导致每年创造出少量的波斯语缩略语,而这些缩略语大多数是通过非常规构词法创造的。如前所述,值得在此重申的是,缩略语形式是由专家小组在专门委员会、术语理事会或新成立的委员会成员闭门造车创造出来的。这些委员会和理事会成员的观念不一定反映语言社区的意见,而且因使用者有限,这些新造出来的缩略语不太会被广为接受。

由于英语缩略语的增长速度快于波斯语对应语的增长速度,两者之间的差距每天都在增加。而造词形式的任意性则意味着波斯语缩略语形式的质量相对较差,与他们打算取代的英语缩略语形式形成对比。该规划采用了一种规定性的方法,由一小部分专家实施。这些专家不能代表整个语言社区。此外,这些小团体所创的造词法结构与母语者的明显不同。没有证据表明执行了该规划的语言社区采用了新造的缩略语;相反,似乎是这些社区不需要它们,也不喜欢这些缩略语。

虽然语言社区打算在日常使用新造的缩略语，但是说话者所需的那些词语很有可能不会被创造出来，因为与对应的英语词汇相比，得到波斯语言与文学学会核准的波斯语缩略语数量有限。如果出现这种情况，现行的构词法不足以创造出满足使用者需要的缩略语。

这项研究虽然不主张消除波斯语中的缩略语，但阿克巴里指出波斯语言与文学学会的波斯语缩略语规划需要重新考虑"波斯语规划者可以在简化语言中的缩略语方面发挥重要作用"。罗尼伯格·西博尔德警告说在错误的场合使用缩略语这种语言简化机制无疑会给沟通带来困难。例如，阿克巴里建议语言规划者可以"划定缩略语用法的范围"，明确定义缩略语及其方法，以确保结果让语言社区更容易理解，从而加强一般和专业环境中的交流。波斯语言与文学学会需要考虑所有现存的，以及可能的波斯语的具体构词法，例如波斯语中最常见的缩写形式——简短形式。简短形式的有效形成应被视为波斯语的一种优势。此外，波斯语言与文学学会术语规划者应该更多地强调提高语言意识，特别是专业人士（在所有研究领域）的语言意识，以使他们能够创造自己喜欢的符合波斯语结构规则的词汇。换句话说，波斯语言与文学学会可以通过向专家提供他们自己术语所需的术语知识和语言工具，而不是花费时间来构建本质上是外来构词法的不符合构词规则的对应语，并希望来自学术界和工业界的专家能在未来使用它们。此外，这一策略将在某种程度上解决波斯语要跟上英语在科技领域快速增长的术语，包括进入了波斯语的英语缩略语的重大需求。为了满足这一需求，应进行社会术语调查以获得当前缩略语术语规划效果的反馈。调查结果还可以让语言规划者们了解目标语言群体的需求，以及解决此类需求的可能策略。

三、简评

近几十年来，舶来的英语缩略语在非英语语言的通用词汇和学术/技术术语当中的盛行给语言规划师、术语学家、出版商、科学作者和翻译人员带来了重大挑战。英语缩略语不仅通过借来的形式输入其他语言，也可以作为一种构词法在目标语言中引入或鼓励缩略语的使用。在如何处理英语缩略语问题上缺乏共识可能导致在科学知识的各个分支之间出现不对应的情况。

作为伊朗官方语言政策制定机构,波斯语言与文学学会采用了一种规定性的方法,试图在波斯语中实施官方术语规划加速波斯语术语中很少使用的缩略语方法的推广和使用。他们认为,英语缩略语形式之所以被借用,是因为其简洁性和灵活性,而波斯语中很少使用缩略语形式给了英语缩略语可乘之机。伊朗官方术语规划将波斯语缩略语造词法与英语缩略语造词法对等。这项研究调查了波斯语中应用英语缩略语形式及其带来的挑战。作者同时探讨了波斯语缩略语不常见的原因,最后给出了一些关于如何稳妥应对全球语言影响的建议。

大多数涉及波斯语缩略语的出版物都认为波斯语将受益于缩略语形式的动态性和频率的提高。为了推广缩略语,这些研究列举了本国语的缩略语形式(主要是称谓而非术语)。

目前基于语料库的研究采用了一种更加细致的方法来评估缩略语在波斯语中的适用性,而不仅仅是找到某些方法来增加语言中缩略语的数量。这些研究结果也为作者提供了一个在其中可以研究数种重大理论问题的语境,而这些问题在简单的研究中往往被忽视。首先,作者提出波斯语言与文学学会创造出来的缩略语形式到底好不好,为了回答这个问题,作者参考了第一章中评价缩略语好坏的标准。其次,作者讨论了最省力原则,这一原则通常被认为是缩略语的理论基础术语规划及其在波斯语缩略语形式中的应用。作者考虑了波斯语缩略语的编纂是否构成借用英语中的缩略语术语形成方法,并解决了影响波斯语言与文学学会缩略语术语规划社会术语学方面的问题。最后,作者考察了缩略语术语规划的成果,以及语言规划者依然面临的问题,并给出解决这些问题的方法。

结果表明,该规划的结果并不总是与英语缩略语形式在定量和定性上具有可比性:并非所有的英语缩略语都能在波斯语中找到对应的缩略语,且由于其构成不规则,大多数由波斯语创造的缩略语形式颇令人费解。这项研究还挑战了该规划的理论基础,研究结果表明,最省力原则不支持术语简明性和流行性之间的直接关联。此外,这项研究还解释了新发明的术语,尤其是如果它们与当地人的语言习惯几乎没有相似之处的情况下,这些术语不一定会被讲英语的群体所接受,因此波斯语言与文学学会缩略语术语规划的影响尚不清楚。

目前的研究代表了一种新的考察跨语言的术语构成动态性的方法。它解释了波斯语中缩略语的低动态性，并指出了英语和波斯语之间缩略语动态性的差异可能是由于语言结构的差异，也可能是由于说话人的同源词法和社会术语动机的差异。这项研究还表明，英语缩略语形式进入其他语言主要是由于英语在世界上的地位，而不是术语本身的简洁性。

所有这些发现都表明，为了实现这一目标，有必要采用另一种方法解决波斯语中英语缩略语形式广泛应用的问题。波斯语和其他语言一样也有自己的特点，因此也有自己简化语言的策略。缩略语术语规划的设计者们可以用三种可能的方式来回应这项研究。第一种方式是波斯语言与文学学会如果不担心其核准的缩略语形式中的不一致性和不规则性，或者不采用其编纂的缩略语形式，那么它将不会做出任何改变语言社区术语的政策。第二种方式是波斯语言与文学学会可以尝试改变波斯语的本质以使其更容易包含缩略语形式。第三种方式是波斯语言与文学学会调整其规划，以考虑当前语言社区的词态学趋势，例如通过整合缩略语形式，这可能是波斯语中最有力的缩略语方法。如果采用第一种或第三种方式，波斯语言与文学学会应该考虑一下这一政策的得失，以及它所选择的规划在公众舆论、时间方面的益处和铸造每种缩略语形式所需的资源。无论如何，波斯语言与文学学会应该注意的是，这项研究的结果揭示了在词态学方面波斯语中的简洁做法是有失语言的美感的。

这项研究表明，波斯语言与文学学会除了需要考虑语言社区的社会术语因素，还要考虑波斯语言的结构和认知词态学的因素。这样做的目的是提高其战略成功的可能性。如果在重新考虑后，语言规划者坚持认为波斯语缩略语的造词法应该得到支持，那么将需要修订该规划以带来能够被接受的结果。

戴维·克里斯特尔"永远不要预测语言的未来"的警告可能适用于对语言/术语规划结果的预期。然而，同样令人信服的观点是，语言/术语规划在语言学上有效，在社会语言学上具有激励作用更有可能克服语言的僵化。换句话说，语言/术语规划的结构应与所讨论的语言及其社会背景兼容。在追求这样一个目标的过程中，在实施大规模规划之前进行的研究可能会揭露不可预见的问题。这些研究对制定规划尤其重要，旨在解决复杂的问题，如初步研究有助于语言规划者估计规划的实施程度以优化成本与效益方案。

《英国脱欧、语言政策和语言多样性》述评

梁 平*

一、引言

《英国脱欧、语言政策和语言多样性》(*Brexit，Language Policy and Linguistic Diversity*)为迪尔梅特·马克·吉奥拉·克里奥斯特(Diarmait Mac Giolla Chríost)和马泰奥·博诺蒂(Matteo Bonotti)合著，由帕尔格雷夫·麦克米伦(Palgrave Macmillan)出版社于2018年出版，是该出版社推出的"帕尔格雷夫欧盟政治研究系列"丛书之一。克里奥斯特现任英国卡迪夫大学教授。他是少数语语言学和语言规划方面的权威。博诺蒂是澳大利亚莫纳什大学政治与国际关系系的高级讲师。该书共三章，在从实证角度对英国和欧盟的语言政策进行概述之后，系统地分析了英国脱欧对欧盟和英国语言政策的潜在影响，并提出英国脱欧之后在欧盟推广英语的通用语地位并不会伤害公平原则和引起所谓的道德争议。

---

* 梁平，上海政法学院语言文化学院(国际交流学院)讲师，研究方向：语言应用、外语教学研究。

二、内容简介

（一）对于英国和欧盟语言政策的实证概述

在第一章中，作者用两个小节概述了英国和欧盟的语言政策，为第二章和第三章中提出的论点提供一个实证背景。关于英国，这章重点讨论了英语和英国其他本土语言的法律地位，也强调了北爱尔兰的特殊性。另外，在这一部分，作者还简要探讨了外来语言在英国的地位。关于欧盟，作者介绍了欧盟官方语言多样性的起源和发展进程，也强调了欧盟机构内部日益增长的官方语言和工作语言之间的矛盾。在该章最后，作者简要讨论了英语在欧盟的现状，以及英国脱欧对这一现状可能产生的影响。

1. 英国的语言政策

在对英国语言政策的介绍中，作者首先从历史的角度证实了英语在英国的立法中曾经获得过法律的承认，对自14世纪到现在英语的相关法律地位做了明确的叙述。接下来，作者对英国本土语言的情况和地位做了概述，如威尔士语、苏格兰语、苏格兰盖尔语、政治上比较敏感的爱尔兰语和阿尔斯特苏格兰语、康沃尔人说的凯尔特语，以及爱尔兰流浪者使用的雪尔塔语。在这一小节的最后，作者还提到了英国的外来语言。据统计，英国的各种外来语言有几百种，但是在英国的法律中，除了北爱尔兰提到过对语言多样性的尊重和包容，没有任何对它们的法律支持。这些语言的使用者也没有受到任何法律保护。因此，目前对英国外来语言的法律保护只能依靠平等、人权和种族关系的相关立法所提供的间接支持。

2. 欧盟的语言政策

在对欧盟语言政策的介绍中，作者首先从历史的角度进行了概述。欧盟的历史虽然短，但是自形成初期就采取了许多措施为欧盟成员国使用的多种语言提供了一个清晰而明确的法律和政策框架。根据欧盟语言政策的历史发展，作者总结出一个重要的趋势：一方面，承认所有国家的语言平等一直是欧盟对待语言多样性的一个关键特征；另一方面，由于某些规定（《1958 年 1 号法规》）为在欧盟机构中优先考虑某些语言提供了法律依据，从而造成并加重了官方语言和工作语言之间的差距。这种差距在欧盟扩大之后变得越来越明显，导致英语成为欧盟机构事实上的主要工作语言。作者认为，除了欧盟内部语言之间法律上的平等和事实上的不平等之间的矛盾，欧盟内部经常出现的另一个矛盾是统一性和多样性之间的紧张关系，或者更准确地说，是欧盟所追求的经济上的统一性和其语言的多样性所带来的障碍之间的矛盾。

在该小节的第二部分，作者对欧盟内部机构的语言进行了介绍，如欧盟议会（The European Parliament）、欧盟理事会（The Council of the European Union）、欧洲理事会（The European Council）、欧盟委员会（The European Commission）、欧盟法院（The Court of Justice of the European Union）的语言使用情况。

在该小节的第三部分，作者强调，欧盟的语言政策一直以来都需要平衡统一性和多样性。除欧盟议会以外的欧盟主要机构之所以实行内部语言限制机制，是为了跨越语言边界，促进经济、政治和法律互动。欧盟对语言多样性一向持尊重的态度，并在促进其内部语言多样性方面发挥了积极作用，特别是通过教育手段和发布相关文件给予少数民族语言支持和保护。

在该小节的第四部分，作者对英语目前在欧盟的地位进行了介绍，并且断言，鉴于这种情况是多方面的原因促成的，英国脱欧不会改变英语作为欧盟事实上通用语的地位，无论是在欧盟机构内部还是在欧盟的公民之间。但是，关于英语在欧盟的法律地位，情况可能会有所不同。作者列举了针对英国脱欧后有关英语法律地位的不同意见和预测。有人认为，英语可能在英国脱欧后失去法律上的重要性，甚至失去其官方语言或工作语言地位。作者认为这种观点是不合理的。

（二）英国脱欧与英国的本土语言

在第二章，作者主要论述了英国脱欧对于其本土语言的影响。该章共有两个小节,第一小节探讨了英国脱欧对英语的影响,第二小节讨论了英国脱欧对英国其他本土语言的影响。

1. 英国脱欧对英语的影响

首先,从英国脱欧对英语的影响来看,作者认为这强化了法定承认英语为英国官方语言的理由。目前,英国缺少一本单独的宪法典,英语的地位也缺少宪法的确认。而世界上76%的宪法都有官方语言的相关规定。英语虽然是英国事实上的官方语言,但英国对语言的唯一提及是在权力下放的法案中。例如,威尔士和苏格兰都在当地的法律中承认英语为官方语言。但值得注意的是,无论苏格兰还是威尔士都把自己的民族语言提升到了与英语相同的官方语言地位。在这里,作者着重讲了威尔士的情况。他详细介绍了威尔士的两个法律文件:《威尔士语言措施(2011)》(Wales Language Measure 2011)和《威尔士国民议会(官方语言)法案(2012)》[The National Assembly for Wales (Official Languages) Act 2012]。通过这两个法律文件,威尔士语同英语一起平等地享受威尔士官方语言的地位。作者认为,从表面上看,英语作为当地官方语言的地位并没有受到威胁,但是仔细研究其措辞,就会发现并非如此。例如,在《威尔士语言措施(2011)》中,"no less favourable"(不能处于劣势)强调了对威尔士语的待遇不应低于英语,但是没有考虑到另外一项原则,即对英语的待遇不应低于威尔士语。作者强调,类似于"no less favourable"的措辞也可以在爱尔兰的法律文件中找到。爱尔兰的法律明确规定作为爱尔兰的民族语言和第一官方语言,爱尔兰语的待遇不能低于作为第二官方语言的英语。因此,《威尔士语言措施(2011)》似乎说明说英语的人在某些情况下受到的待遇不如说威尔士语的人,该措施实际上是为了让威尔士语在威尔士比英语更受欢迎。

接下来,作者从另一方面谈到了英国政府对于威尔士语的态度。作为威尔士权力下放委员会的丝绸委员会(Silk Commission)曾在2014年就威尔士语在英国法律中的地位向英国政府提过建议,希望英国政府审查和修订法律,以给予威尔士语和英语在威尔士公共生活中平等的地位。英国政府接受了这一特别建议,并由代表英国政府的威尔士办事处发布了《威尔士办公室2015年(命令文件)》(The Wales Office's "Command Paper" of 2015),同意修改英国法律中任何没有在威尔士给予威尔士语与英语平等地位的条款。

作者认为,将威尔士办事处发布的《威尔士办公室2015年(命令文件)》和威尔士方面发布的措施相比较,可以看出两者的出发点完全不同。英国政府强调威尔士语和英语的平等地位,而从威尔士发布的文件来看,平等的概念是故意缺席的。因此可以说,威尔士在就英语的法律地位这一问题上与英国政府是背道而驰的。

综上,作者认为,相对于威尔士的威尔士语和苏格兰盖尔语,英语在法律上的地位越来越模棱两可。而英国脱欧会在帮助解决这种模糊性方面发挥作用,因为它提出的基本宪法问题强调了拟定明确、权威的宪法文本甚至是编纂英国宪法的必要性。作者认为,从法律上承认英语为英国的官方语言将解决很多问题,并列举了四个可以由此得到明确的议题:

(1) 英国国会的权力范围。

(2) 对接受权力下放的立法机构的权力认定——苏格兰国会、威尔士议会及北爱尔兰议会。

(3) 英语在英国不同司法管辖区的宪法/法律地位,特别是英语与威尔士和苏格兰现行的法定官方语言之间的关系。

(4) 以英语为母语者在法律上的权利。

2. 英国脱欧对英国其他本土语言的影响

对于英国的其他本土语言来说,英国脱欧的影响有两个方面:第一点涉及思想意识,第二点与法令有关。

首先,在思想意识上。作者认为,致力于推广英国本土语言的活跃分子们依然被欧洲是一个多语言政体这样的"假想社会"(social imaginary,即社会的创造性和象征性层面,人类通过这个层面创造了他们共同生活的方式以及代表集体的生活方式)的观点所深深影响,而英国脱欧会打破自20世纪60年代以来所产生的"假想社会"。第二次世界大战结束后的英国及其他欧洲帝国的后殖民运动都让他们做出了对自主和人权的选择。在这样的背景下,"自主""权利"和作为人权一部分的"语言权利"这些词汇开始被英国的少数民族语言活动家所使用。再加之欧盟在20世纪90年代崛起,在这样一种变化的"假想社会"的推动下,英国在实现更大的欧洲融合的背景下,开始寻求思想意识上的同伴。这种"语言人权"的思潮也影响了欧盟。一些非官方语言开始被允许在欧盟内部机构使用,同时越来越多的语言被列为欧盟的官方语言。而英国脱欧意味着将英国的少数民族语言活动家从欧洲的"假想社会"里分离出来。对他们而言,英国脱欧是对欧洲语言遗产的失去。2016年6月20日,在英国脱欧公投前,一些英国的少数民族语言组织发表公开信称:离开欧盟将对英国本土的少数民族语言造成潜在的灾难性影响,因为这些语言今后将任由英国政府摆布。不管这种说法是否有道理,可以断定的是英国脱欧对英国本土的少数民族语言来说,预示着现在的"假想社会"将必然由另一种"民族语言假想"(ethnolinguistic imaginary)所代替。

其次,英国脱欧对英国本土少数民族语言具有法律上的影响。作者强调,具体会产生什么样的影响取决于英国脱欧所采取的形式。他举例从两方面进行了探讨。一种情况是英国脱欧意味着英国从欧盟法院退出,另一种情况是英国脱欧意味着英国从欧盟法院和欧洲人权法院同时退出。可以看出,无论英国脱欧以什么样的形式进行,英国本土少数民族语言使用者的权利都会受到威胁。要避免这些情况,不仅需要在北爱尔兰、苏格兰、威尔士的地方法律中,也需要在英国的法律中承认和保护其权利。

最后,作者特别提到了英国脱欧对于北爱尔兰语言的影响。他认为,英国脱欧对北爱尔兰的爱尔兰语在法律上的影响是多方面的。英国脱欧之前,为北爱尔兰的语言及其使用者提供保护的主要法律依据是《欧洲区域或少数民族语言宪章》。如果英国脱欧意味着英国从欧洲人权法院退出,那就会侵蚀到这个宪章在北爱尔兰的法律效力。此外,在推广爱尔兰语这一点上,北爱尔兰和爱尔兰共和国保持了良好的联系与合作。但是另一方面,英国脱欧是关于英国边界的重新定义。因此,在英国脱欧的背景下,建立某种与北爱尔兰的爱尔兰语相关的立法势在必行。作者认为,与其他地区不同,北爱尔兰的语言使用者和少数民族语言使用者的权利如果受到破坏,会造成相当大的不稳定性。

总之,作者认为,英国脱欧不可避免地会对其本土语言产生影响。它将重塑关于英国语言多样性的法律框架、公共政策规范及思想意识上的立场;它强调了需要在法律上给予英语作为英国官方语言的认可;英国脱欧也将北爱尔兰、威尔士和苏格兰的少数民族语言活动家与他们的"欧洲同行者们"分离了开来;它也强调了需要在法律条款中进一步保护和支持英国本土的少数民族语言使用者的权利。

(三) 对英国脱欧之后英语作为欧盟通用语的讨论

在第三章,作者就英国脱欧之后英语的地位进行了探讨。自从英国脱欧公投以来,对英语在欧盟的地位问题有两种截然不同的意见。一种观点是英国脱欧之后,英语在欧盟的作用和重要性会大幅降低,例如,被剥夺官方语言和工作语言的地位。作者认为,这种变化不太可能发生。他主张另一种观点:英国脱欧后,英语应该在欧盟中发挥更重要的作用,充当欧盟甚至世界的通用语。他进一步提出了另一个问题:在英国这个最大的英语成员国脱离欧盟后,英语作为欧盟的唯一或主要通用语,是否会引发比现在更严重的争议?

为了回答这个问题,作者在这章联系了菲利普·范·帕里杰斯(Philippe Van Parijs)对英语作为欧洲和世界通用语所做的较有影响力的标准论证。[①] 根据帕里杰斯发展起来的"语言正义理论",推广英语作为通用语言有助于形成一个"全球示范"和"全球辩论"共同体,从而解决国际正义问题。然而,他也承认,将英语作为通用语可能会在英语母语者和非英语母语者之间引起不公平。第一,他们在掌握英语的成本和获益上分配不公;第二,英语熟练程度不同导致他们所获得的机会不平等;第三,英语在全球范围内的地位越来越高,以英语为母语的人比其他语言的人更受尊重,由此产生了不公。作者在此章主要针对帕里杰斯提出的这三种不公,分三个小节一一进行了探讨。最后得出结论:在英国脱欧后的欧盟,帕里杰斯所强调的这三种语言不公平现象都将显著减少,英语将成为一种更中立的语言,它作为通用语言的地位在道德上的争议也将减少。因此,可以说,英国脱欧为英语作为欧盟的通用语提供了一个标准理由。

1. 英语作为通用语:英国脱欧之后的成本与收益

具体来看,第一小节主要探讨了一个问题:英国脱欧之后,英语作为一种

---

① P. Van Parijs, *Linguistic Justice for Europe and for the World*, Oxford: Oxford University Press, 2011.

欧盟甚至世界通用语言所带来的成本和收益在英语母语者和非英语母语者之间是否存在分配不公？经过论证，作者认为：这种在英语母语者和非英语母语者之间本来就存在已久的不公在英国脱欧之后会大大改善。因为在英国脱欧之后，以英语为母语者在欧盟所占的比例大幅下降，爱尔兰人和马耳他人成为主要部分，加上生活在其他欧盟成员国的英裔，总数约占欧盟总人口的2%。这从数量上大大减少了英语母语者由于英语的通用语地位而获益的情况。

此外，英国脱欧之后，欧盟内部存在的英语母语者和非英语母语者之间的成本和收益分配不公主要集中在爱尔兰人和马耳他人身上。所以，作者花了大量的篇幅来证明这种不公将得到大幅改善：（1）根据帕里杰斯的语言正义理论，英语母语者应该因自己在语言上的获益而补偿非英语母语者。这是因为英语有今天的地位是源自英国人的祖先曾经的侵略行为。但是爱尔兰人和马耳他人几乎不需要承担这种道德上的责任，因为他们的祖先不是侵略者。而英国脱欧之后，在欧盟的英语国家只有爱尔兰和马耳他，横亘在英语母语者和非英语母语者之间的道德鸿沟就不存在了。随后，作者又进一步解释了为什么欧盟的非英语母语者要为爱尔兰人和马耳他人所享受的语言红利买单。在这里，他的理由是，这可以被看作欧盟扩张的成本，或者更大程度上可以说是欧盟的核心使命的体现——对团结的追求和为了分配公平对弱势群体和地区的照顾。（2）爱尔兰人和马耳他人如今可以享受英语作为通用语的语言红利，并非自身原因，而是他们在历史上遭受了英帝国的殖民统治而被迫接受了英语。现在他们还在投入大量的金钱和精力来复兴和维持自己的民族语言。由此产生的成本可以抵消他们所享受的语言红利。

经过论证，作者强调，英国脱欧之后，帕里杰斯所说的英语作为通用语所导致的成本和收益分配不公将大大改善，英语母语者和非英语母语者在欧盟将成为更加平等的伙伴。

在第一小节最后，作者还提到了另一个问题：英语母语者和非英语母语者在欧盟之外是否存在成本和收益的分配不公问题？作者对此提出可以用征收语言税的方式来解决，并给出了具体的实施办法。

2. 英语作为通用语：英国脱欧之后的尊重平等

在第二小节，作者对帕里杰斯提出的关于英语母语者和非英语母语者所受尊重的不同进行了讨论，并得出结论：在英国脱欧之后，英语作为欧盟的通用语会大大减少英语母语者和非英语母语者所受尊重的差别对待。为了说明这一点，作者依据帕里杰斯的理论，主要从两方面进行了论证。首先，帕里杰斯主张，人们的"集体身份"(collective identities)与其母语紧密联系。英国脱欧之后，爱尔兰人和马耳他人的集体身份主要由爱尔兰语和马耳他语决定，英语只是这两个国家的联合官方语言，并非民族语言。欧盟对爱尔兰语和马耳他语的官方承认，会维护爱尔兰人和马耳他人具有独特集体身份的民族自尊。因此，对于爱尔兰和马耳他来说，不存在英语母语者和非英语母语者所受尊重的差别问题。其次，帕里杰斯认为，一个人的尊严会受到他的母语是否有官方地位的影响。作者认为，要在欧盟内部给予所有官方语言完全同等的地位是低效和难以实行的。而英国脱欧之后，英语就成为一种相对中立的语言，不再与欧盟内任何语言群体的集体身份联系在一起，也就不存在英语和其他语言之间是否存在尊严平等这个问题。因此，英语作为欧盟唯一的通用语言也就不会伤害非英语国家公民的自尊了。

3. 英语作为通用语：英国脱欧之后的机会平等

在第三小节，作者探讨了英语作为通用语对英语母语者和非英语母语者之间机会平等的影响。帕里杰斯认为，对英语掌握的熟练程度会影响人们获得的机会。英语母语者或英语非常熟练的人会享受更多的工作和学习机会。在这一点上，作者首先讨论了英国脱欧之后是否还存在认定英语熟练程度的语言水平等级。他认为，英国脱欧之后，在欧盟很可能只有很少的人会说标准口音的英语，因为爱尔兰人和马耳他人都有爱尔兰口音和意大利口音。这样，衡量英语是否标准的语言等级就没有意义了。因此，作者认为，英国脱欧之后，欧盟公民的英语基本处于相似的水平，只有很少一部分人会有语言的优越感。人们也不会像以前那样，为了争取同等的机会需要把英语提高到与英语母语者接近的水平。

为了证明这个论点的正确性，作者提出了三个假设的反对意见并一一进行了反驳。

第一,假设有人认为,当关系到就业或其他机会时,英语口语、阅读和写作的能力都很重要。在这一点上,作者认为,在阅读和写作能力上,非英语母语者要超过英语母语者的水平并不难,而且这样的情况并不少。

第二,假设有人说,即使英国脱欧,英国英语或标准英语的地位也依然可能保持强劲。作者认为,为了解决这个问题,可以采取两个措施:(1)在欧盟的成员国从基础教育就开始推行标准英语的统一教学。(2)采用赫尔德·迪·舒特(Helder De Schutter)提倡的"去英语中心化",削弱英国英语或标准英语的影响,以国家为单位建立不同模式的英语。作者相信,这种"去英语中心化"的措施有利于减少由英语作为通用语引起的不同语言者间的不平等。在这里,作者强调,不能让英语通用语的推广导致语言等级的出现。欧盟也不能鼓励人们都去学习某一种"标准英语"。因为一旦这样做,就等于接受了英语的某些变体优于其他变体的观点。

第三,假设有人会说,欧盟把英语作为唯一或主要通用语,将不可避免地有利于欧盟之外的英语母语者尤其是英国人和美国人,而且如果英国和欧盟达成协议,不为英国公民在欧盟生活和工作设置较大障碍,就会对英国人更有利。对此,作者的意见是:如果是"软脱欧",即脱欧对英国与欧盟之间的交流没有造成比较严重的障碍的话,可以用"语言障碍"来解决这个问题,即要求英语母语者申请在欧盟的非英语国家工作和生活时,必须遵守严格的语言能力规定,达到这个国家的语言要求。这有助于抵消英语母语者因为英语的通用语地位而享受到的语言红利,从而有利于在英语母语者和非英语母语者之间实现机会平等。

三、简评

这本书是在英国脱欧之前出版的,作者对英国和欧盟的语言政策进行了研究,分析了英国脱欧对英语和英国其他本土语言的影响,以及对欧盟的语言政策可能产生的影响。纵观全书,有以下特点。

(1)实证性。"empirical"(实证的)这个形容词一开始就出现在第一章的题目中。事实上,除了第三章,前两章都是建立在实证研究之上的。可以看出,作者参考了大量的资料,尤其是相关的法律法规。对英国和欧盟语言政策的介绍都是从历史的角度详细列举了相关的语言政策和法规,用事实说话。在第二章,作者同样从历史的角度对英国和不同司法辖区的相关语言政策进行了研究,并以此为基础探讨了英国脱欧对英国本土语言的潜在影响。

(2) 客观性。该书的客观性不仅体现在对大量实证资料的引用和研究上,还体现在作者的态度上。无论是对英语的语言地位、英国其他少数民族语言的状况,还是对它们的相关语言政策,作者都是以实证为基础进行评价的,并没有加入自己的主观立场。读者很难看出作者对任何一种语言的偏爱或偏见。尊重客观,这也是学术著作应有的态度。

(3) 参考性。此书于2018年出版,在英国脱欧公投之后,正式脱欧之前。无论对英国脱欧之后的语言政策,还是对欧盟之于英语的态度和政策,都有较高的参考价值。2020年底,英国完成脱欧进程,与欧盟达成了一份比较公平的协议。但是,尽管如此,对英语在欧盟地位的争议仍然没有停止。作者在书中关于英语作为欧盟通用语的观点为此提供了一些参考。

当然,书中也有一些瑕疵,主要表现在对于个别论点的论证不够严谨和充分。例如,在论证脱欧之后英语作为通用语会增加不同语者之间的平等机会时,作者为了证明自己的论点对假设的反对意见进行了反驳。在对第一条假设的反对意见"当关系到就业或其他机会时,英语口语、阅读和写作的能力都很重要"进行反驳的时候,作者认为,"在阅读和写作能力上,非英语母语者要超过英语母语者的水平并不难,而且这样的情况并不少"。这里的反驳不够有力,因为忽略了非英语母语者为了提高英语水平所花的成本。这样的比较并不是建立在两者平等的基础上。另外,作者针对第二条假设的反对意见"即使英国脱欧,英国英语或标准英语的地位也依然可能保持强劲",提出的解决方法之一是"在欧盟的成员国从基础教育就开始推行标准英语的统一教学",这与作者在书中强调的"欧盟不应该鼓励人们集中学习某一种标准的英语变体"的立场相悖。

总之,这本书虽有不足,但瑕不掩瑜,是一本值得反复阅读的学术著作。

《欧盟中的语言权利和法律》述评

赵佳蕊　吴苌弘[*]

一、引言

《欧盟中的语言权利和法律》(*Language Rights and the Law in the European Union*)是由美国塔尔萨大学语言文化学院教授爱德华多·D.芬戈尔德(Eduardo D. Faingold)所著,于2020年由帕尔格雷夫·麦克米伦(Palgrave Macmillan)出版社出版。自2004年始,芬戈尔德的研究就已经开始聚焦于语言政策问题,其曾就欧盟少数民族语言的政策和权利问题撰写过多篇文章。《欧盟中的语言权利和法律》一书综合了芬戈尔德前期的研究成果及其基本观点,结合英国脱欧等事件,从2004年《欧盟宪法条约》、2007年《里斯本条约》着手,以西班牙、丹麦两个典型国家为例,分析了欧盟的语言政策和法律。《欧盟宪法条约》和《里斯本条约》中关于语言和语言权利的保护仅限于欧盟官方语言和工作语言,将区域或少数民族语言、移民语言排除在外。西班牙的区域或少数民族语言问题突出,而丹麦移民语言问题受到了较多的关注,该书正是以这两个国家为切入点,在欧盟的大背景下,具体分析各成员国的语言政策和语言权利。全书除导言外,分为两部分,第一部分关注欧盟的语言政策和法律,第二部分关注欧盟成

---

[*] 赵佳蕊,上海外国语大学博士生,研究方向:外语教学、教材、翻译理论与实践;吴苌弘,上海政法学院语言文化学院(国际交流学院)教授,研究方向:法律翻译。

员国的语言政策和法律。下面先概述各部分主旨,再分章介绍,最后予以简评。

二、内容简介

第一章是全书的导言,界定了核心问题、主题和目标。第一部分包括第二章和第三章,依次分析了欧盟中有关语言问题的两个重要条约——《欧盟宪法条约》和《里斯本条约》。由于《欧盟宪法条约》在法国和荷兰的全民公投中被否决,为推动欧盟制宪进程,《里斯本条约》获得通过。总体而言,《里斯本条约》和《欧盟宪法条约》有颇多相似之处,例如在语言保护问题上均回避了区域或少数民族语言和移民语言,忽视了欧盟现有的保护少数民族语言权利的文件,但是《里斯本条约》和《欧盟宪法条约》在一些条款上也存在差异。第二部分包括第四、五、六章。第四、五章着眼于欧盟成员国,分别介绍了西班牙和丹麦各自的语言状况,分析了少数民族语言和移民语言的法律条款。第六章总结了全书的主要发现,并简要补充了一些斯堪的纳维亚国家的语言政策。

在第一章中,作者介绍了全书的核心问题、主题和目标。一直以来,多种语言共存的国家常会面临一些亟待解决的问题。其中一些国家在语言方面有明确的立法,而另一些国家则存在语言立法缺位,更有甚者未在宪法或其他法规中明确地给予任何语言以官方语言的地位。理想的情况下,语言立法能够促进一种或多种语言的发展,保障个人或群体的语言权利,但实际上,语言立法有时却无法解决语言争端问题,反而成为一个语言群体对其他语言群体行使主导权的工具。这本书聚焦欧盟的语言权利问题,梳理欧盟法律文件中有关语言问题的规定,由整体到部分,继而关注欧盟成员国在国内的宪法或其他法规中有关语言问题的规定。基于超国家和国家双重层面,能够明晰欧盟作为一个整体对待语言权利的倾向,也能窥见各成员国执行层面的差异。在语言方面,西班牙和丹麦是欧盟中极具代表性的国家,在西班牙区域或少数民族语言群体突出,而丹麦则有着重要的移民语言群体。以上述两个国家为研究对象,可以为相关背景下语言政策和语言权利的研究提供独特的视角。总体而言,作者旨在促进对语言政策的理解和完善,为有关法律、社会和政治背景下语言管理建立新的理论视角提供可比较的信息,为认识和顺应语言多样性提供启发。

第二章是第一部分的开篇,以《欧盟宪法条约》中的语言权利为核心内容。《欧盟宪法条约》的初衷是助力欧盟的扩张,并整合现有的欧盟立法。该条约创设了欧盟的象征,包括旗帜、盟歌、宗旨、公共节日、货币等。然而,成员国未能就通过该条约达成一致:草案在希腊、意大利、匈牙利、立陶宛、斯洛伐克和斯洛文尼亚通过了议会投票,在奥地利、比利时和德国,只通过了一个议院的批准,而在法国和荷兰遭到了选民们的否决。该章首先介绍了欧盟语言争端的现状,继而从《欧盟宪法条约》对官方语言的认定和有关语言权利、语言义务的具体条款出发,纵向比较欧盟历史中存在的语言政策,指出了法律保护的不足,为未来的欧盟立法提出了一些可行的建议。

欧盟语言争端主要可以归纳为三种:使用者多的少数民族语言和使用者少的少数民族语言之间的争端、使用者少的官方语言和使用者多的非官方语言之间的争端,以及较大的欧盟成员国国内官方语言和工作语言之间的争端。解决这些纷杂的争端需要一份对语言问题予以清晰界定的文件。整体而言,《欧盟宪法条约》规定了欧盟的官方语言,其中包括捷克语、丹麦语、荷兰语、英语、爱沙尼亚语、芬兰语、法语、德语、希腊语、匈牙利语、爱尔兰语、意大利语、拉脱维亚语、立陶宛语、马耳他语、波兰语、葡萄牙语、斯洛伐克语、斯洛文尼亚语、西班牙语和瑞典语。值得注意的是,区域或少数民族语言并未出现在该条约中。具体而言,《欧盟宪法条约》中一些条款涉及公民的语言权利和欧盟保护语言发展的义务。在有关公民权、行政管理权和非歧视性条款中,该条约只关注了欧盟的官方语言和工作语言,而忽视了区域或少数民族语言的权利。在公民的语言权利、知识产权、教育、贸易和语言规章等方面,《欧盟宪法条约》虽然提及了语言的多元化和多样性,但却对多元化和多样性未做清晰的界定,从而规避了区域或少数民族语言问题。不仅如此,《欧盟宪法条约》还回避了历史上已经存在的文件。纵观历史,欧盟此前为了保护少数民族语言已经发布了相应声明,例如欧洲理事会公布的《欧洲区域或少数民族语言宪章》等,但《欧盟宪法条约》并未参考这些文件,同时对其他的欧盟机构在保护少数民族语言方面采取的行动也未加重视。因此,可以说《欧盟宪法条约》未能保障使用区域或少数民族语言的公民的权利,未能达成语言层面的公平。作者指出,在未来的欧盟立法中,可以参考和欧盟有相似地缘政治情况的国家或区域的做法,或承认在领土中有自治权的少数群体的语言权利,并制定特定条款以保护其权利,或承认语言权利是个体和组织的基本权利。最重要的是,在未来的欧盟立法中,要直面保护和促进区域或少数民族语言的相关问题,对语言的地位和使用予以明确的界定,尊重欧盟已有的保护少数民族语言权利的声明,不再对现有机构的各种相关行动视而不见,为解决语言争端提供切实的参考。

第三章延续了第二章的内容,关注的是继《欧盟宪法条约》之后的又一欧盟层面的条约——《里斯本条约》。该章追溯了欧盟自欧共体时期的官方语言和后续保护少数民族语言的举措,指出其缺陷,继而介绍了《里斯本条约》在语言方面的规定,尤其突出了其和《欧盟宪法条约》的相似与不同之处。

从欧盟的发展史看,语言问题可溯其根源至欧共体时期。当时,成员国的语言即被认定为官方语言和工作语言,随着欧共体发展到欧盟,其成员国数量不断增多,官方语言和工作语言的数量也随之不断增加。尽管欧盟始终坚持多语种的原则,事实上,除了最高级别的欧洲理事会和欧洲议会召开的会议,少有文件或会议是使用所有官方语言的。语言的使用存在等级,在级别相对较低的会议和欧盟的日常运作中,英语和法语占据着等级的顶端,多语原则名存实亡。此外,欧盟还采取了一些举措保护少数民族语言。欧盟成立了欧洲较少使用语言办公署,欧洲理事会公布了《欧洲区域或少数民族语言宪章》(以下简称《宪章》)和《保护少数民族框架公约》。尽管如此,少数民族语言依旧未能得到有效保护。第一,《宪章》和《保护少数民族框架公约》都将非领土性语言排除在保护范围之外。第二,尽管一些成员国批准了《宪章》,仍有国家对《宪章》持否定态度,其中最为突出的是法国。法国认为《宪章》的宗旨是在总体上保护欧洲语言文化遗产,而非特定的少数民族语言。因此法国政府声明即使其批准了《宪章》,特定的少数民族语言,即其本土的6个区域语言也不在其保护范围之内。此外,在欧盟成员国即将签署《宪章》的同一年,法国修改其宪法,规定法国的语言是法语,从根本上损害了语言少数群体的权利。随后,法国认定《宪章》违宪,并起草新的法律强制规定在大多数官方领域必须使用法语。第三,《宪章》中保护少数民族语言的条款是指导性原则和方针,而非强制性要求。《宪章》并未创设法院或司法机构,无法对成员国是否遵守《宪章》予以裁决。《宪章》也未能赋予任何机构解读《宪章》条款的权力。此外,欧洲理事会缺乏强制执行力,许多成员国并未签署《宪章》。第四,《保护少数民族框架公约》未能给出少数民族语言的定义,使得一些成员国借此宣称他们没有少数民族语言,从而规避了保护少数民族语言的义务。第五,后续的支持不足,欧洲较少使用语言办公署最终因为经费危机而关闭。

继《欧盟宪法条约》被否决,在随后的协商和讨论下,欧盟成员国最终于2007年签署了一项新的条约——《里斯本条约》。在语言权利方面,《里斯本条约》和《欧盟宪法条约》的一些条款保持了一致,例如,和《欧盟宪法条约》一样,《里斯本条约》保护的是欧盟官方语言和工作语言,对区域或少数民族的语言权利只字未提。其既没有设定条款保护语言少数群体和欧盟当局沟通的权利,也没有承认人口众多的移民少数群体有以母语和欧盟当局沟通的权利。但是《里斯本条约》和《欧盟宪法条约》在有关多样性的规定上有所区别,《里斯本条约》未能保留《欧盟宪法条约》中的多样性条款,同时对语言多样性所涵盖的具体做法略过不提。值得注意的是,《里斯本条约》提出了一项保护少数民族语言的新举措,其规定可以将该条约译成在成员国内部享有官方地位的各种语言,但这种保护少数民族语言的意识在该条约中并未达成一致。其他语言相关条款仍只使用了官方语言的字眼,未能给予少数民族语言明确的地位。因此,在未来《里斯本条约》的修正案中,可以明确区域或少数民族语言和广泛使用的移民语言的地位以及使用情况,这有助于解决少数民族语言和移民语言之间的矛盾。

第四章讲述了更为具体的层面,以西班牙为核心,分析涉及加泰罗尼亚的语言权利的法律和政策。该章介绍了加泰罗尼亚的历史背景,基于此罗列了其语言权利有关的法律条款,涵盖了《西班牙宪法》、1979年《加泰罗尼亚法令》、2006年《加泰罗尼亚法令》和西班牙宪法法院废止或重新解读2006年《加泰罗尼亚法令》的有关裁决。

西班牙区域或少数民族语言众多,其中较为重要的是加泰罗尼亚语。加泰罗尼亚经过王国合并、两次战败和民主化进程,几经波折之后最终在西班牙获得了自治的地位。加泰罗尼亚语的使用者超过1 000万人,是欧洲最大的少数民族语言,不仅在西班牙的加泰罗尼亚、巴利阿里群岛、瓦伦西亚、阿拉贡和穆尔西亚使用,也在法国、安道尔和意大利的撒丁岛使用。尽管如此,加泰罗尼亚语却未能在欧洲任何一个国家,包括西班牙,获得官方语言的地位,在欧盟亦是如此。

加泰罗尼亚语经历了一个较长的过程才获得其权利和地位,四份关键性法律文件——《西班牙宪法》、1979年《加泰罗尼亚法令》、2006年《加泰罗尼亚法令》和西班牙宪法法院废止或重新解读2006年《加泰罗尼亚法令》的有关裁决很好地说明了相应阶段。

《西班牙宪法》规定西班牙的官方语言是西班牙语,而在相应的自治区域内,区域语言具有官方地位,因此在西班牙全境可以使用西班牙语,区域语言的使用则局限在自治区域。相似的是,1979年《加泰罗尼亚法令》规定加泰罗尼亚地区的语言是加泰罗尼亚语,加泰罗尼亚地区的官方语言是加泰罗尼亚语和西班牙语。在加泰罗尼亚地区,使用这两种语言的权利受到法律保护,加泰罗尼亚政府有义务确保这两种语言在该地区的平等地位。该法令通过后,随着一项针对公职人员的加泰罗尼亚语培训项目启动,加泰罗尼亚语在该地区的使用愈加频繁,这是加泰罗尼亚语复兴的伊始。继公职人员使用加泰罗尼亚语后,加泰罗尼亚政府后续的目标则是在学校中实施双语教学,为有需求的成人提供语言培训以及促进加泰罗尼亚民众在公共领域使用加泰罗尼亚语,从而一步步地实现加泰罗尼亚语的复兴。

2006年《加泰罗尼亚法令》进一步扩大了自治区政府的权力,其对加泰罗尼亚语地位的描述从1979年《加泰罗尼亚法令》中"常规和官方使用"升级为"常规和优先使用"。加泰罗尼亚语是加泰罗尼亚公共管理机构和公共媒体正常和优先使用的语言,同时也是教育系统正常教学使用的语言,加泰罗尼亚人有权以西班牙语和加泰罗尼亚语与司法机构沟通,有权以西班牙语和加泰罗尼亚语进行商业交易、接受教育。此外,2006年《加泰罗尼亚法令》还致力于在欧盟和其他国际组织中为加泰罗尼亚语争取官方地位,寻求与其语言传统相似的西班牙其他地区进行交流与合作。

然而,好景不长,在2006年《加泰罗尼亚法令》通过后,在西班牙中央政府的支持下,西班牙保守派政党人民党提起诉讼,要求宪法法院裁决2006年《加泰罗尼亚法令》违反宪法。经过四年考虑,宪法法院最终认定2006年《加泰罗尼亚法令》中的14项条款违宪予以废除,加泰罗尼亚语的优先使用被认为破坏了加泰罗尼亚语和西班牙语的公平。宪法法院还认定该法令有27项条款需要进一步解读。例如,公民在公共场合了解和使用加泰罗尼亚语的权利、用加泰罗尼亚语向宪法法院和司法机构交涉的权利、作为消费者使用任何一种官方语言的权利及用加泰罗尼亚语接受教育的权利等,这些条款并不一定就是违宪的,但应由宪法法院给出进一步解释。宪法法院的裁决引发了很多政界人士的不满,加泰罗尼亚人举行示威。加泰罗尼亚自治区主席在媒体前公开表达了失望和愤慨,并呼吁加泰罗尼亚人民进行示威,反对宪法法院的裁决。这一裁决也受到了加泰罗尼亚大多数政党的批评。加泰罗尼亚支持自治政党的领导人呼吁民众示威反对该裁决。加泰罗尼亚共和党领导人宣布他的政党不会遵守该裁决。宪法法院的裁决导致加泰罗尼亚民族主义者在巴塞罗那组织了大规模的示威活动。此后,加泰罗尼亚试图举行正式的或非正式的全民公投,均受到西班牙中央政府的阻挠。在举办就加泰罗尼亚独立问题的全民公投被宪法法院判定违宪后,加泰罗尼亚议会宣布加泰罗尼亚独立。西班牙根据宪法宣布加泰罗尼亚单方面的独立无效。国际法也未承认加泰罗尼亚单方面宣布独立的权利。在该章的最后部分,作者就如何消除加泰罗尼亚少数群体和西班牙多数群体的敌对民族主义提出了一些建议。

第五章以丹麦为切入点,聚焦移民群体的语言权利问题。丹麦作为一个移民语言问题突出的国家,为研究移民和欧洲背景下的语言政策提供了独特视角。该章开篇介绍了丹麦的历史背景和移民情况,继而描述了丹麦对待移民群体态度的变化过程,具体分析不同阶段移民政策的变化,说明了与移民相关的移民归化、学前教育、母语教育、丹麦语教育和高等教育的政策。

在历史上,由于数次战败,丹麦的领土不断缩小,内部的语言和种族也趋向同质,而移民群体所占比重逐渐增加。目前丹麦人口的10%是移民或移民的后代,其中1/3来自西方国家,2/3来自非西方国家,移民通过雇佣、家庭团聚计划和难民避难来到丹麦。

丹麦对待移民的态度经历了一个由严苛到相对缓和的转变,这在丹麦涉及移民的立法中有较为直观的体现。20世纪90年代到21世纪初期,丹麦实行了一些在整个欧洲而言都非常严苛的移民和融合政策。20世纪90年代中期,丹麦反移民的右翼人民党在政府中获得了较大的权力,移民政策随之收紧。1999年的《丹麦融合法》引入了融合的概念,成为日益严格的移民规则的焦点,例如，为了有资格获得社会保障福利，难民和家庭团聚的移民必须遵循融合计划，在该计划中，新来的移民要理解"丹麦社会的基本价值观和规范"。随后在2001—2011年，移民政策愈加严格，入境规则，特别是在家庭团聚、永久居留和入籍方面的规则发生改变，避难者获得经济福利的资格也发生了改变，被接纳的移民要强制性引入融合方案，同时其享受社会福利的权利受限。此外，寻求家庭团聚的移民配偶要通过更严格的测试，包括在原籍国进行的强制性入境前语言测试等，才能获得公民身份和居留身份。新移民的社会福利缩减，以期迫使移民能尽早进入就业市场，降低丹麦对其他潜在移民的吸引力。2011年新政府上台后，丹麦的移民政策趋向缓和，强调尊重和包容，具体体现在家庭团聚规则有所松动，双重公民身份被引入，等等。新政府还废除了之前存在的一项规定，该规定要求在丹麦居住超过7年而不能用丹麦语交流的移民在向医生咨询或在医院接受医疗服务时必须支付翻译服务费。

在移民归化方面，丹麦设置了严格的语言和文化要求，移民要参与相应的课程、参加考试并获得证书。对于移民局的任意裁决，移民无法诉诸法律途径。在学前教育方面，政府须为所有12个月以上的儿童提供学前教育的场所，移民家庭更是重点对象，便于儿童融入丹麦社会，让父母有时间接触丹麦的社会规范、文化习俗和语言。在母语教育方面，起初丹麦考虑到移民儿童在父母工作结束之后要归国，为了使他们理解父母的语言文化，为移民儿童提供母语教育。在发现移民多选择留在丹麦后，丹麦开始为移民儿童提供补充性的丹麦语教育，便于他们融入丹麦社会，同时接受母语教育的条件限制增多，政策支持减少。随后，丹麦语作为第二语言的教育变成了对移民儿童的强制性要求。在高等教育方面，丹麦未曾制定适用于大学的统一语言政策，也未要求大学采用标准化的目标和策略，而是容许大学各自采取措施，以达到促进丹麦大学国际化的目标。出于国际化进程的考虑，学校采取了各自的语言政策。对此，丹麦政府则提出了保证英语教学质量的要求。目前在丹麦高等教育学术出版物中，英语在自然科学领域是主导性语言，在社会科学领域也约有一半的出版物是用英语发表的。

第六章是全书的收尾，总结了全书的主要发现，补充了其他国家的语言政策，最后对英国脱欧对未来欧盟语言政策的影响提出了一些预测。

在相关立法和事实的梳理过程中，欧盟政策和法律中体现的语言态度逐渐得以明晰,并形成了全书的主线:《欧盟宪法条约》旨在促进欧盟的官方语言和工作语言,对非官方语言未提供法律保护,《里斯本条约》的关注点亦是欧盟的官方语言和工作语言,对区域或少数民族语言和移民语言未提供保护。加泰罗尼亚和西班牙其他自治区域一样不具备单方面脱离西班牙或者单方面保护其区域语言的权力。丹麦整体上缺少对移民语言权利的保护,甚至移民群体的语言权利是受到损害的,在一段时间内通过的法律大多限制了非西方移民的语言权利。

在第六章总结部分,作者简要补充了一些斯堪的纳维亚国家的语言政策。瑞典采取了相对自由包容的移民语言政策,既能够帮助移民保持和其来源国的语言文化联系,又能够促进其融入瑞典社会。挪威,一个原本采取相对中立的移民语言政策的国家,政策趋向严格,想要获得永久居住权和公民身份的移民要通过国家规定的相应语言和社会测试。

作者推测了英国脱欧对少数民族语言政策和权利的影响,以及因此对英国在欧盟中地位的影响。失去欧盟的资金支持,英国一些少数民族语言促进项目和语言协定将会终止,在语言方面会重新引发争端,一些语言复兴的努力有可能会付诸东流。英语作为欧盟的官方语言,其地位可能会因为英国脱欧而下降。或许,一种新的"欧洲英语"会取而代之。

三、简评

作者梳理了欧盟语言权利和政策方面的变迁,由面到点,先分析了欧盟作为一个整体的语言政策的变化,继而选择具有独特性的欧盟成员国,结合其国家语言状况,分析了各自的语言政策和法律。

首先,该书具有全局性和整体性的特点。作者在分析语言政策和法律时,铺垫和梳理了语言政策和法律出现的国内外背景,避免以当下的眼光孤立地、片面地理解历史上的语言政策和法律。在关于《欧盟宪法条约》部分,作者又以欧共体时期对语言的规定为起点,追溯了从欧共体到欧盟的转变过程中相关语言规定的变化,综合了当时欧盟扩张的现实,指出在会议和文件中维持官方语言的成本有所增加的一个原因是官方认可语言数量的增加,同时分析了使用者少的官方语言和使用者多的非官方语言之间争端的起源。在有关《里斯本条约》的章节,作者更是从源头梳理欧洲语言政策发展的轨迹,从最初的欧洲较少使用语言办公署的成立、欧洲理事会公布《欧洲区域或少数民族语言宪章》和《保护少数民族框架公约》,到《欧盟宪法条约》和随后的《里斯本条约》,展现在读者面前的是在欧洲社会发展过程中,语言权利在欧盟政策制定和法律颁布中的各种起伏。在第二部分对具体国家相关问题的阐述中,亦是采用了这样的逻辑。

其次,作者对于欧盟语言权利和法律的述评并非对现状的静止性描述,而是兼顾了动态性和差异性。作者既关注成员国内部语言政策和法律的历史变迁、动态发展,也聚焦成员国间的差异性,横向比较了国家与国家之间的政策,从当下和未来发展趋势两个方面凸显了差异性。在与移民相关的语言问题上,作者选择丹麦作为主要研究对象,以纵向维度追踪了不同时期政府制定移民政策的内容以及变化轨迹,并分析了潜在的原因。从横向维度来看,同是斯堪的纳维亚国家,瑞典、丹麦和挪威三个国家亦有不同,瑞典是对待移民包容、语言政策宽松的国家,丹麦是对待移民敌对情绪很大的国家,移民定居和获得公民权利的语言政策非常严苛,挪威则处于中间,随时间推移趋向实施更严格的移民政策。通过比较的视角,读者能够更为深刻地体会到语言政策与相关法律制定背景的复杂性,同时也认识到相关政策与法律若要在不同国家得到同一性的发展存在诸多障碍。

当然,该书也存在一些问题。首先,在说明欧盟成员国内部的语言立法时,所选择国家有一定的局限性。作者在第六章总结部分补充了同为斯堪的纳维亚国家的瑞典和挪威的语言政策,但分析较为简略,对于斯堪的纳维亚国家之外的成员国并未提及。除了区域语言问题突出的西班牙、移民问题突出的丹麦,更多的欧盟成员国则是各类语言问题交织,需要同时处理区域语言和官方语言的冲突、移民语言和官方语言的冲突,可能区域语言和移民语言的政策当中也会隐含矛盾。此外,该书除了列举《欧盟宪法条约》《里斯本条约》和西班牙、丹麦两个成员国的法律条款,并对其中条文内容予以具体而细致的分析,在比较欧洲理事会公布的《欧洲区域或少数民族语言宪章》和《保护少数民族框架公约》时,并没有总结语言政策的具体内容，也未见对相应条款分析之实例。即便如此，全书为读者系统地梳理了欧盟及其成员国的语言政策和法律变迁，并对欧盟及其成员国就未来制定法律和政策提出了建议，无论在学术价值还是在社会实践方面都具有很高的价值。

《法国的语言政策与 21 世纪区域语言的复兴》述评

王春荣[*]

一、引言

在法国,区域语言(regional language)受长达几个世纪的语言政策影响,处于被边缘化的状态。在此背景下,这本由米歇尔·A. 哈里森(Michelle A. Harrison)与奥雷利·茹贝尔(Aurélie Joubert)编辑的《法国的语言政策与 21 世纪区域语言的复兴》(*French Language Policies and the Revitalisation of Regional Languages in the 21st Century*)向我们介绍了法国的语言政策演变及其对区域语言和所在社区的影响,试图提醒人们更多地关注那些讲少数民族语言的人被压抑的语言和社会身份,以期实现他们的民族文化平等和多样性。这本书收集了不同地区的少数民族语言[包括阿尔萨斯语、奥克西唐语(又译"奥克语""奥克西坦语")、巴斯克语等]在处理语言濒危、复兴和语言规划等方面的研究。全书共 15 章,除导言外,分 4 个部分。下面先概述各部分主旨,再分章介绍,最后予以简评。

---

[*] 王春荣,上海政法学院语言文化学院(国际交流学院)副教授,研究方向:中法关系史。

二、内容简介

"第一章 导言：法国的语言政策的动态变化"作者米歇尔·A. 哈里森和奥雷利·茹贝尔论述了产生标准法语优越性的社会政治和意识形态背景。此章指出，法国社会中的语言"国内一致性"（intra-national uniformity）和对语言多样性的不容忍现象并不是由政策调节的，而是受基于根深蒂固的共和价值观所建构的普遍盛行的语言民族主义和中央集权的政治意识形态驱动的。此章还指出，在研究法国的语言政策演变及其对区域语言和所在社区的影响时，应如何深入意识形态研究。

第二章至第四章是这本书的第一部分"重新思考边界：语言、方言和跨语言实践"。这部分主要分析了建立区域语言分类的各种障碍。这些障碍都可以归因于法国中央集权的政治意识形态，以及由此产生的通过行使政治权力对法语国家语言的排他性语言强加（linguistic imposition）。

"第二章 语言分类：奥依语的持续挑战"作者帕特里克·肖恩·麦克雷（Patrick Seán McCrea）举例说明了法国政府对法国北部使用的"奥依语"（Langue d'oïl）[①]的连续边缘化，并披露正是法语的意识形态为标准法语提供了排他性地位，阻止了奥依语被归类为纯粹语言。

"第三章 反对'奥克西唐语中的利穆赞方言'和'普瓦图-桑通日语'的语言识别和标准化进程"作者让-克里斯托弗·杜尔德特（Jean-Christophe Dourdet）将从语言分类的角度探讨语言同一性问题。事实上，"方言"相对于"语言"的语言识别和社会意义问题将与这些术语的语言学定义形成对比。在法国，许多语言被联合国教科文组织视为严重濒危语言[②]，例如此章涉及的奥克西唐语中的利穆赞方言（Limousin Occitan）和普瓦图-桑通日语（Poitevin-Saintongeais）。然而，语言政策活跃者之间的分歧在很大程度上损害了语言复

[①] D. Ager, *Identity, Insecurity and Image: France and Language*, Clevedon: Multilingual Matters, 1999.

[②] C. Moseley, A. Nicolas, *Atlas of the World's Languages in Danger*, Paris: Unesco, 2010.

兴的进程。因而，普通民众往往不知语言事实，也通常不理解这些争吵的意义。

"第四章 挑战性的双语模式：留尼汪的跨语言实践"介绍了在留尼汪(La Réunion)这样一个多语言的环境中，人们早就认识到说话者能够且确实以一种能表明语言的流动性和情景化的方式利用不同的语言储备。然而，在后殖民、多语言的克里奥尔语境(Creole-speaking context)中，研究人员认识到所有语言的社会建构本质可能会出现问题。此章作者纳塔莉亚·布雷姆内(Natalia Bremner)提出，将留尼汪的沟通和语言自我表达重新考虑为跨语言实践，而非专注于为后双语时代(post-diglossic era)的留尼汪寻找合适模式，这可能对研究人员和其他从事语言政策和计划的人员更有用。

第五章至第七章是这本书的第二部分"社区的新动态：传播、身份关系和新说话者的出现"。这部分考察了新一代说话者给传统社区带来的语言和身份的传播和变化。

"第五章 超级区域中语言身份的演变：以奥克西塔尼大区的加泰罗尼亚语和奥克西唐语为例"作者奥雷利·茹贝尔对 65 个讲加泰罗尼亚语和奥克西唐语的人进行了半结构式访谈。其收集的语料库数据显示，在 21 世纪，越来越多的多语言或多文化实践逐渐成为身份认同行为的中心。于是，现在人们对语言身份的评价与自然及主导语言身份的联系越来越少，而更多地与个人选择、意愿、兴趣和对当地语言和文化的直接感受有关。这些区域语言和文化的微观价值观进一步证明与宏观结构的国家特征是相容和互补的。这一事实促使政府在濒危语言规划中重新认识传统的排他性和均质化身份[1]。

"第六章 法兰克-普罗旺斯语的扩散与传播：对说话者语言意识的研究"介绍了语言和文化传播问题与在地理和社会层面上讨论传播率低的语言有着密切的关联。在奥弗涅-罗纳-阿尔卑斯地区(Auvergne-Rhône-Alpes)，这些问题涉及两种与法语有联系的语言变体：法兰克-普罗旺斯语(Francoprovençal)与奥克西唐语。此章作者乔瓦尼·德波(Giovanni Depau)关注前罗纳-阿尔卑斯地区人们对语言和文化多样性的表现。更准确地说，此章介绍了在马泰西讷地区(Matheysine)——其主要城市中心是拉米尔(La Mure)——进行的实地调查，

---

[1] A. Pennycook, "Postmodernism in Language Policy," in T. Ricento (ed.), *An Introduction to Language Policy: Theory and Method*, Oxford: Blackwell Publishing, 2006.

当地社区几代人已远离使用当地语①。实验所观察的是基于三位演讲者个人对方言的稍许带有负面性的感知。尽管如此,相关发言人还是参与了当地语言和文化价值化的行动。

"第七章 新的说话者和语言的复兴:阿尔卑坦语和社区(重建)的形成"讲述了在法国人们普遍对区域或少数民族语言持肯定的态度,这些语言已被视为文化遗产的重要组成部分。此章探讨了传统法兰克-普罗旺斯语社区不断变化的社会语言学领域,并评估了濒危语言学习者的崛起所带来的影响。此章的作者乔纳森·卡斯坦(Jonathan Kasstan)详细概述了法语在法国的地位。然后,他批判性地审视了最近关于法语新说话者的研究。在借鉴一系列最近的实证研究的基础上,作者认为与迄今为止调查的大多数其他新说话者案例不同,研究证据表明一场运动可能更适合描述为(或类似于)实践社区②,他们的成员内化了原始民族建国(proto-nation-statehood)的野心,而这明显偏离了大多数其他社区成员的愿望。

第八章至第十章是这本书的第三部分"区域语言的认知:可见性与现代性"。这部分重点介绍了新技术背景下的新发展和区域语言的高度可见性,为互联网时代的区域语言政策提供了启示。

"第八章 美食、足球和抵抗:科西嘉语在语言景观中的多方面可见性"提到许多学者坚持认为,科西嘉岛因其岛国属性在法国的民族身份中独树一帜。此章作者威廉·阿摩司(William Amos)考察了科西嘉语在语言景观(Linguistic Landscape)中的当代地位和可见性。在过去 20 年中,语言景观已成为不断跨学科发展的重点,该概念的提出有助于人们更好地理解个人、团体、公共和私人组织在公共空间通过书面语言进行交流时的语言信仰、实践和管理策略。语言景观法在法语环境中特别适用,因为它为区域语言研究提供了一定程度的分析精度,而这在之前的研究中是一直匮乏的。科西嘉岛上现有的促进和支持公共空间语言的立法进一步证明了通过语言景观法对科西嘉语的分析。通过评估科西

---

① J. Duc, *Les patois du pays de la Mure*, Grenoble: Centre alpin et rhodanien d'ethnologie, 1991.
② E. Wenger, *Communities of Practice: Learning, Meaning, and Identity*, Cambridge, UK: Cambridge University Press, 1998.

嘉岛在语言景观中的可见性,作者旨在考察那些区域语言最为显著的地方。

"第九章 数字世界中的庇卡底语的可见性"作者让-米歇尔·埃洛伊(Jean-Michel Eloy)、范妮·马丁(Fanny Martin)和塞西尔·马蒂厄(Cecile Mathieu)通过网站、博客和数据交换列表,对庇卡底语(Picard)——一种奥依语——在互联网上的可见性进行了基于语料库的调查,发现大部分庇卡底语可以在当地文化背景下进行跟踪,例如在文学译文、戏剧舞台、音乐或动画以及谚语使用中。结果表明,数字工具极大地促进了庇卡底语的文化相关性,这激发了语言规划朝着文化民主改革(democratic reform)的方向发展。

"第十章 区域语言的出版:以21世纪的布列塔尼语为例"作者埃尔韦·博德里(Hervé Baudry)旨在描述布列塔尼语(Breton)在当代社会中的使用情况,并在印刷业的视域下反思出版实践。此章区分了两个语义极其相近的专业术语:bretonnité与bretonnitude,两者均指对布列塔尼的强烈归属感。此章首先概述了布列塔尼语的法律状况与该语言使用的减少(即bretonnité),有别于社会和文化行为(即bretonnitude)。作为一种文学语言,布列塔尼语已经通过改革和创新实现了现代化,这一点在图书市场上尤为明显。此外,反思需遵循两个互补的方向:(1)语言可视性的需要,这要求出版具有普遍范围的内容,特别是文学和哲学;(2)图书市场必须以非排他性的区域视角发展双语产业。这个案例告诉我们文学动态在一种少数民族语言中的重要性,并引导我们反思图书出版不是作为一种结果,而是作为一种潜在的原因。

第十一章至第十五章是这本书的第四部分"法国公共政策的长期影响和对《欧洲区域或少数民族语言宪章》的抵制"。这部分主要概述了从教育领域到《欧洲区域或少数民族语言宪章》中的法国少数民族语言复兴的现状,同时说明了语言政策随之带来的促进和抑制问题。

"第十一章 公共语言政策与巴斯克语复兴"介绍了巴斯克语(Basque),或称尤斯卡拉语(Euskera),是西欧唯一现存的印欧语系之前的语言。今天,法语和西班牙语边界的两边都在讲这种语言。更具体地说,巴斯克语现存于比利牛斯-大西洋省的西部和巴斯克自治区。巴斯克语是一种少数民族语言,在法国与法语相比是如此,在西班牙与卡斯蒂利亚语(Castilian)相比也是如此。此章的作者让-巴蒂斯特·科约斯(Jean-Baptiste Coyos)阐述政府当局和协会如何在巴斯克语对外办事处框架内进行合作。这种合作的总体目标是复兴而不仅仅是维系巴斯克语。该语言策略侧重于巴斯克语的学校教育，以弥补代际传播的低水平。作者强调了这项公共政策的优点和局限性。作者认为，通过研究年轻一代的巴斯克人，并将他们与年长一代的巴斯克人进行比较，将揭示代际传播在熟练程度方面如何比学校传播更有效。

"第十二章 阿尔萨斯南部和加泰罗尼亚北部地区语言维持的演变：两个区域社区的纵向研究"作者朱迪思·布洛德布里奇（Judith Broadbridge）与道恩·马利（Dawn Marley）重新评估了《欧洲区域或少数民族语言宪章》出台25年后的情况，目的是确定该宪章如何影响加泰罗尼亚和阿尔萨斯社区，以及其所宣称的语言忠诚和地区自豪感是否仅仅转化为模糊的积极态度。首先，该章简要概述作者于20世纪80年代末至90年代初的研究，并指出自那时以来影响法国地区语言发展的主要变化；其次，该章对现状进行分析，以评估每种语言当前的民族语言生命力。该章所得出的暂时性结论是评估这两种语言在多大程度上可以被视为扭转语言转用的成功案例。

"第十三章 阿尔萨斯教师的语言态度对课堂实践的影响"考察了教师的语言态度对阿尔萨斯课堂上区域语言（阿尔萨斯语和德语）教学的影响。虽然阿尔萨斯是分析的重点，但讨论非标准化语言变体在传统上与主流标准语言相关的领域所面临的挑战可能与其他区域语言环境有关。该章作者米歇尔·A. 哈里森把重点转移至案例研究，该案例探讨了教师和实习教师的语言态度，以及教师在21世纪课堂中作为语言规划代理人的方式。该章旨在讨论教师作为语言规划代理人在课堂上的影响和作用，并为今后采取更平衡和公平的区域语言教育方法提出些许建议。

"第十四章 法兰西语言和《欧洲区域或少数民族语言宪章》"通过虚假信息阻止批准：法国于1999年5月签署的《欧洲区域或少数民族语言宪章》（欧洲理事会，1992年）从未得到批准，因为该宪章在下个月被宪法委员会宣布为违宪。该章作者杰弗里·罗杰（Geoffrey Roger）对法国决策者们的论点进行了基于语料库的话语分析，这些决策者们反对批准《欧洲区域或少数民族语言宪章》。作者总结了这些决策者们在法语区域语言的多样性"导致过度成本""攻击法国国家主权"等前提下提出虚假信息或错误信息的论证策略，并随后提出了理性的反驳。罗杰批评说,尽管这些论证违反了公众的意见,而且"充斥着无知",但它们在法国仍然顽强地屹立着,使法国在欧洲和其他地方变得越来越孤立。

"第十五章 后记"介绍了多语言民族国家在整个欧洲大陆都是一个活生生的现实,然而少数民族语言复兴的生态环境在任何地方都没有法国那么多样化。该章作者罗伯特·布莱克伍德(Robert Blackwood)总结到,鉴于该书的核心话题是语言与人,因此对两者之间的联系——特别是从个人、群体和社区如何指代不同的交流系统的角度——进行了广泛的讨论。当然,这本书中所探讨的案例是以法国为背景的,不仅有其语言政策的范围,还有一个国家的政治、哲学和意识形态结构。这本书的第三部分预测了新的或更准确地说是重新概念化的语言复兴催化剂,这为进一步的研究提供了有趣的建议。

三、简评

该书是一本论文集,分析了法国的语言政策演变及其对区域语言和所在社区的影响。该书收集了一些少数民族语言(阿尔萨斯语、加泰罗尼亚语、奥克西唐语、巴斯克语、科西嘉语、法兰克-普罗旺斯语、庇卡底语等)的复兴研究,并评估了这些语言在21世纪面临的挑战和机遇。该书各章讨论了语言濒危和语言规划的不同方面,并采用了不同的理论和方法。

总的来说,这本书的逻辑结构严密,研究内容广泛,呈现了区域语言和这些语言所赖以生存的物质文化的生存状况以及对法国语言的多层次思考。这本书最值得注意的部分是它基于意识形态分析和语料库方法论,在证明区域语言复兴的合法性和批评单语主义方面所提出的有力论据。贝尔声称,语言选择不是语言现实的客观反映,而是社会意识形态的重要象征,而社会意识形态通常是由政治权力主导的[1]。这本书的独到之处是它没有停留在抨击霸权主义的语言管理或统一化的语言政策上,而是更加努力地研究产生这些行为的主流社会哲学和政治价值观,深入剖析法语的语言情况。这本书中的研究主要是对少数民族

---

[1] David A. Bell, *The Cult of the Nation in France: Inventing Nationalism*, 1680–1800, Cambridge, MA: Harvard University Press, 2001.

语言进行基于语料库的分析,最大限度地反映最新的语言情况和现实中的语言意识形态①。然而,不足之处是这些语料库是主观识别和分析的,因此,这些研究不能被称为真正意义上的基于语料库的研究②。倘若在借助语料库处理工具的同时,能够运用定量分析方法,那么就可以为增强论据的说服力提供客观的数据支持。尽管如此,本文还是向研究社会语言学、语言政策、少数民族语言和语言濒危等领域的学生和学者推荐这本书。对于学习法语方言和法国文化的学生来说,该国关于其区域语言的政策对他们而言是有帮助的。这本书囊括了与该主题相关的语言、文化和政治学科的著名学者的研究,代表了这个领域的前沿研究水平。

---

① G. Mautner, "Mining Large Corpora for Social Information: The Case of Elderly," *Language in Society*, 1, 2007.
② V. E. Chernyavskaya, "Towards Methodological Application of Discourse Analysis in Corpus-Driven Linguistics," *International Journal of Corpus Linguistics*, 4, 2017.

《语言政策和经济学：非洲的语言问题》述评

谢 彩[*]

《语言政策和经济学：非洲的语言问题》(Language Policy and Economics: The Language Question in Africa)作者恩康科·M. 卡姆旺加马鲁(Nkonko M. Kamwangamalu)是语言学教授，霍华德大学英语系前研究生主任，曾供职于新加坡国立大学、斯威士兰大学和纳塔尔大学，曾任语言学项目主任。他的研究兴趣包括语言规划、代码转换、多语种、语言和身份、世界英语和非洲语言学。

2016年由帕尔格雷夫·麦克米伦(Palgrave Macmillan)出版社出版的《语言政策和经济学：非洲的语言问题》是作者基于在非洲工作时所获取的第一手资料及实地研究写成的，该书还汇集了过去15年中作者关于语言规划及非洲语言政策方面的作品。

一、博弈论和语言经济学视野下的非洲语言政策研究

第一章是对语言规划文献的回顾与梳理，包括对语言经济学、博弈论和相关

---

[*] 谢彩，文学博士，上海政法学院语言文化学院(国际交流学院)讲师，研究方向：文化研究、海外中国学。

理论框架的分析与讨论,以提供分析非洲语言问题的理论背景。作者在此章的开篇一针见血地指出许多学者将非洲语言问题视为欧洲问题。

从历史上看,非洲确实受到过外国势力的入侵,包括阿拉伯人、德国人、意大利人和古吉拉特人等。然而,这些势力(北非的阿拉伯人除外)并没有像比利时、英国、法国、葡萄牙和西班牙所产生的影响那么大。因此,在探讨前殖民者的语言如何继续影响非洲语言这一问题时,作者没有将德国和意大利列入其中。不过,作者认为罗伯特·卡普兰(Robert Kaplan)提出的观点值得注意:"事实上,印欧语系不是非洲语言唯一的入侵者或唯一的恶棍。"为此,作者特别回顾了非洲语言规划模型,并开创性地将语言经济学与威望规划联系起来讨论。

作者在书中别出心裁地将语言学领域中的术语"原住民语言"(indigenous language)与"方言"(vernacular language),以及"非洲语言"(African language)交互使用,用来指代非洲的某种当地语言(a local language)或者民族社区语言(ethnic community language)。在使用以上这些单词时,作者指的是那些非洲原住民使用的语言,有别于前殖民者的语言如英语、法语、西班牙语等。

作者对文献进行梳理以后,发现不同学者对于"语言问题"和"语言规划"概念的理解有较大差异。作者倾向于借鉴学者卡普兰的观点:厘清"语言规划"和"语言政策"概念之间的区别与联系。前者是行动,旨在某一语言使用者的社区中推行语言制度性的变革;后者是一种观念体系、法律、规章制度,旨在将规划的语言变革植入社会、团体或体制中。作者在书中多次使用"语言政策"和"语言规划"概念,并认为这两个概念是息息相关的。

在对非洲传统语言规划的不同理论体系进行梳理以后,作者指出在任何关于非洲语言问题的讨论中,如果语言政策的目标是促进原住民语言成功地使用于教育系统,那么必须将两个理论框架——博弈论和语言经济学考虑进去。

作者分析了博弈论的公式——"3±1"种语言。据相关统计,人的一生需要"3±1"种语言:其一,一种国际语言,可能用于高等教育、外交和国际贸易等领域,并且可以作为通往外部世界的门户;其二,一种促进民族融合的语言,例如坦桑尼亚的斯瓦希里语或印度的印地语,这将是小学教育的教学语言,随着教育的进步,等孩子们升学到某些年级时,这些语言会成为必修科目;其三,一种国家或地区语言,作为小学教育早期的教学媒介语,并成为所在地区的政府和行政部门所使用的语言。

所谓的"博弈",大体上指的是个人的选择与官方政策之间的博弈。那些母语和国家语言相同者,只需要再学两种语言,也就是"3-1"。母语和国家语言不同者,则可能需要多学一种语言,也就是"3+1"。

在研究中,作者使用了"公地"(commons)一词,在这本书中,是指原住民语言是利益相关方(政策制定者、家长、学校)分享的公共财产,但却是他们随时准备牺牲/放弃掉的东西,因此可以用"悲剧"来形容。也就是说,大家偏爱前殖民者的语言作为教学媒介语,因为利益相关者将前殖民者的语言视为一种商品,他们有充分的理由对此进行投资。在非洲,文盲劳工也会将孩子送去上学,因为他们知道孩子的生活前景:如果孩子在学校接受的是使用前殖民者的语言来完成的教育,如英语,那么孩子未来的生活将会得到极大改善。

总体而言,利益相关方不考虑他们的社会阶层,强烈渴望获得将前殖民者的语言作为媒介语的教育,因为考虑到与这种教育相关的经济回报。他们缺乏寻求使用原住民语言教育的动力。在非洲,语言政策中的神话是这样的:前殖民者的语言在政治和种族上是中立的,因为它们是外来语言。也就是说,利益相关方认为,前殖民者的语言不享有任何特定族群的特权。这个神话意味着前殖民者的语言在社会、经济和政治上平等地使每个人处于不利地位,由此强化了"公地悲剧"。

作者援引了学者莱廷(Latin)提及的两个富有启发性的例子来论证私人选择对于公共利益的颠覆,或者说"公地悲剧"。第一个例子是索马里,索马里人主要讲索马里语,但索马里精英担心选择索马里语作为官方语言——代替前殖民者的语言如阿拉伯语、英语和意大利语——将影响他们的利益。因此,尽管精英阶层同意将索马里语的地位提升为官方语言,但那些能够调动各种私人资源者发现,规避政策对个人有利,例如通过将自己的孩子送到国内的私立学校或国外的学校,他们将通过一种国际语言来获得教育。第二个例子涉及加泰罗尼亚语的遭遇。在加泰罗尼亚,莱廷研究过当地的语言复兴运动,发现有些人会购买用加泰罗尼亚语写成的当地报纸,以掩饰他们阅读著名的西班牙语报纸。

关于语言政策研究的文献驳杂且观点各不相同,在对众多理论资源筛选以后,作者在第一章里表达了他对博弈论的兴趣,这与他对非洲语言政策实际情况的熟悉不无关联。在此章中,作者还重点介绍了语言经济学领域中的一些重要理论。

概而言之,在第一章中,作者在多重历史背景下向读者介绍了非洲的语言问题,同时讨论了相关学科的理论框架与非洲语言问题,重点分析了博弈论和语言经济学的基本理论。在随后的第二章和第三章,作者围绕他感兴趣的相关理论框架进一步展开讨论。

二、语言规划活动中的意识形态

第二章重点分析的是语言意识形态。作者首先回顾了在非洲国家被殖民时期的语言规划活动中一些相互竞争的意识形态,主要包括:(1)语言中心主义和民族主义;(2)语言多样性和同化;(3)本土化和国际化。

随后,此章追溯了这些意识形态的根源,以及随之而来的殖民者对待原住民语言的态度。此章还描述了殖民者如何将这些意识形态付诸实践以确保他们的语言凌驾于原住民语言之上。作者指出:为了解非洲国家摆脱殖民统治、实现独立自主后的语言规划思想和语言教育实践状况,研究前殖民者的语言意识形态非常重要。作者将在随后的第三章与第四章对相关问题展开讨论。

语言意识形态的本质是什么?正如作者援引的戴尔斯(Dyers)和阿邦迪亚(Abongdia)在2010年所指出的,语言意识形态反映在实际的语言实践中——人们说话的方式,他们对语言的看法,他们实际的语言选择,以及他们在不同语言方面的社会政治地位。无独有偶,学者肖哈密(Shohamy)在2006年指出,语言意识形态是中央当局设定语言教育政策背后的操纵装置,特别是为了服务于既得利益集团,"创建语言等级、边缘化和排斥群体"。

因此,就语言意识形态这一论题,第二章至第四章构成了一个重要的参考框架:非洲的个人和群体如何评估他们的语言选择,特别是在教育、经济等领域。例如,对于公共教学语言的选择。在案例研究中,作者重点分析了比利时对刚果殖民统治时期的语言政策,虽然比利时统治者允许当地"有限制地使用原住民语言",但法语的地位凌驾于原住民语言之上。这种语言意识形态造成的后果是当时的刚果没有本土语言比法语拥有更高的地位(作为官方语言)。而自从刚果于1960年摆脱比利时殖民统治、获得独立以来,这成为一个棘手的问题。

如前所述,要了解任何语言规划实例背后的推动力,必须了解一般社会背景以及产生它的历史背景。这本书所讨论的影响了非洲的西方语言意识形态,其根源可追溯到"非洲争夺战"——西方列强瓜分非洲的历史,包括比利时、英国、法国、德国、意大利、葡萄牙和西班牙。非洲争夺战结束后,欧洲列强无一例外地将非洲的语言多样性视为问题。因此,他们采用了中央集权的语言政策,加强大都会的语言,同时确保非洲语言除了在《圣经》翻译和初等教育之中有所作为,在当地无法发挥其他作用。

麦考利1835年提出了管理殖民地的建议,在很大程度上影响了19世纪英国殖民者的语言政策。麦考利的建议是塑造一种阶级,他们在血统和肤色上是印度的,但在品味、观点、道德和智力上却英国化。随后,麦考利的建议被广泛运用于英国在非洲的殖民地。

此章评析了一些前殖民者的语言政策(如多元主义、本土化、国际化、同化等),指出英国、法国完全无视原住民语言,并选择了所谓的"集中兼同化"的意识形态,结果非洲人不得不放弃他们的身份、文化和语言,并被法国同化,因为法语被认为是"文明的媒介"。此章还讨论了前殖民者的语言意识形态造成的后果——导致原住民语言及其使用者被边缘化、远离主流社会,他们被排除在参与非洲大陆的社会、政治和经济发展之外。

在第三章中,作者指出,前殖民者的语言意识形态仍在影响独立后的非洲国家的语言规划。学者的任务是需要探索在非洲语言规划中,可否令非洲国家从前殖民者的语言意识形态中解脱出来。这一章对非洲语言政策提出了批评,这些批评反映在作者所援引的许多关于非洲语言规划的文献里。

作者指出,最近学术研究的要求发生了转变,对非洲语言政策的讨论从单纯的批判性解构范式(一种侧重于对现有语言政策和实践的纯粹批判范式)转变到批判性建构范式(提供语言政策和替代性的实践方案),旨在发挥语言在非洲社会经济发展中的重要作用。其中关键的问题不仅在于语言本身,还在于个别非洲政体应该使用哪种语言来促进社会经济发展。

作者又指出，有两种意识形态塑造了非洲教育实践中关于语言的争论。去殖民化意识形态的诉求是：需要在教育体制等更高端的领域中使用当地语言。而国际化意识形态则已经演变成全球化模式，要求非洲国家保留前殖民者的语言，如英语、法语等。

作者还指出，如果以非洲的文盲率作为评估指标，保留前殖民者的语言作为教学语言，在公立学校当中，这些语言并没有实现扫盲、帮助目标受众识字。相反，在教育、政治和经济领域使用前殖民者的语言来开展国家事务，只使少数精英人士受益，他们私下破坏旨在促进原住民语言使用的文化政策。由此出现两个问题：首先，因袭下来的前殖民者的语言政策，为何会影响非洲的语言问题？其次，非洲去殖民化教育的努力如何取得成功，以反对更多的霸权意识形态（例如全球化）？这些问题将是这本书第六章和第七章的重点。

在第四章中，作者进一步评析全球化意识形态，侧重于论述英语在非洲语言规划中的传播和影响。为什么英语会得到广泛传播？此章重点讨论这个问题。作者讨论了两种相互竞争的理论来解释前所未有的英语传播现象：英美"阴谋论"和"草根理论"。

作者指出，英美"阴谋论"持有者通常支持以下三个立场：（1）英语的传播是由强大的英国人及美国利益集团所为，即使在取消直接的帝国控制之后，他们仍然能够通过系统的、通常是半秘密的语言政策来实现传播英语这一目标；（2）总的来说，发展中国家使用英语弊大于利，因为它阻碍了当地语言的发展，或者阻止了公众参与公共事务；（3）英语这一语言本身，在对个体的自尊和对集体文化的认同方面，有着腐蚀性影响，因为它传达了由英语来承载的西方的世界观，这些东西都迥异于某些国家的传统文化观念体系。

"草根理论"是菲什曼（Fishman）等人于 1996 年在编辑《后帝国英语》这一论文集时提出的，基于对 20 种不同环境中英语传播及使用的实证调查。"草根理论"的主要论点是：目前世界上英语的传播不是英国和美国阴谋的产物。语言传播是出于许多不同的动机，是个人自主选择了英语而不是其他语言。例如埃蒂姆（Etim）在 1985 年的一项研究表明，在尼日利亚的多语种高原州，小学教师优先使用了英语来代替豪萨语作为教学语言。这种偏好可以解释的前提是：虽然英语和豪萨语的教学材料是类似的，但教师首选英语材料，意图为学生接受高等教育做好准备,因此在教学时使用的语言通常是英语。

作者在此章中用许多案例讨论了英语在非洲国家的传播情况,即作者所谓的全球化浪潮。紧接着的是作者对英语在非洲影响力的讨论。作者认为全球化一直是学术研究的主题,英语的传播现象在世界各地都无法用任何单一理论角度来解释。

英语全球化的浪潮对非洲语言规划和语言政策的影响可谓一言难尽。作者注意到全球化对方言教育已经构成严峻挑战,方言教育也是一种意识形态,其目标是促进非洲原住民语言在特定教育系统中的使用。

那么,问题是:方言教育是否就是非洲语言问题的核心,以及如何成为核心?方言如何在全球化时代生存下来?英语全球化的影响已经如此强大,以至于即使在没有被英美殖民过的国家,英语也在跟当地方言争夺影响力。此外,是否是时候结束关于方言教育的争辩并接受非洲语言教育实践中的现状、无视其本质?此章还调查了教学媒介语的难题是处在继承了前殖民者的语言意识形态的背景之中。此章的目的是如何识别教学媒介语,即用什么语言来教学——这是非洲语言问题的核心。

三、非洲的教学媒介语

在第五章中,作者拟解决的是非洲的教学媒介语难题。在此章的开篇,作者讨论了几个常见的理论术语:母语、母语教育、以母语为基础的多语言教育、少数民族和少数民族语言、多数民族和多数民族语言。

作者本人显然对"基于母语的多语言教育计划"非常感兴趣。他所援引的一个教育计划案例是:要求当地在小学阶段,主要以母语作为教学语言,至少持续6年,即整个小学阶段。而第二语言在此后才被引入,为学生最终过渡到某些学术科目做好准备。在回答"为什么采用以母语为基础的多语言教育?"这一问题时,作者援引的解释是:"如果孩子以母语作为教学语言的基础,他/她学习不同的科目,发展认知水平、了解学术语言会更容易,并有望成长为知识渊博的人,可以继续接受教育。如果教学时使用的语言是孩子不知道的语言,则孩子不能了解大部分的教学内容。他/她可能会机械地重复老师的话,缺乏理解力,没有在他们所熟悉的语言的帮助下发展自身的思考能力,这样并不是真正在学习老师所教授的大多数科目。"

作者援引沃尔特(Walter)的调查结论:48个被调查的不发达国家中,只有38.12%的人获得以主要语言(母语)接受教育的机会。而在29个被调查的发达国家,这一比例是86.42%。

作者认为,母语教育长期以来似乎存在双重标准:从西方的角度来看,非洲必须放弃母语教育,因为它是本质主义的。然而,另一方面,众所周知,母语教育是许多西方国家的常态。作者援引了大量支持母语教育的经验和证据,指出围绕母语教育的辩论"不应该从属于政治敏感性、技术困难、经济限制、社会紧张局势以及国家教育系统的既定做法和惯性"。相反,应用语言学家,特别是非洲的应用语言学家,有责任重新辩论,探索非洲语言和前殖民者的语言如何在教育系统中有效地共存。作者还论证了为让非洲语言在教育系统中作为教学语言这一地位得到积极承认,必须为该语言分配经济价值。假定要以非洲语言作为教学的媒介语,必须让其受众了解:这种教育对于他们在获得就业、政治参与、向上的社会流动性方面有何作用。否则,非洲的语言资源在工具属性层面上可谓毫无价值。

第六章的开篇提出的问题是"为何前殖民者的语言在非洲依然阴魂不散?"。有学者将撒哈拉以南非洲的语言问题归因于"多种语言"和"殖民遗产"。但耐人寻味的是,同样是有过被殖民史的东南亚一些国家,语言环境却呈现出与非洲不一样的面貌:当地更倾向于使用原住民语言,而非前殖民者的语言。

作者指出,在非洲使用多种语言是一种生活常态。可以毫不夸张地说,大多数非洲人至少会说两种语言,在非洲可以区分为两种类型的多语,即"精英多语制"和"自然多语制"。

精英多语者是指除了会说多种语言,还受过使用前殖民者的语言作为教学媒介语的高等教育者。精英多语者往往是天生的多语者,因为除了可以流利地讲一门外语,他们往往还能流利地讲至少两种原住民语言。然而,反过来,情况并非总是如此,自然而然形成的多语使用者,不一定是精通多种语言的精英。自然多语者是指能流利使用两种及以上原住民语言的人,包括他们的母语,并使用它们作为日常生活中的一种交流方式。这些人占非洲人口的大多数。

鉴于此背景，现在可以回到该章开篇的问题——为什么前殖民者的语言教育政策仍然存在于非洲？以往学者的解释是这些政策持续存在有以下原因：(1) 为避免非洲多语言政体中的民族语言冲突——如果选择了某一种非洲语言作为教学语言，会激怒那些没有被选择其原住民语言的人；(2) 促进民族团结——因为前殖民者的语言具有"种族中立"意义，它不享有特权，不属于任何特定的原住民群体，因此，它被假定为能在社会、经济和政治上平等地使每个人受益；(3) 前殖民者的语言如英语，通常是使用更广泛的交流语言，有利于促进国家社会经济发展——较之于英语，非洲语言显然缺乏高级的识字形式和语言复杂性。

多种语言的存在被当作非洲语言教育政策失败的主要原因。政治家们认为，如果保留了前殖民者的语言作为学校的教学语言，并将这些语言用于社会经济发展，非洲会更好。尽管前殖民者的语言已在非洲教育中使用了近200年，相比之下，非洲的发展仍然落后于世界其他地方，无论是在识字率、社会经济发展方面，还是技术发展领域。

有论者声称非洲的多语种是方言教育与非洲社会经济发展的障碍。但作者认为非洲的多语种并存，并不是非洲教育语言政策失败的原因。

事实上，非洲的方言教育并没有取得很大成功。他们在学校推广方言教育的努力中也遇到了类似障碍。一些障碍是来自非洲内部的，包括精英自身的封闭、学校以嵌入免责条款为特征的矛盾的教育语言政策，以及在劳动力市场上原住民语言未被视为具有经济价值的语言。还有一些障碍是外部的，例如非洲对西方捐助者的经济依赖，以及前殖民者对非洲原住民语言的态度等。

在此章中，作者得出的结论是：尽管非洲国家的政策声称，前殖民者的语言是专门用于开展业务时使用的，但无论是教育、立法、政府和行政，还是经济运作当中，前殖民者的语言使用是以原住民语言被凌驾为代价的。那么，非洲国家如何摆脱在语言上对西方国家的依赖，在教育、文化等领域推广本土语言？如果在母语使用者眼里，非洲语言的使用也被认为是一项非营利性业务，那么如何在整个教育系统中推广非洲语言？

四、威望规划

作者在第七章列举了许多案例,意图证明:方言教育获得成功的地方,语言政策通常与有形的经济成果相关联,而无论在什么地方,语言教育之所以失败,是因为它未能产生切实的经济成果。此章作者提出了全书的核心概念:威望规划(Prestige Planning)。

在非洲,目前原住民语言的地位规划充其量只是象征性的,而且只意味着当局对入选的非洲语言给予官方承认,但并不会鼓励乃至允许它们在议会、司法、教育等高端领域中使用。在这些领域中,一直将前殖民者的语言保留到现在。由于高端领域中常常使用前殖民者的语言,因此,前殖民者的语言一直具有威望,而非洲语言在大多数时候仅限于在国内的日常语境中使用,还没有得到类似前殖民者的语言那样的认可。如前所述,对入选的非洲语言给予官方承认,并不一定会为这些语言带来威望。因此,如果要使这些语言在劳动力市场上与前殖民者的语言竞争时的威望得到提升,就必须对其进行规划。

威望规划关注的是提高任何给定语言的威望,以便发展目标语言社区的成员对它的积极态度。作者认为:非洲语言的威望规划若想获得成功,尤其是在英语已经获得全球化地位的时代,这个规划必须与有形的经济成果相关联,也就是说,政策必须将积极的经济价值附加到规划的核心语言中,以保证规划者和目标受众积极参与语言规划。语言使用者想要实现向上的社会流动性,他们有权知悉:在以他们的原住民语言为教学媒介语的教育事业中,在这方面能为他们做些什么。作者以莱索托的塞索托语(seSotho)和斯威士兰的斯威士语(siSwati)为重点案例进行分析,并讨论了东非多语言国家肯尼亚和坦桑尼亚的斯瓦希里语(kiSwahili)的使用状况。

作者提出了三个相互交织的行动方针,以培养对待非洲语言的积极价值观。其包括:在非洲的多语言市场创造对这些语言的需求;利用创造的需求作为鼓励学校采用非洲语言作为教学媒介语的激励措施;规定要在学校获得非洲语言知识才能获得资源和就业机会。

第八章提供了一组案例研究的调查结果：对世界各地不同社区获得成功的方言威望规划研究表明，人们主动去学习那些在语言市场具有经济价值的方言或外语。作者在此章介绍案例研究时，不是为相关政体的语言规划提供决策咨询，不会详细讨论社会历史、政治、经济、文化等。相反，作者强调一些语言规划已经在某些政体取得了部分成功，是因为该语言为其使用者带来了经济回报。有鉴于此，此章重申贯穿全书的论点是，如果非洲原住民语言的使用者打算将其语言视为值得投资的商品，他们必须赋予该语言切实的物质优势。

第九章的议题是"非洲语言的挑战与前景"，通过讨论语言政策、分析为非洲语言及其大多数使用者量身定做的语言政策失败的原因，来评估语言政策的前景和结果，由此结束此研究。

在此书讨论的案例研究中，作者的观点是：威望规划在亚洲和北美的大都会以及部分地区取得了很大成功。而最近这50年来，非洲语言规划失败的一些后果已经凸显：高复读率、高辍学率、高文盲率。

作者拟议的非洲语言威望规划框架的效果将取决于几个相互关联的因素，包括精英改变现状的政治意愿、推动非洲语言成为教学媒介语所需要的人力和物力资源的投资开发、对拟议投资的经济回报的保证、基层支持和非政府组织的参与情况、语言专业人士和活动家的持续施压等。当这些因素中的大多数得到执行时，将收到良好的效果。

作者认为非洲语言和前殖民者的语言可以一起作为教育系统中的教学媒介语。然而，为了让大多数非洲人接受用原住民语言开展的教育，这种教育本身必须与经济发展挂钩。

五、结语

全球化对非洲的语言政策和语言规划构成了严峻挑战，我们需要审查既往失败的政策，并探索替代性策略与方法。这种范式的转变，对于曾遭受苦难的非洲国家尤为重要。作者提议，通过联结由"语言经济学"和"博弈论"双重概念支撑的"威望规划"概念来检查语言选择问题。

通过采用这种替代方法，作者希望避免非洲语言政策和语言规划的缺点，从而解决多年来语言政策实践中的主要问题，即官方在口头上支持非洲语言的赋权，却在实践中默许、强化了前殖民者的语言对非洲语言的束缚，强化了这些外来语言的主导地位。

此外，为撰写这本书，作者整合了其早期发表的学术成果，还提供了某些非洲国家将语言相关理论应用到实践的具体案例，有理有据，论述得当。

当然，这本书也存在一些不足。首先，作者提出了具有前瞻性意义的"威望规划"理论范式，该范式在少数国家和地区被证实有效，但该范式在非洲国家尚未得到推广，其有效性尚待验证。其次，有些案例和理论体系在不同章节中被作者反复提及，稍显冗余。

《以色列的选修语言研究与政策：社会语言学和教育学视角》述评

杨军红[*]

一、引言

《以色列的选修语言研究与政策：社会语言学和教育学视角》(*Elective Language Study and Policy in Israel: A Sociolinguistic and Educational Study*)是在以色列高等教育机构从事语言教学和语言政策研究的四位学者在共同参与的一项语言调查项目基础上完成的一本学术著作，于2016年出版。该项目主持人马尔卡·穆奇尼克(Malka Muchnik)教授来自以色列巴伊兰大学闪米特语系。另外三位参与者均为以色列特拉维夫大学的语言学教师，分别担任俄语、阿姆哈拉语和法语的教学。

在以色列，语言与意识形态、政治和社会问题密切相关。以色列总人口为900多万人，现实生活中使用的语言却多达35种。作为一个"多种族、多文化、多宗教和多语言"的移民国家，以色列的语言教育政策研究者和政策制定者一直在思考：如何打造新的民族认同？如何解决国内不同民族、不同文化和不同语言群体间的矛盾与冲突？如何使古老文明、宗教传统与时俱进，适应现代社会的

---

[*] 杨军红，上海政法学院语言文化学院（国际交流学院）副教授，研究方向：跨文化交际、语言政策、对外汉语教学。

文明与发展？这本书力图寻求这些问题的答案。对以色列的语情、国情和语言政策的深入了解将为有类似情况的国家提供参考。

美国加州大学洛杉矶分校美国传承语资源中心主任奥尔加·卡根(Olga Kagan)评价说,这是一本发人深省的书,开启了一场在语言政策和教育交叉点上的广泛对话。虽然这本书侧重以色列的语言教育,但其他国家教育工作者也会对此感兴趣。因为它阐述了将移民问题和外语纳入语言教学的重要性和挑战。全球化时代,世界各地移民浪潮汹涌,许多国家都需要调整相关的语言政策,这本书的出版非常及时。

二、内容简介

2016年,马尔卡·穆奇尼克教授主导的语言调查项目小组在以色列全国各地选取了80所学校进行了实证调研,详细调查了四门选修语言课,即俄语、阿姆哈拉语、法语和西班牙语在中学里的开设情况。这本书在广泛的实证调研基础上对以色列的语言政策的实施进行了深入讨论,从学生、教师、学校和课程的角度探讨了语言政策和语言教学的开展情况,系统阐述了使用这四种语言人群的移民历史和文化适应过程以及相关的语言政策。这本书除简短的序言和导言外,共八章。下面先概述各部分主旨,再分章介绍,最后予以简评。

这本书可以分为三部分：第一部分包括第一章到第三章。第一章介绍以色列的语言多样性和外语教学。第二章描述此研究中提到的四种语言的现状,例如,使用这些语言人群的移民历史,这些语言在以色列的广播、电视、报纸和互联网中的使用情况,这些语言在戏剧、电影、音乐、民间传说和政治领域的使用情况。第三章介绍这四种语言的教学历史,特别强调这四种语言在中学的开展情况,描述了每种语言教学之间的差异。第二部分包括第四章到第八章,详细介绍此项目的开展情况。第四章介绍此项目的研究目标、研究问题、研究假设、方法论、研究工具和参与调研者。第五章介绍问卷统计分析得到的定量研究结果。第六章根据外部专家的报告,分析课程、大学入学考试和选定语言的教科书,提出改进建议。第七章对参与这四门语言教学的不同地区和学校的师生访谈文本进行概括总结,把定量研究的结果和专家的报告进行比较研究。第八章对全部调研进行概括,得出结论,为负责以色列外语教学的部门提供建议。第三部分是附录,包括采访大纲和调研问卷。下面介绍各部分的重点内容。

(一) 以色列的复杂"语情"及语言政策变迁

在民粹主义的影响下,以色列建国初期,政府实行"一个国家,一个民族,一种语言政策"的文化熔炉政策,单一语言意识形态占了上风[①]。对一个新兴国家来说,当务之急是融合来自世界各地的犹太移民,培养全新的犹太民族文化,塑造国家认同和民族认同[②]。希伯来语迅速渗透到社会和私人生活的各个领域,成为不同的犹太移民群体的通用语,其他的移民语言遭到忽视和歧视,影响力逐渐减弱。

20 世纪 90 年代以来,随着冷战的结束和经济全球化的迅猛发展,以色列政府重新审视和反思传统意识形态及语言政策,逐渐正视本国多元文化和多语言的社会现实。大量涌入的俄裔移民也使以色列人认识到文化多样性不是国家统一的障碍,而是以色列民族文化遗产的宝贵组成部分。政府鼓励公民学习阿拉伯语,支持俄裔和来自其他国家的移民接受自己的母语教学,普及和推广英语,但前提是要确保希伯来语的主导地位,优先发展希伯来语仍然是以色列语言政策最为突出的特征。现阶段以色列政府采用"3 + X"的语言政策。"3"即三门主要语言,即希伯来语、阿拉伯语、英语,"X"是从使用较广泛的移民语言,即俄语、阿姆哈拉语、西班牙语和法语这四门语言中选一门,构成"3 + X"的语言政策模式,从而达到"传统与现代、主体民族与少数民族、全球化与民族化"的平衡。尽管关于学校应该教哪些语言,或者是否应该学习这些语言的争论仍在持续,但近年来一些外语已经被引入了教育系统。

---

① 王亚蓝、杨涛:《以色列的语言管理探析》,《北华大学学报(社会科学版)》2018 年第 3 期,第 16—22 页。
② 王二建:《希伯来语复兴的原因探析》,《黑龙江史志》2013 年第 17 期,第 151 页。

（二）四种语言的地位及文化影响

1. 俄裔犹太人及俄语文化对以色列的影响

至今定居在以色列的俄裔犹太人大概有 90 万人，约占以色列人口的 11%[①]。俄裔犹太移民的文化适应是一个相当复杂的问题。他们对俄罗斯文化有着较高的认同感。当他们移民到以色列时，许多人将他们的俄罗斯文化和语言视为其身份的核心。大多数俄裔犹太移民认为自己首先是苏联人/俄罗斯人，其次才是犹太人。即使在以色列生活多年，俄语的重要性在他们的生活中也没有降低。俄裔移民社区有许多作家和记者，他们创造了自己的文化生活。以色列的俄语媒体为新来的移民者提供了各种信息，这对于年长的移民来说很有必要，因为他们中只有很少的人能够流利地阅读和书写希伯来语。以色列电台有俄语广播，以色列的俄语媒体还包括俄罗斯—以色列电视频道、俄罗斯—以色列互联网、有线电视、俄语新闻门户网站以及青少年俄语网站。此外，以色列还出版俄语报纸，让讲俄语的新来者了解该国的最新生活。

在以色列，俄语不仅仅是一门外语。以色列文化的俄罗斯根源是不可否认的，因为许多以色列文化的杰出人物都有俄罗斯血统，并受到俄罗斯文化的深刻影响。以色列的俄罗斯文学世界虽小，但充满活力。每年都有数百本俄语新书出版。全国各地有几十家俄语书店，出售来自俄罗斯的最新作品和翻译成俄语的书籍。在政治领域，以色列的俄裔移民非常活跃。许多以色列的开国元勋都出生在俄罗斯或以色列，父母说俄语。在某种程度上，他们接触到了俄罗斯的文化和语言。俄裔代表经常充当其政党和俄裔社区的中介，在俄罗斯—以色列媒体上代表其派别发言。随着美国在几乎所有生活领域的影响力增加，俄罗斯文化已经失去了对年轻一代以色列人的吸引力。很难预测在 10 年或 15 年后，以色列的俄语文化会发生什么变化。

[①] 周承：《冷战结束前后以色列新一代俄裔犹太移民的形成及其影响研究》，博士学位论文，上海外国语大学，2007 年，第 7 页。

2. 埃塞俄比亚裔犹太人及阿姆哈拉语

阿姆哈拉语是以色列的埃塞俄比亚裔犹太移民［也叫"贝塔以色列"（Beta Isreal）］的语言。阿姆哈拉语在以色列的使用因年龄而异。语言流失不仅发生在以色列，而且发生在任何吸收移民的国家。几乎所有埃塞俄比亚裔犹太人的第二代子女，以及大多数在婴儿期或童年早期来到这里的人，都只说希伯来语。另外，由于说阿姆哈拉语的人在以色列社会中的地位相对较低，人们对阿姆哈拉语的尊重程度也较低。希伯来语老师甚至邻居都鼓励孩子只学希伯来语，这与以色列建国初期"大熔炉"的意识形态有关。

20世纪90年代初，以色列开始重视多元文化主义，少数族裔的语言，如阿姆哈拉语在以色列开始得到重视。阿姆哈拉语在以色列大众媒体中占有一席之地。国家电台有阿姆哈拉语广播。此外，以色列—埃塞俄比亚电视台还播放免费的有线电视和卫星电视节目。以色列现在只有一份阿姆哈拉语—希伯来语的双语杂志。埃塞俄比亚驻特拉维夫大使馆免费派送《亚的斯亚贝巴日报》。由于互联网技术革命，互联网上有数千个阿姆哈拉语网站，可以访问诸如文学、文化、音乐、戏剧等主题。娱乐方面，许多埃塞俄比亚店主出售阿姆哈拉语音乐光盘、戏剧视频光盘或数字视频光盘，以及有限的图书和杂志。

阿姆哈拉语在表演艺术中有着独特的地位，如音乐、电影、戏剧等。阿姆哈拉语在流行音乐领域得到了广泛的使用。几乎所有著名的埃塞俄比亚艺术家来以色列演出，大部分艺术家用阿姆哈拉语表演。还有小部分埃塞俄比亚裔犹太人活跃在流行音乐界、电影和戏剧舞台上。以色列的阿姆哈拉语作者每年有少量的图书在以色列以阿姆哈拉语出版，其中很多涉及埃塞俄比亚裔犹太人的历史和文化。

3. 拉丁美洲犹太人移民及拉迪诺语

以色列说西班牙语的人绝大多数是拉丁美洲的移民，只有一小部分来自西班牙。最近几十年，拉丁美洲犹太人移民以色列主要是经济原因。与以色列的其他移民群体不同，拉丁美洲犹太人不是一个非常引人注目的社群，其同化程度较高，包括使用希伯来语，接受以色列的食物、着装等。许多拉丁美洲犹太人移民在自由职业、学术界、艺术界、工业界和农业领域获得了高级职位。

20世纪90年代以来,以色列的非犹太拉美裔非法移民人数呈明显增长趋势。这些非法移民在以色列找到了住处和工作,对以色列社会产生了归属感。大多数出生在以色列的拉美裔孩子之间说希伯来语,在家里用西班牙语和父母交谈,父母也鼓励孩子这样做。成千上万的非法拉美裔移民已经融入当地社区,并被希伯来文化同化。早期拉丁美洲移民由于民族认同的意识形态问题,更喜欢使用希伯来语。以色列有近30万名拉丁美洲移民说西班牙语。以色列有西班牙语报纸。最早的是创办于1963年的《奥罗拉》周刊,最近增加了电子版。此外,还有一些西班牙语的文学杂志。西班牙语文学作品无论是发源于西班牙还是拉丁美洲,在以色列都享有盛名,许多作品被翻译成希伯来语。以色列广播电台为讲西班牙语的人播放一些特别节目,包括《每日新闻》及西班牙和拉丁美洲的一些音乐节目。西班牙语肥皂剧在以色列非常受欢迎,还有一些针对儿童和青少年的西班牙语特别节目。互联网上有西班牙语广播、西班牙语网站,为在以色列的拉丁美洲移民提供感兴趣的信息。

拉迪诺语也被称为犹太—西班牙语,是西班牙裔犹太人的口语和书面西班牙语。以色列近年来进行了拉迪诺语保护和推广的文化活动。20世纪以来,由于使用拉迪诺语的犹太人日渐减少,拉迪诺语濒临消亡境地。虽然它已经不再是一种母语,但人们正在通过研究和记录的方式努力保护这一语言。1997年,以色列成立了拉迪诺语及其文化管理局,目的是保护和推广这种语言。一些高校还开设了拉迪诺语言和文学课程。以色列西班牙语文化文献研究所拥有世界上最大的拉迪诺语藏书。自1958年以来,以色列电台开设了每天15分钟的拉迪诺语广播节目,播放新闻、政治和文学评论,以及民间节目。

4. 法语移民及法语文化的影响

据统计,从20世纪40年代至今,以色列从法语国家吸纳了50多万名犹太人。根据法语教师协会1994年收集的数据,大约1/5的以色列成年人具备一定程度的法语知识。除了来自法语国家的移民,说法语的人还包括非母语人士,甚至在高中或大学学习法语的以色列人。以色列的法语人群不仅包括来自法国的犹太移民,还包括来自比利时、瑞士和北非国家(尤其是摩洛哥、阿尔及利亚和突尼斯)的移民,以及来自罗马尼亚的移民。在学校和高等教育机构中,相当大一部分法语教师是来自罗马尼亚的移民。还有许多人是来自摩尔多瓦的移民,他们也有学习法语的传统,尤其是在教育水平高的家庭。此外,苏联的新移民也有一批会说法语的人,对他们来说,法语及其文化在历史上一直是他们文化遗产的一部分。在苏联移民中,甚至包括相当数量的法语教师。

以色列建国后,说法语的第一批移民发现自己承受着来自"大熔炉"政策的压力。因此这些法语移民不支持孩子们在家说法语,也没有系统地教他们法语。以色列有一些区域主要居住着法语移民。这里有法语的标志,许多企业、商店、银行和诊所需要雇用讲法语的员工,以服务讲法语的民众。与俄语社区相比,法语社区对以色列文化、社会和政治生活的影响并不大。以色列也有不少由法语移民建立的组织和基金会、志愿者联盟和以色列法语媒体联盟。以色列有几个法语文化中心,除了开设法语课程,还举办广泛的文化活动。以色列的一些高校都有法语讲座、展览和座谈会,这些学院也为讲法语的学生和对法语文化感兴趣的人开设课程。

以色列的法语媒体主要为讲法语的以色列人提供国内外新闻。在以色列有用法语出版的报纸,也有相当数量的区域性杂志。以色列有法国国际广播电台,为来自法语国家的以色列公民提供政治、经济、健康和体育信息。此外,还有一些法语门户网站,为以色列的法语社区、犹太侨民以及任何对以色列犹太人的历史和习俗感兴趣的人而建立,加强法语犹太散居侨民与以色列之间的联系。

(三) 以色列中学系统内的四种语言教学状况

1. 俄语的教学情况

以色列号称"小俄罗斯"。在这里,不仅有俄语媒体和俄语文化机构,还有各种学前和课后俄语教育活动。20 世纪 90 年代初建立了相当多的俄语教育网络,旨在弥合以色列公共教育系统和俄语新来者期望之间的差距。据调查,目前大约有 6 000 名学生在初中和高中学习俄语。其中大约 60% 出生在苏联。尽管他们中的绝大部分人来自讲俄语的家庭,但他们对语言的掌握程度有很大差异。

影响学生俄语水平的因素包括：原籍国和移民时间、家庭语言环境、自我身份认同等。在以色列上俄语课的学生很少能说流利的俄语。

以色列初中和高中大约有 100 名俄语教师。他们都毕业于苏联的学院或大学，并持有以色列教师资格证书。他们中的绝大部分人在其原籍国从事俄语母语教学。然而，只有不到 10% 的人是全职教师，其余的都是兼职教师。以色列的俄语教师地位不稳定，他们通常是最后一个被雇用、第一个被解雇的。目前以色列有五所大学开设俄语课，有的还有俄语和斯拉夫语硕士学位课程，但缺乏专门为俄语教师开设的培训课程，没有针对俄语新教师的培训计划，致使这个职业缺乏"新鲜血液"。

2. 阿姆哈拉语的教学情况

阿姆哈拉语是以色列高中开设的几种移民语言之一，始于 20 世纪 80 年代。对于在以色列出生的埃塞俄比亚犹太学生来说，阿姆哈拉语是一种族裔语言。多年来，以色列埃塞俄比亚移民的孩子和父母之间的交流差距正在扩大，因为孩子们很快就学会了希伯来语，而"沙漠一代"的父母则落后了。

阿姆哈拉语教学为埃塞俄比亚移民教师提供了谋生手段，也为埃塞俄比亚年轻人提供了良好的榜样，因为他们的其他教师大多不是埃塞俄比亚人。埃塞俄比亚的犹太青年学习阿姆哈拉语可以参与社区有关埃塞俄比亚移民的项目。学习阿姆哈拉语可以使学生保持自己的母语和文化，与父母进行交流。近年来，阿姆哈拉语学生人数不断萎缩。埃塞俄比亚犹太学生分散在许多学校，因为人数太少，一些学校觉得不值得为他们开设阿姆哈拉语课程。还有一个因素是埃塞俄比亚的犹太移民人数逐渐减少，在以色列出生的学生人数增多。

目前在以色列各学校讲授阿姆哈拉语的教师大约只有 20 人。另外还有 10 位教师退休或离职。几乎所有教师都在埃塞俄比亚接受过教学培训，并获得教学文凭或证书，他们有在埃塞俄比亚教阿姆哈拉语的教学经验，多数还拥有以色列教师资格证书。但在以色列，只有少数人被聘为全职教师。为了生存，他们还做其他工作，甚至当清洁工。希伯来大学语言学系开设阿姆哈拉语。此外，特拉维夫大学闪族语言学系也断断续续开设过阿姆哈拉语课程。这两所大学里学习阿姆哈拉语的学生都不是埃塞俄比亚人，学习该语言只用于学术研究。

3. 西班牙语与拉迪诺语的教学情况

以色列学校1980年开设西班牙语课程。近年来，一些以色列小学从三年级或四年级开始教西班牙语。所有对西班牙语感兴趣的学生都可以参加西班牙语大学入学考试的口试和笔试。以色列的许多高校都开设西班牙语和文学专业、拉美语言和文学专业，提供与西班牙语国家的历史和文化相关的本科和研究生教学项目。越来越多的学生选修西班牙语。西班牙政府于1991年成立了塞万提斯学院，旨在向全世界传播西班牙语言和文化。1998年塞万提斯学院在以色列开设分部。该学院为成人、青少年和儿童开设了大量课程，包括参加普通大学入学考试的辅导课程。除了西班牙语课程，以色列一些高校还开设了拉迪诺语课程。

以色列人学习西班牙语的原因之一是对西班牙语文化非常感兴趣。以色列人喜欢去拉丁美洲旅行，尤其是年轻人在服兵役后喜欢去西班牙语国家旅行。西班牙影视和流行音乐文化强烈吸引了以色列的年轻人。塞万提斯学院利用电视剧引起的兴趣，与电视节目制作人合作，开发了语言学习系列特别节目，推进西班牙语的传播。另一个原因是，一些学生是拉丁美洲移民后裔，在家中说西班牙语。在西班牙语的班里，对西班牙语一无所知、零起点的学生越来越少。

以色列有大量的西班牙语教师，尤其是私立培训机构，促进了西班牙语的学习。这些教师大多来自拉丁美洲国家，少数来自西班牙，还有一些是苏联移民。很多人成为西班牙语教师，作为他们原来职业的替代。但多数教师没有接受过正式的语言教学教育，只能依靠自己以前的教学经验，改进自己的教学方法。更糟糕的是，以色列高校缺乏西班牙语师资培训项目，只有塞万提斯学院或教育部开设少数课程提供师资培训。

4. 以色列的法语教学情况

1948年以色列建国后，由于来自法语国家的犹太人增加以及法国在以色列和中东的利益，法语成为学校教学科目，并逐渐成为入学考试的必考科目。1959年，法国和以色列签署了科学和文化领域的合作协议。根据协议，双方可以在对方国家设立文化机构，在对方国家的各类中学和大学以及技术学院中开设并发展本国语言、文学、历史、技术、文化和艺术有关的平台、课程和学术会议。在签署文化协议后,以色列一些重要大学开始开设法语教学中心,以应对以色列民众日益增长的需求。

此外,以色列政府将法语定为小学和中学的外语课程。经法国政府同意为培训以色列法语教师提供全面援助。根据这项协议,以色列政府在中学加入了法语教学,允许学生在法语和阿拉伯语(这是第二种国家官方语言)之间做出选择。一些小学也开始教法语,尽管这并没有持续多久。今天,以色列在中学开设法语课,法语作为必修课的第二外语很受欢迎。以色列的法语教师不是一个同质群体,他们不仅包括母语为英语的教师,还包括从苏联和罗马尼亚移民来的教师,以及从以色列教育系统毕业的以色列法语爱好者。这些教师拥有世界不同大学的学士或硕士学位以及以色列教师资格证书。有些教师甚至拥有博士学位。法语教师参加年度专业数字课程。区域更新培训包括30小时课程,教师在这些课程中会见教育顾问,讨论的主题包括新的教学方法、入学考试的变化等。

20世纪90年代,法语教学在高中最后两年的选修课中占据稳定地位的状况开始发生变化。全国各地的许多学校,要么从非教育科目列表中删除法语,要么只教到九年级。其原因包括法以关系的明显削弱、苏联的大规模移民及教育管理政策的变化。值得注意的是:一方面,许多校长重视阿拉伯语教学,强调保持阿拉伯语作为该地区重要语言的地位;另一方面,教育系统将潜力巨大的学生导向物理、化学、生物技术和机器人等技术学科。学校管理部门将法语作为一门对学生未来职业并不重要的学科向他们介绍,而技术学科将有助于学生未来的职业生涯。中学生对法语的兴趣降低,大学也出现了类似情况。

三、简评

从以色列建国初期提倡"一个国家,一个民族,一种语言政策",到现在实行多语政策,强烈的民族主义被"民主、平等、多元文化、共存共享"的价值观所代替,顺应国际发展趋势和全球化时代的要求。虽然以色列的语言政策仍然存在厚此薄彼的现象,但是政策制定者也清醒地意识到全球化是大势所趋。多语化更有利于以色列的战略地位和综合国力的提升。语言政策和语言实践是各种政治力量、外交影响、经济实力的博弈。正如该书作者所说,毫无疑问,语言在微观和宏观层面上的作用在很大程度上取决于其声望,这与使用这种语言的国家的声望密切相关。语言的影响力主要是通过其使用者的相对经济实力获得的。苏联解体后的移民,规模之巨大以及聚居的生活方式为他们的俄语文化保持相对独立性提供了条件,政治上也能够组成代表,参与政治活动。对其他少数民族的语言,例如阿拉伯语和拉迪诺语重视不够,导致犹太民族与阿拉伯民族之间的隔阂长期难以解决,也引起埃塞俄比亚的犹太人的不满。以色列的语言复杂程度及政府的语言政策给多民族多语言国家的语言治理提供了一个很好的范例。

作为一部全面论述以色列语言政策的著作,这本书提供了语言政策实证调研的框架和实施路径,对语言政策的研究有非常积极的指导和借鉴作用。但这本书也有不足之处。一是该书未能考察以色列政府对语言政策的纲领性文件(如教育部对语言政策的影响),读者只见树木,不见森林,缺乏总览性的宏观视野。实际上,以色列是民主国家,教育管理的运行机制实行"中央学术领导制",即"对实施新政策者提出问题,而不是对学校与教师采取行政管理直接领导"。没有讲清楚这一点,中国的读者就不明白"管理教育"的"看不见的手"在哪里。二是该书没有给出"教学评估"的参照标准。总之,这本书瑕不掩瑜,对社会语言学、语言规划和语言政策研究具有很高的参考价值。国内语言规划和语言政策研究还处于发展初期,希望这本书能够为从事语言政策调研的学者提供方法论参考,推进前沿课题研究。

《南非后种族隔离时期的语言政策和国族构建》述评

张晓丽[*]

一、引言

《南非后种族隔离时期的语言政策和国族构建》(*Language Policy and Nation-Building in Post-Apartheid South Africa*)是奥地利学者乔恩·奥曼(Jon Orman)于2008年完成的学术著作。该著作主要研究语言政策及规划在国家认同形成及巩固过程中所起的作用。在坚实的理论框架之下,此书聚焦南非的国家语言政策历史及现状,剖析其面临的问题和挑战,同时另辟蹊径提出解决方案。全书共分七章,本文先介绍各章内容,后做简要评论。

二、内容简介

第一章主要介绍这本书的研究目的和研究方法。自种族隔离政策结束以来,南非取得的进步受到各方人士批评。语言学家们注意到,南非未达成其宪法

---

[*] 张晓丽,上海政法学院语言文化学院(国际交流学院)讲师,研究方向:大学英语教学、英语翻译。

所立目标的原因主要是语言问题。这本书的目的就是描述并分析南非国家背景下语言因素与国家认同形成的相互关系。

这本书的研究方法主要有两种：（1）对第一、二手资料的描述和分析；（2）对语言专家、学界同人的非正式、半结构式访谈。这两种方法互为补充，为该书丰富的研究内容打下了坚实的基础。作者着重区分了在语言政策理论方面"描述的视角"和"规范的视角"这两种研究方法。该书认为语言政策理论在认识论层面未必需要假设某些道德价值观的客观存在。回答诸如"应该做什么"的问题，一定是跟某种预定的、主观的愿望或利益联系在一起的。否则，这些问题本身就无意义。作者在撰写该书的过程中，引用了一些采用规范性研究视角的研究成果。值得注意的是，作者对这些研究成果所做出的回应都不是规范性的。

第二章主要分析比较民族认同和国家认同当中出现的一些关键概念。这些概念有：国家（state）与国族（nation），种族主义（ethnic nationalism）与公民民族主义（civic nationalism），国族（nation）与种族（ethnic group）。

国家与国族的区分。国家指占据地球某一地理领域的政治实体。国族的本质是无形的，指那些把人民团结在一起的心理纽带，它使得人民潜意识里认同一个国家而不是另一个国家。

种族主义与公民民族主义的区分。种族主义植根于共同的族裔及文化信念，是生而有之、自然而然的一种归属情感。公民民族主义则来自某一领土国家的合法群体，无论年龄、性别、种族、文化特征，在理论上共同享有权利、履行义务。公民民族主义的情感基础是共同的政治及哲学价值观。比如"自由、平等、博爱"这些价值观在现代法兰西共和国民族主义话语中占据重要地位。

国族与种族的区分。有学者从范围大小进行区分，然而，这种区分标准效果并不理想。例如：英国、美国有许多移民团体，其人口超过冰岛、卢森堡、爱沙尼亚等国的人口，然而大多数人会毫不犹豫地说前者只是某一族群，而后者则属同一国族。有学者以是否拥有"自我意识"来区分，也有学者以"成员主观决定界限"来区分，等等。而尼尔森（Nielsen）的观点似乎更能从本质上对两者进行区分："国族一定会力争形成政治共同体，争取自治，并力图在一定程度上控制地球上的某一地域。"从这一社会学层面上讲，国族与种族有着巨大差异。学者梅（May）对这两个概念进一步进行了分析。他认为"国族"这一概念包括五个关键维度：心理的维度、领土的维度、历史的维度、文化的维度、政治的维度，而"种族"这一概念只需包含其中的三个或四个维度（不包括政治的维度，而领土的维度可有可无）。"国族"这一概念包含民族性。国家与国族表面上有联系，但取得一个国家的公民身份并不一定意味着已经融入该国族。

此章还讨论了以下内容：

国族构建在不同语境中内涵并不一样。非洲的国族构建通常是一个从零开始在不同民族间创建一个共同国家认同感的问题。在欧洲，国族构建内涵就不一样：它往往指的是某一核心种族接受某些（经济上或地理上）边缘化的民族并使得他们取得支配权力。在非洲，因为民族多样性，在国族构建过程中民族因素要么被忽略，要么被认为不适合考虑。因此，在南非等国家，国族构建往往更加政治化、公民化，这与基于种族文化的群体认同显然不同。南非共和国民族多样，历史上族群之间分裂严重，要使国民认为彼此拥有共同的历史、祖先、文化，这个任务相当艰巨。此章引用厄立特里亚国族构建成功的例子表明：民族因素能深层激发人民感情上的团结和情感上的依恋，在国族构建过程中，民族因素至关重要。

语言与民族身份的关系。语言和民族身份不存在绝对的对应关系。但讲同一种语言，通常能够促进交流理解，从而提升群体认同的感觉，因此，语言经常被拿来作为民族身份的标志。语言可以是也可以不是民族身份的主要特征。此章列举的事实证明"语言决定论"之类的理论是缺乏事实基础、站不住脚的。

语言与国族身份的关系。语言与国族身份之间也不存在绝对的对应关系。不同国家可以使用同一种语言；同一个国家也可以使用多种语言。但在大多数国族构建过程中，往往都会推广一种公共的国家语言。因为，国族不同于民族的一大特点是其拥有一个共同的公共文化，公共文化的维持有赖于公民之间高效的沟通，而公共语言无疑可以大大提高沟通的效率。

第三章主要从理论视角探讨语言政策、语言规划与国族认同的关系。斯波尔斯基（Spolsky）指出语言政策由三个因素决定：(1) 语言实践：从全部语言变体中选定某种或某些语言变体的惯常模式。(2) 与语言有关的信念及语言意识形态：对语言及其使用的看法和信念。(3) 任何对语言的干涉、规划或管理。

前两个因素属于"一个语言社群在有关语言方面的文化"。因此，语言政策包括语言文化和语言规划两方面。基于以上论述,此章认为语言规划只是语言政策的一个组成部分。语言政策的这个定义更加综合、更有包容性。

伊斯曼(Eastman)在1983年提出任何社会可以没有语言规划,但不可以没有语言政策。然而,语言政策往往并不能通过观察轻易得到,原因主要有:(1)有些地方没有官方语言政策,或者语言问题并不突出,这种情况下,语言政策往往以隐蔽的形式存在。要确定其语言政策只能通过观察该语言社区的语言实践。(2)有些地方法律上的语言政策和实际中的语言政策并不一致。隐形政策的存在使得官方语言政策受到损害或者毫无存在意义,这样的例子比比皆是。后种族隔离时期的南非的语言政策即是如此。

无数事实表明:想为社会语言环境带来非进化性质的、有预谋的变化,官方语言政策很多时候是无效的。既然如此,为什么那么多国家仍然坚持推行与底层的语言意识形态、行为不一致也不互补的语言规划呢?原因主要有三个:(1)许多语言规划者特别是那些没有在社会语言领域受过训练、不是语言社会学家的人,他们一般毫无疑问就认为语言就是可以被轻易规划、管理的。(2)进行语言规划的企图来源于人类想要解决问题、构建出适合某一意识形态和实际需要的社会环境的本能。不管困难多么难以克服,语言规划者们都被迫进行尝试。不管任务有多庞大,悲观主义通常都是不受欢迎的。(3)在个人层面和社会层面,面对问题时袖手旁观,这样的态度不会招人喜欢。对国家和政府机构而言,面对语言有关问题,不尝试解决往往会被指责为不作为,这在政治上对其很不利。当缺乏真正的政治意志或政治能力来进行语言规划时,为了避免玩忽职守之类的指责,一些基本不会实施、象征性的表面语言规划还是会存在。因此,进行语言规划的尝试,大多是政治意识形态或者政治实用主义,或者两者共同作用的结果。然而,这两大动因都不能保证语言规划取得成功。

语言规划活动通常分为三类:地位规划、语料规划、学习规划。语言规划虽然表面上都有纯粹的实用主义或工具主义的理论依据,但通常也会暴露出某些情感上的、与认同感相关的目的。

此章从语言民族构成角度讨论了国家的四种类型:

(1)纯粹的单一民族/单一语言国家。这种类型的代表国家是冰岛、韩国、朝鲜,这些国家都只有一种语言、一个民族。爱尔兰共和国的情况比较特殊,这个国家拥有两种语言(爱尔兰语和英语)、一个民族。

(2) 单一语言国家,但拥有小规模、高边缘化的少数民族。土耳其、法国就属于这种类型的国家。其对"一个国家,一种语言"的政策接受度非常高,以至国家的语言政策经常把少数民族语言、多语主义看成国家一体化进程中的绊脚石。它们往往采用单一语言政策应对多种语言的现实,少数民族语言被认为非法,甚至完全被否认,而代表国家身份的语言则被加以确认。作者特别指出:少数民族语言即使在单一语言国家认同政策下遭受了磨损或削弱,其根本原因也绝不是自上而下的、有意为之的语言管理措施的结果,若坚持认为这是语言管理措施的结果,其实是低估了经济、人口等方面变化的重要作用。

(3) 二元或三元民族国家。芬兰、瑞士、比利时都属于该类型。此类型国家的语言规划,避免或者解决国内民族之间的语言冲突是其首要考虑因素。在语言空间分隔方面,芬兰采取的是"个性原则",即公民个人的语言状况是语言权力分配的基础;瑞士采取的是"领域原则",即地理因素是语言权力分配的基础。芬兰、瑞士是两个避免民族之间语言冲突的较为成功的例子。而比利时的语言政策就不那么成功。比利时民族语言构成与瑞士很像,但由于无法解决语言冲突问题,结果限制了国族构建的发展。比利时民族冲突的原因在于荷兰语与法语引发的身份认同感和忠诚感强于统一的比利时国家这一概念。在民族冲突持续数个世纪之后,比利时实行联邦制。在多民族国家去集权化后,地区民族认同会重新涌现。西班牙、英国就是这样的例子。

(4) 后殖民时期的多民族国家。该类型国家内语言民族的多样性特别高,极端例子当数巴布亚新几内亚,这个国家使用的语言叫得出名字的多达820种。印度、印度尼西亚、坦桑尼亚也属于该类型。在这样的国家进行国族构建,其难度可想而知。然而,为了防止国家四分五裂,政府还是积极朝国家一体化方向努力。印度采取的是"三语配方"马赛克语言政策,即地区语言、印地语、英语,这三种语言都可以在中学使用。该政策代表了无限多语主义与单一语言政策之间的妥协,而不是意识形态上的自主选择。很多后殖民时期的多民族国家采取的是高度单一语言政策,其主要原因有两个:① 与权力有关。由于社会经济不平等,加上政治权力分配不平等,精英统治阶层很少想去满足少数族群的需求。实施单一语言政策不会给精英阶层带来任何不便。② 继承前殖民者的语言政策。

比如,博茨瓦纳把英语作为官方语言,因为许多人错误地认为,英语在民族性上和政治上具备中立的特征,选择这种语言可以避开选择其他本地语言带来的潜在冲突。

第四章聚焦南非语言政策的历史概览。南非语言政策分为四个历史时期:

(1) 荷兰殖民时期的语言政策。1652年,三艘荷兰轮船到达好望角,目的是为荷兰东印度公司建立补给站。欧洲人没有学会非洲本地的语言,而当地非洲人却学会了荷兰语。在荷兰殖民者到达非洲一个世纪后,当地的非洲语言基本消失了。1652—1808年大量奴隶被输入好望角殖民地。奴隶们受悲惨处境逼迫,不得不学会说一些荷兰语。于是,荷兰语的变体在奴隶群体中广泛使用起来。与此同时,还存在另外一类语言接触:说荷兰语的人和说欧洲语(法语、德语、斯堪的纳维亚语等)的人接触。在这些移民到达后的半个世纪里,出现了语言及身份的同化。荷属东印度公司督促说法语的孩子"在学校要学习我们的语言、我们的道德观",以鼓励欧洲移民同化融入荷兰社群和他们的文化传统。该同化过程是不可避免的。这个例子非常典型地表明了主流社会、人口因素是怎样辅助并加速人们广泛接受统治阶级的语言的。

(2) 英国殖民时期的语言政策。1806年,英国从荷兰手中接替占领好望角,进行殖民统治,意图建立一个从外到内都英国化的殖民地。南非荷兰语被各种嘲笑、贬低、边缘化,被认为是"一种没有文学、没有科学基础、除了在当地使用没有其他实际价值的语言"。与此同时,英国人对自己的语言文字有着深深的优越感。在英国人看来,对南非白人的盎格鲁化,是势在必行、显而易见的事情。1822年,英语被宣布为唯一官方语言,免费的英语学校被建立,在这些学校里,荷兰语被完全排除在外。1828年起,所有法律程序都使用英语进行。英国政府为了推动英语在南非的使用,甚至从英国派来长老会牧师到改革后的荷兰教会任职,此举遭到了说荷兰语人的强烈抵制。南非白人认为保护自己的语言对维护他们的民族身份至关重要。正是在这次语言斗争中,语言和民族身份的关系在南非白人意识深处得到了牢固确立,而这一信念也明确导致了种族隔离时期的语言政策。英国对南非殖民地白人的英语政策是一次惨重的失败。该政策不仅没有同化说荷兰语的人,而且它事实上为南非白人民族认同的形成奠定了基础。

(3) 种族隔离时期的语言政策。1948年，由南非白人主导的政党上台并推行种族隔离政策。南非白人认为：民族有其一成不变的特征和性格，语言作为民族特征和性格的表达方式，当然应该有其独特性，以此和其他民族区别开来。根据官方政策文件："上帝按照自己的意愿造就了不同的民族和人民。上帝也赋予各民族及其人民不同的使命、任务和天赋。"这样一来，语言民族主义就与种族独特性及其纯正性混为一谈。这个时期的南非，任何种族、民族之间的混合都被视为对纯正的违反，是对宇宙自然规律的违背。种族隔离时期语言政策的核心是"母语教育"。母语教育，对南非白人来说，意味着学习一种在政治上有权力的语言，而对南非讲班图语的黑人而言，却带来诸多不利影响。1953年的《班图教育法案》规定黑人孩子在前八年的初级教育阶段必须接受母语教育。之后的中级教育可以用英语或者南非荷兰语，或者同时学习两种语言。然而，绝大多数黑人学生根本就上不到中学。因此，黑人普遍认为该法律就是政府要的阴谋，目的是阻止黑人接受足够好的英语教育、南非荷兰语教育，以此掐断黑人取得权力、在社会阶层中获得提升的通道。南非种族隔离政策不仅加深巩固了班图人中已有的民族文化分歧，还试图制造新的矛盾，其目的是防止黑人团结一致反抗其压迫性的体系和体制。

因为接受英语教育的机会受到严格限制，不同民族语言群体的黑人反而越来越将英语视为反对种族隔离政策的团结象征。南非黑人虽然大多英语水平不高，但在政治抵制的象征和工具方面，他们许多人更认同英语胜过母语。而种族隔离政策企图避免的正是这样一个现象。事实若此，颇具讽刺意味。这也似乎证明：试图通过语言政策进行自上而下的认同构建，即使是最为强制性的手段，如果大众意识中对此有普遍的抵制，其取得的成功很可能是极为有限的。认同构建政策要想取得成功，必须取得目标人群对其思想体系的接受和肯定。否则，政策很可能引发抵制，带来社会冲突。

(4) 后种族隔离时期的语言政策。1994年，曼德拉领导的南非国大党上台，南非进入崭新时代。南非新宪法宣布其官方语言有11种：英语、南非荷兰语和9种班图语，并规定所有语言必须享有同等的尊重和平等的对待。这个"多语种平等并存"的语言政策，体现了南非新宪法的底层政治哲学就是多元主义，政府旨在多元化中进行统一，进行国族构建。与经典的"一个国家，一种语言"同化主义者的思路不同,南非在国族构建方面采用更加多元主义的方式,这种范式转移得到了南非语言政策领域多数人的支持。

然而,后种族隔离时期的南非语言政策和语言实践之间存在着明显的差距。虽然南非新宪法规定 11 种官方语言享有平等地位,然而在南非公共生活的各个领域,英语一语独大的趋势越来越明显。国大党语言政策实施初步失败主要是因为以班图语作为教学或学习的语言,这特别容易让南非黑人想起种族隔离时期的语言政策,于是大多数南非父母和孩子选择从很早就开始接受以英语为媒介语言的教育。然而,大量研究表明,过早选择以英语为媒介语言的教育,对母语为非洲语言的孩子,弊远大于利,因为"认知能力只有经由自己最为熟知的语言才能发展。通常这个语言是自己的第一语言"。在认知能力还未完全发展的情况下,通过英语展开教育,结果往往是学习能力进步缓慢、辍学率高。讽刺的是,英语能力最强的是说南非荷兰语的那些白人。而他们在教育的各个阶段都是通过自己的母语来学习英语的。

第五章以南非荷兰语为例,分析语言政策、身份冲突与国族构建之间的关系。后种族隔离时期的南非,围绕南非荷兰语存在着激烈的争论。南非人对南非荷兰语有着截然不同的感情:南非白人对它充满强烈而积极的感情,而它在南非其他人群唤起的往往是深深的消极负面感情。鉴于南非荷兰语问题带有深深的感情色彩,任何通过语言政策、语言规划手段对该语言进行推动、限制或者边缘化的企图,都常常被认为是对南非白人群体身份的一种威胁。

南非荷兰语的极端问题化,主要有两个原因:(1)南非国大党抱持的是严重的单一语言思维模式,在国家层面使用推广英语之外的任何一种语言,在它看来都能威胁到它所推行的国家一体化同化模式。(2)南非白人统治者之前实行压迫统治,南非人民经过长期解放斗争,才有了目前的政治秩序。南非许多人认为,南非白人的语言利益与那些想要建立一个新南非的人民语言利益是不相容的。有人甚至公开说:"南非荷兰语是南非白人为种族隔离制度必须付出的代价。"

"南非荷兰语排外,英语促进融合"这一理念全面影响着后种族隔离时期的南非语言政策。然而,这一理念是经不起事实科学推敲的。有学者指出,这个理念是南非政府用来掩饰他们的种族恐慌情绪的,因为他们担心南非白人会利用语言问题进行民族动员。作者指出,这就很容易引发相互强化的恶性循环。南非政府和南非白人身份冲突的持续存在,会在心理上巩固强化双方的历史身份。显然,这会阻碍一个全面融合的南非国家的建成。

另外,地名改变也是引发南非政府和南非白人之间冲突的一大来源。南非政府改动了很多南非荷兰语的地名,理由主要是:这些地名容易让南非本地人想起他们在殖民地时期、种族隔离时期所遭受的不公正和压迫。然而,英国殖民统治遗留下来的那些地名却基本没怎么变动,这一事实使得人们更加怀疑南非政府就是为了攻击南非白人的语言敏感性。在一个明显充满种族冲突的环境里,包容性的国族构建不可能取得成功。要取得成功,需要的是合作与相互妥协。鉴于地名在族群关系上有着重要的象征作用,作者提出了相应的建议:在地名这个领域率先推行南非新宪法规定的"公平使用多种语言"原则。政府所需要做的仅仅是制作安装多语种的地名标志牌。当然,这并不是要在所有地名上把11种官方语言都用上。有些地方民族语言比较单一,就采用当地一种语言。而在有潜在冲突或者族群敏感性被激发的地方,就采取多语方案安抚人们敏感的情绪以解决冲突。

第六章着重探索有助于南非国族身份建立、促进社会经济发展、确保南非公民全面融入国家系统的语言政策的关键原则和实践方法。后种族隔离时期的南非社会一大特征是社会经济的持续高度边缘化。大多数南非人享受到只是最基本的"第一代"人权,而诸如解放社会经济、有效参与公共政治事务这些权利,因要求具备一定的教育水平,大多数南非人还享受不到。国家体系的合法性有两个来源:(1)反映全国人民的民族文化身份;(2)满足全国人民的需求利益。这两大来源使得人民对国家产生两大依恋:情感依恋和工具依恋。在这两个方面,南非政府都不符合条件,最为突出的就是讲南非荷兰语的南非白人对国家没有很深的情感依恋;随着英语在南非公共生活越来越占据主导地位,非洲黑人在经济上越来越被边缘化。

此章进而探讨了语言激进主义能否成为一条实现语言民主化的可行之路。语言激进主义包括五个不同元素:(1)研究。这指的是语言政策及规划领域的知识分子和教育者们对社会语言趋势和语言过程提出科学严谨的理解。(2)游说集团或者压力集团。通过这些平台,人们可以表达有关语言问题的观点、抱怨、要求。这些压力集团采取的形式可以是反对政治党派，也可以是文化组织。他们在提高公众对语言问题的意识方面发挥着重要作用。(3) 媒体。媒体可以触及全国乃至全球观众，传播覆盖力强。媒体在普及语言信息进而影响人们观点方面有着巨大潜力。(4) 法律诉讼。这是应对违反宪法语言使用条款行为的有力措施。(5) 暴力行为。这是极端的方式。当其他途径都行不通时，人们就会诉诸暴力。南非历史上就发生过语言引发的暴力事件。然而，就国族构建而言，最好避免暴力事件。

总体而言，南非语言激进主义目前还处于不成熟的阶段，发展也不均衡，且大多有民族中心主义倾向。加拿大、比利时、西班牙这些国家，其语言权力文化都比较发达并且已经体制化，这与他们社会经济的发展水平不无相关。在南非，对语言权力这些本质上非物质的关注，其实为时过早了。必须具备相应的社会经济条件，才可能产生有效的语言权力文化。

针对南非国族构建，作者提出一条之前已经有人提出过的建议，即对恩古尼语与梭托语两大非洲语群的调和。恩古尼语、梭托语都属于班图语系。入选南非官方语的9种非洲语中，5种属于恩古尼语，3种属于梭托语。创建覆盖范围更为广泛的恩古尼语标准书写体和梭托语标准书写体的提议在技术上是可行的：非洲语每个语群内部不同语体之间的沟通度很高，要建立标准恩古尼语和标准梭托语，语言上不存在明显不可克服的障碍。如果得到广泛接受，从纯粹理论层面看，该提议在推动国家一体化建设方面有着巨大潜力。把南非两大语群标准化，显然会促进整个社会的沟通效率，进而使得黑人能够更大程度融入国家的社会经济体系。然而，南非人民普遍不接受该提议。这就使得南非语言政策和国族构建情况不容乐观。

此章还探讨了个人多语主义在国族构建中可能起到的作用及其局限性。作者给出了这样的设想：如果每个南非公民都懂英语、南非荷兰语和某种非洲语言，每个公民能够讲多种语言，这不仅能代表南非多元的人口构成，更是朝语言平等迈进了一大步。另外，互相学习彼此的语言还可能提高人际、群际语言行为的创新和灵活性。这样的情景更能培养社会团结感，促进群体关系的发展，使得国族构建以民主化方式得以实现。然而，作者也承认，短期内这样的场景并不现实，原因有两个：(1) 民众对非洲语群调和建议的接受度不高；(2) 即使能用非洲语沟通,由于非洲语在公共、经济生活中遭到边缘化,该语言能力也不能为语言使用者带来很大的经济优势。

第七章总结了此书各章要点,并对人们进一步研究语言政策、语言规划提出了建议,主要如下:

(1) 此书作者的研究拒绝为民族问题提供规范性的解决方式,建议不认同此观点的研究者不要继续对该研究投入时间和精力。

(2) 语言调查研究者需有意识地把研究置于实现社会公平进步这样一个更宏大、更实用的政策目标中来。

(3) 未来研究需克服单一学科研究方式,把语言社会领域的研究方法和其他社会科学的重要发现结合起来,可以有新的发现。

(4) 语言政策是高度依赖具体的社会语境的,"以社会发展为目标的语言政策"领域的研究者不要把其他社会语境下的成果输入不同社会语境。

(5) 把南非的语言政策和规划趋势与欧盟的语言政策和规划趋势进行对比,这将是个很有意思的研究领域。

三、简评

此书作者不仅具备扎实的理论基础、广博的研究资料,而且深入实地积累了丰富的一手资料和经验。此书所呈现的,既有南非的语言问题,也有世界语言政策的概貌。此书所探讨的,既有大的理论框架,也有具体的案例。此外,作者有意识地采用了跨学科研究方法,既避免了"语言中心主义"带来的弊端,也使内容更加翔实,启发性更强。

当然,这本书也有不足之处。比如,在谈及南非后种族隔离时期大多数黑人选择英语作为孩子初级教育语言的时候,作者指出这样做弊大于利,因为英语不是这些孩子的母语,以英语作为学习的语言会阻碍孩子认知能力的发展。然而,种族隔离时期的"母语教育",南非政府规定黑人孩子必须在前八年的初级教育阶段接受母语教育,之后的中级教育才可以接受南非荷兰语、英语的教育。但该政策在当时被黑人认为是南非白人耍的阴谋,理由是能够完成初级教育接受中级教育的黑人孩子非常少。这就形成一个进退两难的怪圈：黑人孩子到底使用哪种语言进行初级教育更好呢？作者在书中只是呈现了这样的事实，并未对此深入探讨。

总之，要了解南非的语言政策历史、现状、面临的问题及可能的解决途径，这本书是很好的参考读物。

《后殖民主义法律的语言选择——马来西亚双语法律体系的启示》述评

范湘萍[*]

一、引言

《后殖民主义法律的语言选择——马来西亚双语法律体系的启示》(*Language Choice in Postcolonial Law: Lessons from Malaysia's Bilingual Legal System*)是日本著名综合性私立大学日本大学的英语教授理查德·鲍威尔(Richard Powell)集最新研究成果于2020年推出的作品。这项研究隶属法律本土化研究范畴。首先,此书通过回顾历史、社会、政治、教育和法律背景,来确定其对马来西亚法律本土化的结构性影响。其次,它从语言地位、语料库、习得规划、话语规划的角度描述本土化的实施。再次,它探讨了律师、法学院讲师和学生的理论取向,指出他们是最受法律本土化导致的双语法律现象影响的一群人。最后,此书从后殖民主义法律的角度对马来西亚双语法律体系进行了评估,通过与其他寻求平衡当地语言与英语、国家建设与经济发展、诉诸司法与法律稳定的政治制度的比较,讨论了马来西亚模式对其他司法管辖区的启示。全书分四个部分共十一章。本文先介绍各章内容,然后做简要评价。

---

[*] 范湘萍,上海政法学院语言文化学院(国际交流学院)副教授,研究方向:文学与法律、ESAP教学与测试。

二、内容简介

（一）研究概括和背景综述

第一部分(第一至二章)提纲挈领地阐释了该课题的研究方法、基本理论和概念、研究的目标和范围、研究的实施及全书的结构和主要内容,从语言规范的研究视角出发,分析了马来西亚语言政策发展的历史、社会、政治、教育和法律背景。这部分指出双语法律体系研究的核心议题是语言政策和语言规划。

"第一章 马来西亚双语法律的概念化和语境化"描述了法律语言本土化研究的内涵和外延,阐明了"法律本土化"指将一种法律制度的语言从精英语言(如中世纪晚期的拉丁语)转变为大多数人更容易理解的语言(如马来西亚人日常使用的马来语)。法律本土化问题主要被框定为一个法律权利问题,根据语言传达法律信息和影响决策的方式来评估语言;或者也可被定义为一个更大范围的法律翻译问题,除了词汇和文本层面的对等问题,还包括法律语料库之间的对等问题。

作者罗列了该课题的三条研究路径：第一,通过采用语言规划的研究视角,调查了双语法律在马来西亚实施的原因和方式。基于语言规划的核心要件主要涉及对语言地位、语料库、习得和话语的操纵,此书的主要研究方法是通过对律师、法学院讲师和学生、行政人员的访谈来阐明这些要素相互关联的过程,并挖掘了马来西亚在后殖民主义时期大规模的法律语言改革背后深层次的政治、社会、经济原因。第二,除了调查语言规划,此研究还探讨了律师和未来的律师是如何定位语言政策的。借助结构化理论对个人行为与继承规则和资源之间的递归关系的强调,该研究探讨了尽管个体机构受到语言规划的政治化特征和法律机构的威权主义性质的高度制约,但语言政策本身在理想主义和实用主义、社会政治稳定和经济增长、国家统一和国际参与存在内在的张力。第三,此研究的第三个方向是与其他尝试过方言化的普通法管辖区进行比较。目前很少有国家像马来西亚那样在高级法院或判例中广泛使用方言,这使得马来西亚的双语法律不同寻常,令人感兴趣,并成为其他多语言社会在不破坏法律稳定性和完整性的情况下寻求加强司法救助的潜在模式。

"第二章　政治和经济对多语言和多法律的影响"用回顾历史的方式指出马来西亚现行的语言政策是对被殖民时期已经存在的复杂社会和紧张政治局势的回应。早在英国殖民统治前,马来西亚的法律就是多语言融合,双法律并置。随着18世纪末英国开始对马来西亚部分海峡殖民统治,1807年皇家司法宪章设立了一个终审法院,并正式将英格兰法律引入槟榔屿,这标志着一场"英国法律猛攻"的开始。但前往殖民地的官员会被派往孟买、马德拉斯或加尔各答接受东方语言和法律的培训。一些不在英国直接管理范围内的地区直到20世纪还一直依赖宗教教法、阿达特法和苏丹国的权威。1826年殖民地当局为马来语课程提供津贴和通过考试的奖金。1864年的一份报告声称所有海峡官员都认识马来语。1947年全马联合行动委员会出版了一部人民宪法,提议平等公民身份,将马来语作为新一届议会和种族委员会的语言,但允许以其他语言进行政治辩论。20世纪后半叶,特别是马来亚独立后,保护传统文化的观念抬头,马来半岛基于建设人口普查的种族分类推出大量的法典和法令,使马来语成为官方用语和日常用语。

(二) 语言规划视域下的法律语言本土化研究

第二部分(第三至六章)从语言地位、语料库、习得规划、话语规划四个方面描述了马来西亚的法律语言本土化,并结合政治事件、马来语的整体现代化进程及其在法律教育中的使用和公共辩论的作用解释了法律语言的演变。

"第三章　马来西亚法律语言的地位规划"探讨了马来西亚法律中的语言地位是如何作为国家语言政策的一个子集来规范并主要通过宪法、部分立法、少量判例法和专业规则来推行的。换言之,就是这些国家法规构成了一个双语框架,在这个框架内,语言政策旨在将特定语言的使用分配给特定角色的活动。和之后第四至六章中所讨论的语料库规划、习得规划、话语规划在一定程度上相互交织。其主要涉及马来西亚政府当时对语言行为的立法和制度监管,但它也涉及社会制约,因为正如许多研究采访者和信息提供者所表述的一样,虽然他们都接受过法律培训,但似乎更清醒地意识到是社会文化而不是支撑他们的法律机制对语言选择的限制。例如20世纪80年代支持马来语合法的政策是对在新经济政策下落后于中产阶级的大多数农村人的文化补偿。马来语的地位在马来西亚宪法中得以确认是在宪法第152条,宣布马来语为国语;第160b条,从政府层面确认马来语对宪法的翻译具有权威性。但作者也指出政策的执行往往与司法实践的指示、通告和规则的关系更为密切。例如尽管用马来语翻译被认为是权威的,但法案通常仍然是用英语准备的。尽管法律界普遍有马来语氛围,但许多接受过英语教育的治安法官和检察官仍然更喜欢英语。

马来西亚法律领域的地位规划揭示了一条立法轨迹,从宪法规定和修正案开始,通过法规,然后向下到条例和法院规则,最后到实践马来亚和东马来西亚首席法官在与首席大法官协商后发布的指示。宪法具有至高无上的权威性,但往往起草范围很广,为具体应用创造了解释空间。此外,指导方针起草得并不严谨,缺乏充分的法律效力。因此,这一制度为判例法留下了空间,而判例法很少与当时的社会和政治要务隔绝,以解决语言状态的实际含义。

"第四章 语料库规划"主要探讨了马来西亚政府为了实现双语法律体系要达到的目标:建立健全马来语—英语法律术语语料库的计划和举措。作者介绍了"语料库规划"和其他三个规划之间相互依托的关系,指出随着国家作为抽象的法律实体出现,语言标准化变得不可或缺。语料库规划一般都和民族主义紧密相连,双语法律体系建立健全的关键在于法律语言本土化。而法律语言本土化的主要障碍是法律术语不充足。马来语要适应法律这个新领域,要将词汇资源的开发能力与语言之间的可互译程度联系在一起,这对于马来语适应法律这一新领域至关重要。就语料库而言,除了语言知识,还需要法律领域的专业知识。

然后,作者分析了马来语从古语到现代语的演变过程,以及马来语法律词汇和语料库的发展。马来语有许多变体,而马来语语料库的建立是基于现代马来语的词汇。马来西亚政府还在着手编纂马来语词典。马来语词典和语料库的建造优先考虑的是经济和科学等重点发展领域的词汇创新,以"从马来人世界内部寻求"的原则为指导,以期创建马来语的"稳定"术语、拼写和语法。

马来西亚语言文学研究院于1963年成立了法律术语委员会,并于1970年推出了英语—马来语术语。1986年该术语的第二版"主要基于第一版"纳入了1972年的拼写改革,并为3 404个词条增加了镜像马来语—英语部分,这表明当时有足够的马来语法律文字供从业者使用这一功能。现代马来语的创造离不开和外来语之间进行词汇借用和代码混合,但借用和混合的程度一直是学界争议的热点,因为尽管语言的"现代化"通常是在技术和词汇层面上进行的,但它也可能导致本土语言社区和外部族群的重新定位。除了词汇,语料库的规划建设还需要在不同的语域中创建语篇以促进远程文体的形成。所以此研究在考察马来西亚法律词汇创新所进行的微观层面改革的同时,通过讲述本土马来语在法律界逐渐被推行使用的历史,关注以法规、案例和学术文献的形式生成马来西亚法律语料库的问题。在成文法、判决等具有权威性法律文本的本土化方面,发现马来西亚的大部分法律文件仅仅是翻译,而且译者倾向于遵循原始英语的结构,而不是优先考虑目标马来语的自然结构。这可能是一种节省时间的策略,但也反映了对语义转换的恐惧。

"第五章　习得规划"通过重新审视马来西亚错综复杂的语言教育政策,探讨法律系学生在使用两种语言获取学术知识和职业技能的过程中,其语言偏好是如何受到他们所定位的职业文化影响的。作者聚焦了以下六个方面:马来西亚的本地语学校和平权运动、语言的流利度和律师的资格、大学对学生语言的考查、法律执业的要求、法学院的教学语言政策、马来西亚各级对双语的专业支持,阐述了双语法律实践更多地依赖于复杂的制衡机制,而不是综合习得计划,这些制衡机制在学校产生了不同的马来语和英语水平,并在法学院优先考虑法律英语。这样做的理由是,与英语相比,马来语现在对学生来说不是什么负担,而且人们认为,熟练掌握马来语可以随时转移到大多数法律任务中去。

教学语言是马来亚独立前十年国家层面辩论中的一个关键问题。马来语和英语在法学院的受重视程度在很多方面遵循着马来西亚高等教育的大起大落,马来语在20世纪70年代得到较快发展,在20世纪80年代至90年代则从激进变得缓和,原因是马来人对英语衰落的担忧,并且这种担忧一直持续到今天。随着马来语逐步进入小学和中学教育,马来人的平权行动也加快了,通过将技术学院提升为公立大学来扩大马来语的教育。1983年,马来西亚所有(5所)公立大学宣布转用马来语作为第一年的唯一授课语言,于是马来西亚理工大学声称所有文科和80%的理科都使用马来语。然而,以下四个因素使英语重新得到法学院的重视:(1) 到了20世纪80年代末,大学新生的英语水平下降,人们对英语重新产生了兴趣,从而对马来语的科学研究有所放慢。进入21世纪,因为之前有报道称,公立大学毕业生的英语水平不佳,雇主倾向于聘用私立大学的毕业生,公立大学开始恢复使用英语教授科学和数学课程。而英语在大多数法律教学机构中的主导地位被多数法律从业者认可。(2) 法学院提供的法律材料是政府制定语言政策时的一个参考。现有图书馆有关法律的资料大多是英语的,学生面临着马来语材料匮乏的限制。(3) 就业市场影响法学院重视英语而不重视马来语的语言政策。虽然许多律师最终主要在使用马来语的律所工作,但能够将毕业生安置在优先考虑英语的知名律师事务所是各法学院的一个卖点。(4) 语言的熟练程度。可能部分原因是学生接受过大学预科教育,部分原因是他们使用马来语完成的专业任务不那么复杂,而且通常仅限于较低的法院,马来语对大多数学生来说不是什么负担。而法律制度起源于英语,从英语进入马来语比反过来更自然。

"第六章 话语规划",由于阐述马来西亚法律语言政策的文件相对较少(宪法第150条、一些相应的立法规定、一些判决和一些程序规则),此章重点不是分析文本背后的话语,而是确定主导话语的范围,通过这些话语过滤公共和职业生活中的政策和实践。按照马来西亚的法律语言规划主要是在政治框架下进行的这一观点,主要关注的是具有公共影响力的话语,特别是那些国家概念和法律解释之间产生冲突的话语和解决各方竞争利益的话语。

首先,作者回顾了马来西亚法律领域中话语和语言之间的关系,这是一个具有重要社会政治意义的领域,但与教育领域相比,公众辩论的主题要少得多。此章用批评性话语分析作为一种研究语篇和话语的方法,侧重于政策声明和批评背后的权力关系。其次,作者关注马来西亚在政策形成和传播方面的制约因素。这个民主国家定期举行选举,但60年来没有政权更迭,随着政治前景的变化,对持不同政见者的控制程度越来越高。再次,作者集中介绍了法律专业本身关于语言的讨论和主要论述框架。最后,作者介绍了正义的话语,因为这些话语影响到是否支持政策和实践。

在第六章中我们可以看到,马来西亚法律中推动和传播语言规划的主要话语是政治和文化的，而不是专业或学术的，辩论通常围绕一般正义的构建，特别是语言正义，几乎没有对交际需要进行分析。鉴于第六章关于英语科学和数学的评论揭示了材料的可获得性如何限制语言的呼应，法学院对英语的总体偏好可能表明的是体制限制，包括各系的感知偏好，而不是学术水平。

（三）法律语言本土化的实践探讨

第三部分（第七至九章）通过"田野调查"聚焦在法律教育、办公室实践和法庭辩护中负责解释和应用语言政策的专业人士的日常定位，指出在课堂、办公室和法庭上，马来西亚的法律实践每天都会做出妥协，既要从政策制度层面出发，承认国家语言，即马来语的权威，又要从法律实务层面出发，承认英语在司法和行政当局的价值。法学院学生、当事人和法庭参与者的交际需求在这些妥协中起着重要作用，而双语熟练程度，加之语用意识的加强，提高了实践者的能动性。

"第七章　法律教育中的语言实践"展现了马来西亚语言政策在马来西亚的大学法学院的实施中受到了实用主义和社会多语言主义的影响，法学院学生和讲师对教学语言的定位不仅遵循马来语—英语法律双语政策，也受到实地教学指导的制约。实地的教学指导与其说是作为一项固定的协议出现，不如说是作为政策和教学需要之间的折中。例如在马来亚大学法学院，人们普遍同意法律和社会、法律方法、辩护和起草文书等科目用英语授课。家庭法、犯罪学等科目包括马来语讲座和两种语言的教程与课本。在马来亚大学似乎没有人知道官方的用马来语授课或用英语授课的政策，但许多评论表明，人们期待教师用英语授课。马来亚大学的学生觉得英语比马来语更重要。

作者通过讨论"进入律师行业从业者的语言能力"，指出在马来西亚这个多民族、多语种并置的国家，除了语言规则、马来语和英语的词汇语法等语言能力，个人的语言水平应该被视为行业语言选择的另一个结构性限制，因为它涉及社会和个人因素。对于掌握了多种语言的马来西亚法律从业者而言，哪一种语言的水平高低和其种族之间的联系并不紧密。例如一名中国学生在马六甲多媒体大学的马来语比赛中获得第一名，一名马来族律师在未经许可的情况下在法庭上流利自如地使用英语。但马来西亚政府无论从政策层面还是实务层面都强调在法律行业中将个人的马来语—英语法律双语联系起来的重要性,虽然此研究访问的多数法律从业者,无论是马来人、华人、印度人,都倾向于把英语作为工作语言的首选。

通过问卷调查和采访,作者总结出马来西亚的学生学习和实践法律主要源于以下几个动机:令人惊叹的争辩能力、一个适合对阅读和辩论感兴趣的人选择的行业、捍卫社会正义、有政治抱负的追求者。多数动机都离不开语言能力,特别是精英阶层所执着的英语。但马来语—英语双语法律的语言政策导致法律行业内外对法律从业人士的语言能力提出了许多问题,如其英语水平是否因为同时在法律圈推行马来语而有一定程度下降;较差的英语被认为在多大程度上影响了法律学习;马来语水平的提高是否能弥补英语水平的下降。因为马来语主要用于下级法院的口头讨论或翻译用英语起草的文件。相较英语,学生的马来语受到法学院讲师的批评较少。马来亚大学法学院对学生语言技能的试点调查表明,他们的本土语言能力普遍令人满意,并指出只有一小部分学生希望重新引入马来语语言课程。

在多语言、多文化的马来西亚社会,语言和法律的关系更为复杂,评估语言在法律教育中的重要性却一直有诸多问题。在是否将有限的课程资源从实体法转向阅读和写作技能等相关法律语言和法律专业对峙的问题上时,马来西亚的法学院和世界其他国家的法学院面临着同样的困境。

"第八章 律师事务所的双语工作"探讨了语言选择及偏好如何影响马来西亚律师事务所的工作。作者从"基于办公室任务的语言偏好""办公地点的多样性""工作部门的双语特性""对职场双语的态度""律师沟通能力和法律技能的职业评价"五个方面分析了大量面对律师事务所从业人士的调查问卷。就研究中涉及的任何法律工作及工作场所是使用"英语"或"马来语"的语言事宜时,作者一直较为谨慎,因为大多数法律从业者都认为律师在日常工作实践中将要在不同的司法管辖区(例如普通法和民法)、不同的专业对象(法律、公司)和文化(国家、种族)忠诚度之间做出适当的调整,以应对不同的规则和需求。

此调查首先评估各种沟通任务的语言偏好,接着探讨诸如办公地点和工作部门等情景因素,然后讨论了对工作场所双语的态度和对交流技能演变的专业评估。此章最后讨论了语言如何影响职业选择。这项关于办公室实践的调查揭示了一幅复杂的图景,在这幅图景中,双语对大多数从业者来说扮演着重要的角色。语言地位规划的影响从可能会涉及政府部门的工作或马来人的法庭诉讼中可见一斑。普通教育中的招聘规划继续适应多种语言,这反映在法律职业中,英语——马来语双语模式多种多样,职业的专业化影响语言选择,刑事诉讼倾向于马来语,金融工作倾向于英语。研究、书面交流和正式会议更有可能使用英语,这证明了法律马来语语料库规划的局限性,而口语交流和非正式对话可能更倾向于马来语,这取决于对话者。

"第九章 双语法庭"通过对法庭上双语行为的分析,集中回顾在马来西亚各个法庭上所发现的广泛交际任务,以及进入这一行业的人需要准备的双语熟练程度。这项调查假设,在马来西亚——或者至少在大多数观察和采访进行的双语马来西亚司法管辖区——国家语言政策及其在法律领域的应用对法庭实践具有一定影响。只有参考马来西亚国家语言政策,分析法庭上诉讼过程中的双语语码转换才能揭示法庭对话者的真实动机。

法官、辩护人、嫌疑人、证人等构成各级各类法庭语言交际活动的主要参与者。其中法官在法律语言和司法政策中起着重要作用,他们在解释语言政策时的个人立场往往是法庭语言选择的重要因素。马来西亚遵循的英美普通法体系使其"双语法庭"诉讼环境中关于对抗性互动的话语分析通常集中在其他地方很少找到的形式化特征上,包括高度不对称的转折,旨在证实或驳斥而不是引出的问题,以及针对对方而不是提问者的回答。法庭上的发言规则是以证据规则为基础的,其结果是强烈的互文性。在构建相互竞争的叙述时,研究者经常参考诸如证人陈述、法规和案例等文本。"双语法庭"强调了双语在马来西亚法庭的对抗性、互文性和证据限制中的引入,使其成为探讨既是辩护工具又是社会语言的法律语言选择功能的重要舞台。

这一章作者首先介绍了研究案例的选择标准。因为作者试图探讨国家语言政策在马来西亚整个司法系统产生的影响,案例选择的范围涵盖了法院的各种层面,从而达到了解哪种语言更适用于哪种法庭、哪种案件和哪种法律任务的目的。然后从法院所处位置、部门法领域、诉讼类型、法庭层级、法官语言偏好入手分析了在不同地理位置的法院、不同部门法的诉讼、不同层级的法院,法庭诉讼语言的使用情况和选择动机。在这一章作者还剖析了辩护律师的话语策略,并指出几乎所有被参访的辩护律师在谈及国家双语政策下如何应对法庭语言困难时,无一例外地把马来语看作他们要应对的首要语言难点。

(四) 全球视野中的法律语言本土化及其意义

第四部分(第十至十一章)在考虑确定语言和法律之间动态关系的可能性时,该研究可能适用于马来西亚以外的地方,然后研究了语言在普通法扩展中的作用,并总结了在亚洲和更远地区的后殖民主义法律中可以找到的各种双语模式(第十章)。结论(第十一章)详述了马来西亚双语政策和实践的更广泛影响,其中讨论了双语法律在多大程度上可能是改善多语言社会中复杂的法律沟通问题的有效而可行的手段,即使双语法律在马来西亚的形式存在缺陷和支持不足。

"第十章 普通法与本土化:一个全球性的视角"从更广泛的视角回顾多语言普通法的案例,首先从英国的普通法在与其他语言接触时的历史传播开始,然后探索马来西亚以外的司法管辖区如何平衡全球压力与当地语言和社会政治的紧迫性。这一章的结构大致遵循了整本书的结构,从普通法跨境扩展的关键政治和经济因素,到与地位、语料库、习得和话语相关的发展总结。

此章"第二节 语言接触与习惯法的拓展"回顾了英国的普通法随着英国殖民扩张被引入没有成文法地区司法体系的过程,以及后殖民时期印度等地兴起的法律与行政中的本土化浪潮。"第三节 地位规划模式"在普通法世界其他地方发现的各种立场表明,语言地位和语言实践之间很少是直接关联的。但通常情况下,两者之间存在某种规范上的联系。"第四节 语料库规划中的倡议"研究生成本地法律术语和生成本地法律文本语料库的举措。"第五节 非英语法律教育"认为在普通法世界,即使是在正式推广本土化的地方,双语实践也往往依赖于专业人员的一般双语能力,而不是双语教育。事实上,大多数律师至少会说两种语言,但只有在南亚,才有接受本地话教育可以取得法律资格的证据。即使在那里,英语也与其他教学语言处于一种互不相关的关系中。"第六节 围绕话语的常用话语"中,作者展示了其他以普通法为基础的国家制度中政治和文化如何塑造了关于法律本土化的关键话语。虽然言辞和政策可能一致,但马来西亚法律语言政策框架内的许多话语却与之相距甚远。

"第十一章 马来西亚双语法律作为后殖民主义法律的典范"作为全书最后一章,主要对全书的要点做了回顾和总结,指出了马来西亚在双语法律建设中的经验和教训,并对未来的建设提出了建议。作者指出在世界上,同马来西亚一样的发展中经济体和多语种社会不止一个,这些国家同样存在要在促进本土语言服务于国家独立和统一与支持一种国际语言服务于全球参与和物质发展之间进行调和的问题。马来西亚这种在国家语言政策推动下的双语法律改革可以为其他处于同样境况的国家提供借鉴。

在此章"第二节 马来西亚法律语言政策的特点"中,作者回顾了马来西亚法律语言政策的主要特点,将在语言地位、语料库、习得规划、话语规划框架内探索的几条线索结合在一起。"第三节 从业者定位"讨论从业者在政策执行中的作用。"第四节 马来西亚的经验教训"总结了马来西亚双语法律的优点和缺点,以及它可能为其他司法管辖区提供什么。"第五节 在法律中实施语言变更的几点思考"评估了身份、语料库、习得规划、话语规划作为必要但不充分的工具,并评估了政治和就业激励的作用。在第六节,作者讨论了更具推测性的问题,即法律语言变化时可能会发生什么变化。"第七节 支持双语法律"探讨了法律是否特别抵制语言改革,以及双语如何有助于政治使法律更容易获得和更公平。

三、简评

出于对双语提高法律可及性的一种手段的关注,这项调查聚焦于使马来语成为现代法律可行媒介的过程和问题,并探索了语言政策如何影响法律实践中的交流和职业选择。鉴于英语在全球的地位,以及它作为马来西亚以前的行政媒介和现在的商业通用语言的重要性,如果不是采取具体措施促进马来语这一马来西亚的国语和最重要的方言的使用,法律很可能只用英语。因此,其被当作一项涉及语言地位、语料库、习得规划、话语规划相互作用的有计划的法律话语本土化问题的研究。

马来西亚双语法律体系的建设在优先考虑政治和结构性因素作用的框架

内,同时允许法律从业人员发挥一定程度的自由权,还审查了法学院、办公室和法庭对语言政策的取向和倾向。虽然一些规划者可能会设想完全转向马来语,但就目前和可预见的未来而言,法律语言化在机构和个人层面同时适应了马来语和英语,律师在不同语言使用者之间以及在法律和非正式话语之间扮演着关键的调解人角色。

虽然普通法中有系统地计划的话语本土化似乎在很大程度上是一种后殖民现象,但它所涉及的许多理论和实践问题都在历史上反复出现。这些措施包括制定法律措施,在不损害政治或专业精英的情况下平息民族主义的愿望;使用语码混合和语码转换来弥补词汇缺陷,但也要保持文化优势;与下级法院的口头话语相比,编写书面判例相对困难等。回顾当今普通法体系中的语言政策,发现其中近20个国家在法庭话语、立法或法律教育中经常使用英语以外的语言,其中最普遍的做法是在下级法院进行口头辩论,最罕见的是法律教育和最高级别的法理学。值得注意的是,没有人完全放弃了英语,在大多数情况下,英语仍然比任何一种方言都重要。在法庭上更积极地使用本土化的司法用语也往往会让这些国家在立法或教育上走得更远。

《东南亚国家马来西亚、菲律宾、新加坡和泰国的语言政策与现代性》述评

李云玉[*]

一、引言

《东南亚国家马来西亚、菲律宾、新加坡和泰国的语言政策与现代性》（*Language Policy and Modernity in Southeast Asia：Malaysia，the Philippines，Singapore，and Thailand*）于2006年出版，作者是安东尼奥·L.拉帕（Antonio L. Rappa）和莱昂内尔·威（Lionel Wee）。该书讲述了过去半个世纪见证了语言多样性的颠覆性变化，这与《圣经》中巴别塔的故事很相似，但是现在涉及的是全球性语言的快速传播以及由此对小语种产生的威胁。一方面，全球性语言快速传播，英语在各民族国家大行其道，而各民族国家试图逆转或减缓这一进程，决意通过维护本民族语言来维护其民族身份；另一方面，在关注自身语言权利的同时，各民族国家对语言多样性表现出了更大的宽容，所有这些使得语言政策研究成为一个愈发重要的领域。

---

[*] 李云玉，上海政法学院语言文化学院（国际交流学院）讲师，研究方向：英语语言文学、跨文化交际。

二、内容简介

"第一章　总体介绍"讲述了此书的目标是了解东南亚各民族国家语言政策如何应对现代性的挑战。因此,该书重点放在语言政策上,这些政策在各国宪法或政治领导人的公开言论中已得到明确阐述。民族国家各自以不同方式受其独特的历史约束,因此该书研究的一个重点是民族国家如何处理英语和东南亚各国当地语言之间的关系。英语常常被视为现代性语言的典范,但是英语在东南亚国家的传播也影响了原住民语言的地位。作者重点研究了东南亚四个民族国家——马来西亚、菲律宾、新加坡和泰国的不同情况。

"第一节　介绍"解释了如何研究现代性对东南亚语言政策的影响,即民族主义意识形态在促进语言政策及应对现代性方面起到了何种作用。该节简要回顾了关于现代性和语言规划的各种研究开展情况,通过介绍三种可能出现在民族主义意识形态叙事中的关系来得出结论:等价、置换和互补。此外,该节还讨论了"语言工具主义"现象。作者认为东南亚四个民族国家应对语言现代性的一个重要结果是强调本国原住民语言的工具主义价值,从而促进语言工具主义在各国的兴起。

"第二节　现代性问题"阐述了不同学者对语言现代性有不同的定义,但人们普遍认为,18世纪末19世纪初的欧洲出现了一种新的社会,这种社会与之前存在的传统社会有着本质区别。虽然关于"现代"社会与"前现代"或"传统"社会究竟有何不同,目前还存在一些争议,但这种将语言现代性理论化的种种尝试清楚地反映了一个共同的理念:社会生活的本质已经发生了根本性的变化。现代性的一个关键特征是理性活动的兴起和传播。

"第三节　民族主义想象"中,查特吉从后殖民主义的视角,对安德森关于国家是一个想象中的社区的观点进行了回应。在他看来,如果国家是想象中的社区,那么会出现这样一个问题:何人的想象在其中发挥主导作用。查特吉认为安德森的主要贡献在于指出了国家不是由其使用的语言或种族所决定的,而是想象的产物。他认为社会制度和实践可分为两个领域:物质和精神。作者则认为,要维持物质领域和精神领域的分离殊为不易,因为有些社会生活的某些层面(如语言)同时占据了精神领域和物质领域。

"第四节 现代性和现代化"介绍了现代性所带来的挑战主要是话语性的。就语言政策而言,其目标是尽可能构建一种叙事,将理性活动的产物融入民族主义意识形态。随着亚洲语言与英语的接触,其叙事还必须涉及跨文化和民族领域交流。因此,亚洲国家陷入了两难境地:一方面需要重新塑造自己以适应全球化;另一方面又不愿牺牲用于定义"地方"文化的内容,如种族认同和地方语言等。这对于理解东南亚民族国家的语言政策尤其重要,因为许多国家都在试图以一种保留传统感和真实感的方式实现现代化。

"第五节 语言规划——解决问题的方法"讲述了20世纪60—80年代,语言规划的方法被描述为面向识别各种语言问题并寻找其可能的解决办法。无论何种理论,其主要目的是尽可能概括不同社区类型可能遇到的问题,并将这些问题与可能的解决方案联系起来。1991年,托勒弗森对语言规划的两种主要方法进行了重要而有效的区分,称其为新古典主义方法和历史结构方法。

"第六节 语言规划的方法——新古典主义方法和历史结构方法"探讨了在新古典主义方法中,语言规划倾向于采用解决问题导向的视角,将与语言相关的问题视为可通过适当的语言政策来理性地解决的问题。因此,新古典主义方法存在的一个主要问题是,它忽视了社会历史因素在限制选择性方面的影响。相比之下,历史结构方法则关注特定政策可能服务的各种利益。

"第七节 语言政策是一种平衡行为"讲述了现代性的挑战可以使理性活动与民族主义意识形态相协调,这意味着任何由此产生的叙事都必须尽可能协商各种因素之间的关系。鉴于特定的语言政策受多重因素的制约,此书建议最好将语言政策理解为平衡行为的结果,这是民族国家将一种语言或在多语言社会中的某一语言置于现代性叙事中的一种尝试。

"第八节 语言工具主义"认为,从语言工具主义角度来看,可将语言视为看门人或通用语。如果某一语言被视为非工具性的,是因为它被视为构成种族或文化身份的重要组成部分。同一语言可能同时具有工具主义和非工具主义功能。某一语言可能逐渐获得更大程度的语言工具性,因为随着时间的推移,它在履行各种实用功能方面的价值可能会掩盖它在维持文化身份方面的作用。

"第九节　结构安排"中提到此书第二章到第五章将根据上述框架研究马来西亚、菲律宾、新加坡和泰国的语言政策。每个国家都参与构建其现代性叙事，这种叙事必须容纳多种因素，以便更好地把每个国家的语言政策看作平衡行为的结果。在理解这些平衡行为时，有三种可能的关系很重要：等价、置换和互补。此外，作者还对语言工具主义的假设开展测试。第六章将总结具体国家背景下所做的观察和分析，以便从更具有可比性的角度进行分析。

"第二章　马来西亚"介绍了马来西亚由马来人占主导地位，且存在经济上较为强大的华人群体。带有民族主义色彩的马来人的崛起使得马来语得到了政治权力的支持。马来语是马来西亚的官方语言，被载入马来西亚宪法，其官方和法律地位在很大程度上促进了马来文化国家的建设，但也给决策者在政府政策中使用的其他语言（如英语、汉语和泰米尔语）带来了挑战。宗教激进主义主张马来语应在国民生活中发挥更大的作用，而另一种较为温和的则希望马来语、汉语、泰米尔语和英语发挥相对平衡的作用。此章主要关注马来语和英语在现代马来西亚如何促进民族融合和多民族国家建设。作者认为马来西亚政府（联邦政府）必须小心谨慎，在官方语言马来语和现代国际化语言英语的竞争关系中建立平衡。

"第一节　马来西亚现代性的开始"介绍了东南亚现代性始于西方殖民者的到来，自1511年葡萄牙人入侵和征服马六甲开始，马来西亚被分成了截然不同、相互竞争的几个受殖民统治时期（这些殖民者为葡萄牙、荷兰和英国），每个时期包含了不同的重点，比如战争、军事和民事管理、法律基础设施和语言政策。此节讨论的具体问题包括马来语政策（针对马来人的平权行动政策）、如何在马来语和英语之间建立对等关系及马来语本身是否被视为工具等。

"第二节　现代马来西亚的叙事"提到马来西亚叙事的主要特点是想要赋予特定的马来人以身份特权，因此马来语及其所体现的宗教和文化价值观必须始终在叙事中特别突出。但问题是英语作为全球交流和技术获取的通用语言，在不威胁马来语威望的同时，无法轻易地融入马来西亚的主流叙事中。

"第三节　新殖民主义马来国家"讲述了新殖民主义的马来国家继续保护马来语利益，并将其扩大到民间社会结构和政党拥有的传媒公司。马来西亚宪法规定了所有马来人在教育、住房、土地征用、银行贷款、信托基金以及马来西亚公务员和私营部门的特权职位等方面的特殊权利。多年来,这在马来西亚政治中形成了两级公民制度。从宪法的角度来看,马来人构成了"一等公民",而非马来人,如华人和印度人,则构成了"二等公民"。

"第四节 教育与马来西亚现代性"介绍了1961年马来西亚《教育法》将马来语作为中小学以及政府机构和政府相关培训机构的必修课。该项语言条款在过去的40年里既没有得到修订,也没有受到挑战。马来西亚政府推行的教育政策,为原住民马来人提供更多配额,这种以原住民政策为法律依据的配额系统,使得精英教育以及教育作为获取知识手段的本质发生偏离,偏向国家叙事和来自政治对立的种种挑战。一方面,马来西亚教育仍在努力解决配额制度所带来的问题;另一方面,它所面临的困难也因其无法忽视英语的重要性而变得更加复杂。

"第五节 文化守门"提出了"马来西亚如何保持其独特身份,保持其价值,继续保持国际竞争力,并在现代化中生存?"这一问题。作为价值观的守门人,国家必须在选民的要求(政府需要选民的支持来延长其政治任期),以及在一个充满活力的国际新自由主义世界体系中生存的要求之间进行微妙平衡。国家作为语言和语言政策的守门人,将决定哪种语言可以使用,哪种语言不属于授权范围。

"第六节 结论"描述了马来西亚现代性的语言政策是由一系列复杂的妥协组成的,这些妥协模糊而不是澄清了传统与现代性之间的关系。无论是在马来人还是非马来人之间,任何对马来西亚宪法解释的不清晰都会在基层造成混乱。马来西亚的语言政策缺乏活力、协调,也缺乏连贯。经济上越成功,马来西亚越有可能演变成另一个资本主义飞地,从而削弱中央政府作为文化守门人的能力,使其难以在保持传统价值观的同时,继续鼓励人民追求经济生产力。现代化带来了成功,但也带来了传统和文化价值解体的可能性,这可能导致一种语言取代另一种语言,而不是两种或主要三种语言在马来西亚的民主过渡中和平共存。

"第三章 菲律宾"介绍了菲律宾的局势是高度不稳定的,比马来西亚、新加坡、泰国更为严重。在菲律宾,不同的群体有不同的语言政策。第一种群体倾向于将英语作为政府和教育的基本语言;第二种群体倾向于使用他加禄语;第三种群体则倾向于马尼拉当地的他加禄语(这种语言受到许多其他原住民语言的影响，与更标准的他加禄语有所不同)。直到今天，这些群体之间的争论仍在继续，政治权力的频繁波动也意味着没有任何特定的语言政策能以足够稳定的方式"平衡"。此章在简要讨论了菲律宾的人口特征之后，先是描述了菲律宾宪法中所规定的语言政策，后面则深入探讨该宪法目标未能转化为实践的各种原因。作者指出，菲律宾宪法自美国殖民时期就缺乏连续性，因此与马来西亚、新加坡、泰国不同，菲律宾现代性的显著特点是缺乏强大和受尊重的共同国家，同时缺乏连续性和对稳定语言政策的承诺。

"第一节 人口统计"提到菲律宾群岛的人口特征为理解其政治历史及由此演变出的庇护关系提供了重要线索。菲律宾的少数民族主要居住在与印度尼西亚接壤的棉兰老岛和其他南部岛屿上。岛屿人口分布主要是历史、语言、文化和社会演变的结果，这些演变由于中心(马尼拉)和重要外围(棉兰老岛)之间正在发生的局部冲突而变得越来越复杂。一方面，菲律宾的国家语言政策未能让所有菲律宾人接受以他加禄语为基本国家语言；另一方面，以英语为另一官方语言又阻碍了庇护主义。

"第二节 语言政策"讲述了菲律宾的语言政策(按其现行宪法所概述)主要集中于两种语言：他加禄语和英语。大多数使用地方语言的人倾向于抵制以马尼拉为中心建立共同的书面或口头语言，这使得国家很难实施单一语言政策。在宪法规定的两种官方语言中，英语作为一种外语在菲律宾得到了广泛的传播和接受。菲律宾语言政策薄弱的关键原因之一是其宪法缺乏连续性。随着政府更迭，或仅仅是由于忽视，菲律宾的语言政策很难得到有效实现。

"第三节 宪法连续性的缺乏"提到自美国殖民统治以来，菲律宾先后制定过四部宪法。菲律宾语言政策的法律基准，体现并植根于宪法。菲律宾在很长一段时间内经历了糟糕的民主过渡期，仅仅拥有形式上的民主治理，不足以实现民主和经济成功。从历史上看，这个问题很大程度上根源于菲律宾庇护主义政治。

"第四节 庇护主义政治"让人们看到菲律宾社会是分层的，5%的富人和有权有势的人拥有大部分的生产要素，另外8%—10%代表资产阶级，其余85%—87%属于下层工人阶级。菲律宾人之间的这种权力分配不平等，为菲律宾庇护主义政治提供了土壤。庇护主义关系是指庇护者(通常是少数资产阶级的一部分)和被庇护者(大多数下层工人阶级的一部分)之间的关系。庇护者成为关系中的馈赠者、特权者以及商业和政治关系的制造者。菲律宾的语言政策不可避免地会受到当地条件的影响,庇护主义关系即其中之一。

"第五节 平衡现代性与庇护主义"讲述了菲律宾在经济发展和生产力方面落后于东南亚大多数国家,尽管它有民主制度且与北美和欧洲关系密切,但菲律宾并未能成功应对现代性的挑战,其中一个主要原因在于它坚持庇护主义政治。庇护主义关系与现代性从根本上是相悖的,它是封建主义的一种形式,与过去相关联,而现代性则是未来的发展方向。

"第六节 工具主义、置换和互补"提出置换和互补是亚洲现代叙事中内在元素与西方元素之间可能存在的三种关系中的两种。英语在多大程度上会取代他加禄语等地区方言,从而成为菲律宾现代化的工具? 由于英语具有作为"中立"语言的交际价值,它的使用受到鼓励,可以防止某一原住民语言相对于其他原住民语言被边缘化或被强调。尽管如此,英语并不能完全取代原住民语言。目前菲律宾的语言政策旨在促进英语和菲律宾语之间的互补,前者主要是为了确保菲律宾的国际经济竞争力,是工具主义目标,而后者则是为了标志国家身份。

"第七节 菲律宾现代性中平衡行为的失败"介绍了菲律宾目前的官方语言所依据的法律基础是不均衡的——这种不均衡的政治权力将会随着其语言庇护者的政治命运而兴衰起伏——最终一种语言会取代另一种语言。只有庇护者的母语才能成为民族语言,这体现了新民族主义的情绪。

"第八节 结论"总结了菲律宾社会的特点是受到庇护主义政治、脆弱的民主过渡以及大多数当选总统不愿充分参与语言政策等因素的影响。菲律宾仍然强调当地语言、文化和信仰维系着庇护主义政治的主导地位和不均衡的权力分配。在这种情况下,任何国家语言如"菲律宾语"或外部语言如"英语",都不可能取代原住民语言。除非做出重大的尝试来处理庇护主义的意识形态,菲律宾现代化中的语言政策注定要卷入变幻莫测的地方政治中。

"第四章 新加坡"讲述了新加坡的语言政策比较复杂,包括承诺所谓的"多种族主义"和"包括英语的双语主义",前者是出于管理国家多民族人口的需要,官方强调三种平等的原住民语言——汉语普通话、马来语和泰米尔语作为母语；后者要求新加坡公民既要学习各自的母语，也要学习英语。该政策强调了英语在获取西方科技方面的价值，同时，政府认为母语对文化认同至关重要。新加坡重视英语能力，主要是为了确保新加坡在全球市场具有经济竞争力。但在努力保持亚洲身份的同时，政府一直鼓励新加坡人使用其母语。因此，在很大程度上，政府对于种族多样性的态度，以及在缺乏自然资源的情况下快速发展经济的需要，决定了新加坡的语言政策。

"第一节　新加坡的语言政策"指出根据新加坡的官方政策，该国有四种官方语言，其中马来语除作为官方语言外，也是民族语言。作为民族语言，马来语有仪式功能：国歌是用马来语唱的，军事命令是用马来语下达的。教育系统则使用英语作为教学语言，同时要求从小学到中学和大学初级阶段，学生必须将母语作为第二语言。这种学习英语和母语的双语政策是新加坡教育体系的基础。政府对英语和母语之间关系的立场是明确的。在劳动分工中，英语作为现代语言，而母语则作为文化锚，使个人固守传统价值观。语言政策将英语和母语划分为不同的领域，从而使英语和母语之间的关系互为补充，但是政府对英语和母语的区别对待意味着英语不能正式成为母语。

"第二节　新加坡语言政策的制定"提到多种族主义是影响新加坡语言政策制定的首要因素。确保各民族得到平等对待，是新加坡民族思想的一个基本特征，语言和文化的相关问题都源于这种民族多样性意识。以民族为基础的分类体系，以及三大民族官方母语的认定，成了阻碍国家建设的重要因素。为解决由此产生的语言多样性问题，政府将英语定为民族间交流的通用语，母语则是促进民族内交流的语言。同时，新加坡政府意识到由于没有任何自然资源可供出口，国家经济的未来在于吸引大量外国投资和教育当地人以提供高劳动效率。所有这些因素使英语成为对国家未来至关重要的语言。

"第三节　新加坡现代性中的语言政策"按照五个独立的部分展开。第一部分涉及媒体领域的语言政策，包括印刷媒体和广播媒体；第二部分是教育体系中的双语政策；第三部分和第四部分涉及具体的语言运动——说普通话运动和讲好英语运动；第五部分是关于英语和母语之间的关系问题。

"第四节　结论"指出英语和母语的关系是互补的，它们在新加坡社会起着不同的作用。但是，考虑到对经济价值的重视，这种互补性不可避免地会导致人们担心母语的地位仍不如英语。此外,英语口语的发展,加上新加坡社会某些阶层试图以英语为母语,更会加剧人们对母语可能被英语取代的担忧。因此,虽然新加坡的语言政策在很大程度上取得了成功,但它对多元种族主义的承诺却面临着新的挑战。在语言工具主义的背景下,要想保持母语之间的平等,就需要对教育体系进行创造性的改革。

"第五章　泰国"介绍了标准泰语是泰国的官方语言,也是教育机构的唯一教学用语。泰国社会及教育系统使用的主要语言是标准泰语,这反映了泰国文化对该语言的重视。除了教育系统,大众媒体(电视和报纸)也主要使用标准泰语,它不仅是一种实际需要,也是泰国国家身份的重要象征。尽管泰国的语言多样性程度很高,泰国的很多文化仍以标准泰语为中心和主导。泰国的语言政策基本上是基于二元区分——要么是泰语,要么不是泰语。泰国的语言政策在非泰语或外语(包括英语)和标准泰语之间构建了一种互补关系,前者主要作为身份标记,后者主要服务于工具主义目标。英语在泰国已经存在了100多年,但在很大程度上它仍是一门外语,而阻止英语"本土化"的关键因素是泰国未被西方列强殖民统治过,国王得以连续统治,这也有助于泰语深入整个社会,但是关于语言现代性的研究将关注标准泰语在当代泰国社会中所扮演的角色是否会受到影响。

"第一节　泰国的语言政策"讲述了泰国的语言政策将标准泰语视为国家语言和唯一的官方语言,标准泰语作为行政和媒体语言在社会上广泛使用。在国内,诸如公共传播形式等具有较高声望的活动往往使用标准泰语。在教育系统中,标准泰语的重要性得到了加强,它既是教学媒介语,也是教学科目,在整个小学和中学教育中都是要求强制性学习的,进入大学阶段则要求学生参加泰语考试。

"第二节　语言政策和泰语原则"提到就泰国的语言政策而言,标准泰语显然比其他语言具有优先地位。泰国对语言有一个传统的双向分类:泰语和外语。也就是说,所有语言要么是泰语,要么是外语。就后者而言,没有试图区分当地人广泛使用的语言(如马来语、越南语或汉语)和"真正"的外国语言(如德语、英语或日语)。这种双向分类清楚地表明了标准泰语所占据的主导地位。1978年,泰国国家教育委员会又引入了四向分类法,随之而来的是教育(和官方)语言政策的五项原则。其中,国家安全和种族融合是最优先的,而关于教育、信息传播和国际关系的其他三项原则的优先地位则稍低。在这五项原则中特别提到的语言是泰语和英语。泰语具备维护国家安全和一体化的功能,凌驾于其他语言之上,而英语被提到是因为它在服务学术和职业(即工具性)方面的作用。

"第三节　泰国语言政策与现代性分析"介绍了泰语维持其主导地位的方式是把其他语言作为泰语的方言变体,这促进了说这些语言的人在相同的泰国民族身份下的同化。通过观察华裔和马来人被泰国社会同化(或不被同化)的不同方式,可以理解语言是如何与其他社会和文化因素相协调,可能会(也可能不会)给语言政策带来问题。英语在泰国一直是所有外语中最重要的,它的存在,虽然对经济发展是必要的,但也可能侵蚀标准泰语的主导地位。这部分讨论将围绕四种语言展开:标准泰语、汉语、马来语和英语。

"第四节　结论"指出标准泰语在团结泰国人民方面起着至关重要的作用,因此泰国的现代性叙事不能抛弃标准泰语,但简单地将其视为传统价值观的"堡垒"也是站不住脚的。因为标准泰语的主导地位在很大程度上源于人们对它的认同,如果人们认为它在不断变化,以及在现代化经济中无足轻重,那么它的声望也可能受到损害。英语是除泰语以外唯一得到支持的外语,这就引出了一个问题:随着越来越多的泰国人英语说得更好,会发生什么?对于大多数泰国人来说,英语已经象征着现代世界,如果除了它的象征意义,英语也是他们从小就说的语言,那么这可能会导致标准泰语作为泰国国家身份的重要地位被取代。对抗这种情况的一种方法是进一步开发标准泰语,使它更广泛地用于多种场景。

在"第六章　总结"中,作者提出了关于东南亚国家和社会的语言政策困境,也提供了一个在东南亚语言政策和现代性的背景下分析这些困境的框架,并把在四个国家范围内所做的观察和分析汇集,关注它们的相似与不同之处,以便形成一个比较性的观点。

"第一节　介绍"回顾了这些民族国家所遇到的主要相似和不同之处,从中提取出超越这些民族国家特殊性的概括,并询问关于它们未来的可能研究方向。结论分为三个部分:(一)语言工具主义,探讨了语言工具主义在东南亚的兴起;(二)作为平衡的语言政策,反映了该书所使用的框架;(三)语言与现代性,涵盖了更广泛的问题。

"第二节　语言工具主义"介绍了四个国家都有一个共同之处,那就是需要谨慎处理英语在各自语言政策中的作用。由于英语通常被视为现代性语言,任何一个国家都不可能忽视它。对于东南亚国家来说,英语代表了现代语言,因为它比其他语言都更好地体现了语言工具主义。

在"第三节　语言政策是一种平衡行为"中,作者认为,从平衡的角度继续分析语言政策是极其重要的,因为政策制定者本身经常参与这样一个权衡各种考虑因素并确定优先次序的过程,所以"平衡行为"这个比喻实际上框定了处理政策问题的方式。在处理语言之间的关系时,作者坚持对等、互补、错位的原则,强调而不是掩饰东南亚国家在应对现代化过程中所面临的各种问题。

"第四节　语言与现代性"介绍了语言被视为特定民族身份的明确标志,是传统和文化价值观的承载者,在试图应对现代性挑战的国家叙事中正在发生转变。语言与现代性关系中最重要的问题是,语言在标记民族身份方面的作用是如何受到影响的。随着不同观点的冲击,民族国家为了防止任何可能的民族动荡,首要任务是解决原住民语言在各种现代性叙事中的作用和相关性,一个常见的策略是强调这些语言的语言工具主义价值。

在"第五节　结论"中,作者强调了两个可能的调研方向:第一个涉及语言工具主义话语,第二个涉及现代性条件下民族国家的角色。作者认为语言工具主义话语有三个显著特征:一是单一性,即倾向于将具有工具价值目标的语言视为单一同质变体,从而使语言变体"看不见"或"贬值"。最明显的变化往往是"标准化";二是超规范性,如果标准或目标变体仅在正式语言学习环境中习得,那么在家中或非正式公共环境中习得的变体将被视为"不正确"或"偏离"标准的版本;三是资源导向,指在确定目标变体后,最大限度地分配时间、金钱和人力,以确保教学得以正常开展。至于第二条调研线,有些人认为民族国家已经被跨国移民流动或基于宗教、民族散居的超国家忠诚所取代,还有一些人认为民族国家和民族主义继续提供了一个关键的轴心,个人和集体围绕着这个轴心构建他们的文化归属感。然而,尽管现代性面临通信革命和信息时代削弱传统政治边界所带来的压力,自1945年以来的170个新民族国家足以证明主权和民族国家概念持续存在的韧性。

三、简评

在国家的现代化进程中,语言势必将受各种因素影响而发生深刻变化。民族性与多样性、庇护主义与工具主义之间,民族国家的语言政策该如何取舍,此书作者将目光投向马来西亚、菲律宾、新加坡和泰国四个东南亚国家,研究现代性对四个国家语言政策的影响,并提出了四个国家共同存在的社会语言政策困境问题,同时提出了一个包括现代性所带来的挑战、民族主义价值观、语言规划及其方法论、语言工具主义在内的框架来对四个国家进行案例研究,分析它们的困境,并一一对其语言政策制定的背景和内涵进行了解读。作者也注意到了英语在东南亚现代性进程和社会叙事中的突出地位,强调了英语在促进各国经济发展方面的重要性。因此,将英语排除在这些国家之外是行不通的。但"让它进来"意味着可能的妥协,如果不是真正危害原住民语言的地位,那么这些国家有哪些选择?这些选择的影响是什么?这是该书提出的有趣问题。

作者作为分析人士,以这种方式研究语言政策,从某种意义上来说有助于站在政策制定者的立场上思考问题。但是这样做也存在一定的危险,因为移情可能会导致同情。不过,分析师要给出政策建议,这样的同情心也会迫使他们尽可能真实地给出建议,所以这样做的好处不应被低估。一方面,它减轻了一种常见的指责,即作为生活在"象牙塔"中的学者们会倾向于提出不切实际和理想主义的政策建议;另一方面,它使政策制定者和学者之间的关系不那么敌对。

《超越国家的语言政策》述评

徐 鹏[*]

一、引言

在过去的半个多世纪里,语言多样性发生了巨大变化。全球语言的迅速传播以及由此产生的影响,如全球语言扩散、对英语的盲目崇拜、民族国家决心通过本土语言维护民族身份等,使人们对多种语言并存的现象容忍度越来越高,对语言权利的关注也越来越多。相关机构对语言政策及规划的研究正成为一个迅速发展的领域。

《超越国家的语言政策》(*Language Policy Beyond the State*)于 2017 年出版,编者是马尔贾·西纳(Maarja Siiner)、卡德里·科雷尼克(Kadri Koreinik)和卡拉·D.布朗(Kara D. Brown)。此文集重点聚焦在爱沙尼亚语言政策研究中不同环境如何在微观层面影响日常交流中的多语现象。此文集的目标是跟踪语言使用者在国家无法控制但对理解语言行为和政策至关重要的层面的行为和态度。此文集分为两个部分,第一部分从两个方面重新考量了爱沙尼亚语言政策和规划研究机构的空间定位和国家内部的责任:全球化和移民。除爱沙尼亚语外,以其他语种为母语的研究报告数量也在增加。此外,爱沙尼亚语的使用也超

---

[*] 徐鹏,上海政法学院语言文化学院(国际交流学院)讲师,研究方向:第二语言习得、汉英对比、商务英语。

出了爱沙尼亚国界,有既定的环境,也有新的环境。第二部分聚焦于语言政策的时间方面,特别是早期语言政策对当代语言实践和政策的影响。这些重新思考证明了当前爱沙尼亚语言政策和规划研究中的去国家中心化。

二、内容简介

(一) 为什么在语言政策研究中关注爱沙尼亚?

此文集开头引用的"漫游边界"将爱沙尼亚定义为一个位于地理、语言生态、经济制度和语言政策边界上的国家。所有这些边界都是漫游的边界,欧盟和北约的扩张就是如此。爱沙尼亚作为一个政治边界,通过讨论加强爱沙尼亚东部边界作为北约边界的必要性获得了权力。爱沙尼亚的(社会)语言状况也从许多方面反映了这种边界存在。语言谱系将爱沙尼亚语和邻近的芬兰语放在乌拉尔语系的芬兰语分支上,但爱沙尼亚人长期以来也与波罗的语族、斯拉夫语族和日耳曼语族等印欧语系有着密切的联系。

在语言生态方面,除了普通(标准)爱沙尼亚语及其传统变体,爱沙尼亚的三组外语反映了不断变化的移民、统治权力和边界:(1) 从 13 世纪到 1918 年占主导地位的德语;(2) 较临时的行政语言,例如中世纪的拉丁语、各自规则中的瑞典语和俄语;(3) 爱沙尼亚瑞典语、爱沙尼亚俄语、拉脱维亚语、芬兰语等少数民族语言。

从经济方面看,爱沙尼亚新自由主义经济是 21 世纪"成功的"新全球化经济的一个典范。新自由主义立场是针对社团主义发展的一种有意识的政治选择,例如北欧社团主义社会的典型发展,但也带来了面对经济危机的脆弱性。

从语言政策方面看,爱沙尼亚国家在公民身份和语言政策等方面采取保守的意识形态立场,这可以称为种族控制。爱沙尼亚法律制度既不承认多国籍,也不承认使用多种语言。一些学者认为,一旦民族语言的地位重新确立,波罗的海国家可以继续实施其语言政策,促进民族和多语言传统的发展。

（二）空间反思：由移民和全球化导致的去国家中心化

过去几十年，爱沙尼亚的语言政策遵循了 20 世纪许多国家的共同道路，语言被用作国家建设的工具。在这个民族国家制度内，语言政策与国家概念及其核心职能交织在一起：维持和保护爱沙尼亚语言和文化，为爱沙尼亚所有公民创造一个共同的信息空间。此文集的前六章通过探讨处于流动中的语言使用者及其沟通方式如何挑战国家的语言政策（国家是唯一负责语言政策的机构），对语言政策进行了空间反思。新的在线媒体是爱沙尼亚语言政策和语言规划面临的挑战之一，需要重新思考空间问题。到 20 世纪末，俄语化被视为对爱沙尼亚语言的主要威胁。尽管 1991 年后实行了密集的去俄语化政策，限制了俄语在公共场所的使用，但俄语并未消失。鉴于俄罗斯新的地缘政治信息和媒体空间，需要对新媒体流如何去国家中心化进行更多研究。除了让个人更容易跨境交流的技术解决方案及国家控制这些信息的任务更为艰巨，新媒体还提出了信息传播语言的政治问题。虽然爱沙尼亚很快将英语作为通用语，但在私人和公共场合，如国际化公司和新闻媒体，人们花了几十年才认识到俄语信息传播的重要性。

此文集以在线媒体中语言政策话语的调查开篇。爱沙尼亚的当代在线媒体和政府空间多语特征非常明显，通常同时提供爱沙尼亚语、俄语和英语的信息。马尔贾·西纳和斯维特拉娜·尼亚夫斯基-埃克隆德在《启动语言政治问题作为国家安全问题：乌克兰危机前后爱沙尼亚媒体语言意识形态辩论的语料库辅助语篇分析》一文中将爱沙尼亚语和俄语媒体空间中的语言意识形态辩论作为国家安全问题进行比较。语言意识形态不是只在媒体上讨论的东西，媒体对当代社会的影响，包括个人说话方式的变化，可以说是社会语言学和话语（批评）分析中最常研究的话语使用（包括政治传播）制度领域。该文研究的目的是分析乌克兰事件如何影响爱沙尼亚媒体对语言政治问题的报道，因此，该文详细分析了流行的爱沙尼亚在线新闻门户网站"Delfi"在乌克兰危机前后的语言意识形态辩论。为此，2013 年 8 月至 2015 年 2 月，在线新闻门户网站"Delfi"以俄语和爱沙尼亚语分别发布文章。所有文章都提到与语言政策有关的问题，如语言地位、语言融合与爱沙尼亚境内俄罗斯学校的命运。用于分析语言意识形态辩论变化的方法结合了语料库辅助语篇研究中的定量和定性工具,这些工具以前被认为适合分析政治语篇的变化。分析结果表明,语言意识形态辩论往往会定期升温,通常在选举期间,但语言政治问题也可能在遇到外交和政治危机时变得突出。在这些时刻,语言规划和安全活动之间通过话语手段建立了联系,将公众对语言政策的理解框架化或启动,将其完全视为国家安全问题。

此部分还探讨了全球化对语言使用、习得和地位的影响。不可否认,不断增长的移民和流动趋势影响着语言政策和语言使用,例如在国际化组织和多语种家庭等不同领域如何管理多语种。虽然多语言工作场所和大学对爱沙尼亚来说并不新鲜,但语言之间权力关系的重组是沿着新自由主义路线进行的,这意味着语言的价值是由全球市场赋予,而不是国家赋予。

约塞普·索勒·卡博内尔和梅里克·尤娜在《制定语言政策:厘清爱沙尼亚和丹麦高等教育跨国学者的紧张关系》一文中比较了丹麦和爱沙尼亚高等教育中的英语化,通过分析爱沙尼亚塔尔图大学和丹麦哥本哈根大学的实例,探讨如何在国际化大学中找到一个国家语言和英语使用与作用之间的平衡。该文的目的有两个:(1)了解民族语言和其他(外国或少数民族)语言在各大学政策框架中的地位;(2)了解跨国学者如何适应这些大学的社会语言现实。为了做到这一点,该文对这两所大学的书面语言政策进行了定性内容分析,并对跨国学者报告的语言实践进行了定性访谈。这两所大学的语言政策保护各自国家语言的地位,同时不可避免地使用英语。尽管爱沙尼亚塔尔图大学(立法)和丹麦哥本哈根大学(自由放任)的语言监管模式不同,但据报道,这些大学的跨国学者的语言实践似乎非常相似,其行为独立于书面语言政策。尽管两个国家的语言立法不同,但是对比所研究的大学采用的语言策略发现,丹麦哥本哈根大学和爱沙尼亚塔尔图大学在英语化的过程和结果方面非常相似。由于欧洲高等教育的市场化,民族国家越来越多地将满足全球竞争力议程的责任分配给大学。在这个不断扩大的全球市场中,各大学从相同的国际和国家人才库中争夺(国际)学生学费收入和研究资助,并努力在全球排名系统中实现排名最优化。这让我们注意到流动的跨国学者如何适应这些不断变化的语言政策。鉴于此,该文对跨国学者语言实践的分析使广大读者能够扩大对与学术人员流动相关语言问题的洞察力。

马尔贾·西纳在《瑞典化还是国际化？——在瑞典-波罗的海金融机构议定共同语言和文化》一文中分析了把英语作为特定空间——瑞典-波罗的海金融机构内部沟通的共同企业语言的原因和结果。该研究的目的是确定和检查瑞典-波罗的海金融机构的语言政策利益相关者（内部沟通经理）的行动，但该机构没有明确的语言政策。为了检测在波罗的海国家运营的瑞典-波罗的海金融机构的语言管理，对内部沟通经理每周电话会议进行了关联分析。该文使用多模态方法，将人种学观察和访谈与官方政策的话语分析相结合的关联分析，可以在特定的环境和不同的尺度上研究日常交流中的语言管理。瑞典-波罗的海金融机构采用英语作为价值中立的内部语言，以避免潜在的基于文化和语言的误解，并旨在创造一种共同的超国家企业文化，标志着国际化。尽管英语似乎可以为交流提供一个中立的基础，而不必偏爱任何一种民族语言，但不同分支的民族文化之间的竞争仍然隐约可见。总之，语言管理是一种复杂的社会现象，受社会、文化和制度环境的影响，它发生在与语言使用和地位有关的不同的有时甚至是相互矛盾的话语中，例如国际化、多元文化主义和多种语言，这取决于参与者的背景和在机构中的职位。

此部分另外两篇文章将带读者了解邻国芬兰的语言政策，那里有海外增长最快的讲爱沙尼亚语的社区。芬兰将芬兰语和瑞典语作为国家语言，给予它们排他性地位。迄今为止，芬兰的语言情况相对单一。在芬兰四个较大的移民群体中，讲爱沙尼亚语的人数日趋增多，例如2015年讲爱沙尼亚语的人数比1990年讲爱沙尼亚语的人数增加了30多倍。卡德里·科雷尼克和克里斯蒂娜·普拉克利在《起源于以爱沙尼亚语为母语的芬兰人的新兴语言政治机构》一文中探讨了爱沙尼亚母语人士的选择是如何由当地的芬兰语言政策以及他们为芬兰带来的学校教育和日托经验决定的。作者认为，必须在跨国空间中考虑语言政策，即应该在爱沙尼亚-芬兰跨国空间的背景下看待讲爱沙尼亚语的人的做法。该文聚焦于两个教育场所，爱沙尼亚语日托和一所在赫尔辛基设有爱沙尼亚语-芬兰语项目的综合学校。通过将人种学观察和访谈数据与对芬兰政治话语和语言教育基础设施的批判性宏观社会语言学分析相结合，在对爱沙尼亚语侨民在芬兰的出现和发展进行描述之后，此文简要论述了芬兰语言政策的法律和体制，然后此文超越了国家和家庭，初步探讨了语言管理、语言实践和意识形态的不同方面,这些方面可能会影响讲爱沙尼亚语的家庭选择爱沙尼亚语日托和在赫尔辛基提供双语、爱沙尼亚语-芬兰语课程的综合学校。此研究结果有助于理解语言政策是一个情境化的社会文化过程,然而,语言政策的多场所性质和说话人的跨国关系使其更加复杂。

家庭在维持多种语言方面的行为与学校不同,在一个家庭中,所有家庭成员都是影响语言习惯和技能的重要因素。更重要的是需要将家庭视为一个"实践社区,一个有自己语言使用规范的社会单位"。克里斯蒂娜·泰斯和赛耶·佩伦迪在《父母态度与家庭会话造就两个爱沙尼亚-芬兰家庭语言策略》一文中概述了正在进行的爱沙尼亚-芬兰家庭语言实践中的家庭语言政策纵向研究的初步结果。此案例研究采用的方法包括父母对话策略、家庭态度、成人和儿童的语码转换和语码混合。此文通过会话分析研究家庭互动,从家庭语言政策的微观层面概述了爱沙尼亚-芬兰家庭的语言谈判。研究表明,虽然父母声称在语言维持方面实施"一亲一语言"策略,但双语儿童在家庭语言方面也有很大的发言权。家庭语言政策在互动过程中不断谈判,这取决于具体情况和内容。

安娜·维什克和科尔姆·詹姆斯·道尔观察了返回爱沙尼亚的多语言家庭的语言管理情况。在《返回爱沙尼亚的瑞典-爱沙尼亚年轻人:对家庭语言政策和多语言教育的反思》一文中,她回答了这样一个问题:在任何多语言家庭中,是否完全没有家庭语言政策,因为语言选择每天都在进行。研究表明,缺乏纯粹主义或明确的家庭语言政策并不一定会导致英语化。相反,儿童的语言选择取决于他们是否在家庭内外对使用多种语言持积极态度,无论是源于他们(和父母)在不同社会、不同语言教育政策下的生活经历,还是他们得出的结论,语言的代际传播都是除语言本身的传播外另一个研究热点。

(三) 时间反思:由持久联系和新模式所带来的去国家中心化

第二部分的五篇文章以不同的方式调查和强调了时间能以重要的方式提前推进语言政策研究方式。学者们已经指出了语言政策在不同时间和空间的定位。然而,通常情况下,时间是以粗略的历史草图或政策制定时间表的形式在实地处理的。因此,时间通常为研究提供背景。此文集后半部分的作者超越了"时间作为语境"的范畴,思考时间在塑造语言地位、语言政策参与者的经历以及围绕语言持久(和中断)联系的轨迹中起着不可或缺的作用。特别重要的是,本部分开始揭示时间如何塑造"多种语言"的国家和个人结构、"理想的(外国)语言"的概念,这些文章共同提醒我们注意时间与语言政策发展和方向的连续性概念之间的密切联系。连续性概念指的是由于特定决策和政策而长期存在的传统、影响和联系。第二部分的五篇文章考察了不同的历史线索,这些线索将社区和实践与促进这些联系的当代政策及传统联系起来。

海科·马丁在《议定德语在爱沙尼亚的地位:当代职能、态度和政策》一文中讨论了德语在爱沙尼亚的地位。调查表明,人们对德语的态度大体上是积极的,德语被认为是爱沙尼亚和欧洲语境中的另一种重要语言。此外,语言景观研究表明,德语和芬兰语是爱沙尼亚使用较少的语言中的佼佼者。德语在经济、旅游和学术界也被视为一种财富。德语作为一种在爱沙尼亚享有较高地位的语言已有近7个世纪的历史,自1939年以来,随着政治变革和当地德国人的大规模外迁,德语的声望有所下降。马丁观察了在新千年中,歌德研究所、德国教师协会等各种政策参与者,以及爱沙尼亚和其他地区,特别是德国和奥地利,与学校有关的有影响力的人物是如何影响德国教师目前的职能和态度的。基于调查、语言景观、普查和文件分析,马丁发现德语的持久存在、地位和受欢迎程度,特别是在教育领域,受到自上而下和自下而上政策议定的影响。总的来说,爱沙尼亚国内外的官方组织、半官方组织、私人组织及个人组成了一个引人注目的混合体,他们在议定当代爱沙尼亚德语的归属问题。所有参与者的语言政策活动不断重新议定德语在教育、经济等领域作为特殊用途语言的地位。

凯瑟琳·吉布森在《从文学语言到方言变体再到微型语言:对南爱沙尼亚语和拉脱维亚语语言政策的历史透视》一文中讨论南爱沙尼亚语和拉脱维亚语的历史发展,从传统的书面形式,到以标准爱沙尼亚语和拉脱维亚语为基础的历史变体或方言,再到语言学家和语言活动家重新将其视为区域"语言"的努力,强调"一种语言"的概念在历史、社会和政治上是如何以随性、发散和收敛的交替模式挑战了语言离散、有界和稳定的流行观点。因为语言不仅是建构的,而且是解构和重构的。该文认为,我们不再从国家语言政策的角度来思考"语言"和"方言"的概念,而是重新引入语言学家、语言活动家和演讲者等中介,挑战对"语言"

是什么的看法。归根结底,语言是一种语言,因为人们希望它是一种语言。然而,书面形式的接受程度取决于社会和政治因素,特别是国家或执政权力,以及地缘政治边界的位置,这可以赋予书面形式合法性和可感知的生存能力,从而将其提升为"一种语言"的地位,或贬低书面形式,将其嵌套为方言或标准语言的变体。在爱沙尼亚语和拉脱维亚语的案例中,关于爱沙尼亚语和拉脱维亚语作为官方国家和民族语言与俄语之间关系的普遍讨论将官方语言与其所谓的区域或历史变体之间的关系问题置于政治立场。未来通过"微型语言"等概念来理解南爱沙尼亚语和拉脱维亚语,将承认在很大程度上支撑爱沙尼亚和拉脱维亚当今社会语言状况的历史发展,并为超越传统的更加多样化和微妙的语言政策铺平道路。

吉布森从历史、社会、政治等角度调查了"语言"的概念,语言学家和语言活动家将南爱沙尼亚语和拉脱维亚语重新定义为区域"语言",爱沙尼亚和拉脱维亚的当代语言政策将其定义为标准爱沙尼亚语和拉脱维亚语的区域和历史变体。吉布森将这些"文学微语言"的语言政策理解为社会和政治趋同与分歧交替模式的波动过程,强调了从历史角度定位和理解语言与政策概念的重要性。此文通过探讨"一种语言"的历史发展,将其视为一个通过趋同与分歧交替模式在社会和政治上构成的过程,为我们理解波罗的海地区"文学微语言"的语言政策提供了一个更加微妙的社会历史维度。

卡拉·布朗在《政策的牵制与弹性:爱沙尼亚东南部教师对自发语言政策的反应》一文中探讨了过去语言政策持久而复杂的影响以及教师的职业弹性如何影响他们使用语言。布朗关注教师作为语言政策代理人,以及他们的语言实践、经验和态度如何深刻地塑造他们在学校中的角色。其所研究的教师生活和工作在爱沙尼亚南部方言地区。该文以人种志研究为基础,调查教师在学校生活中从学生时代到职业经历的个人和职业弹性时刻。该分析利用了2001—2002年爱沙尼亚东南部历时一年、定性的学校民族志数据,并于2013—2014年在同一地区进行了后续研究。研究发现个别教师的职业弹性培养了他们与语言相关的教学和活动的目的感,并塑造了他们继续担当可选校本语言课程招聘者的角色。为了在语言转变的背景下维持一个长期的、非主导的语言课程,必须为下一代教师提供有效的职前和在职培训。这些不同的经历决定了他们在爱沙尼亚东南部采取语言政策的方式。这些经历的持续时间意味着前政权的语言政策可能会将其影响扩大到新的国家政策和机构中。

学校和幼儿园主要是教师维护和遵守语言法律的场所。但是,当政策授权被取消时,我们会考虑可选政策和程序的领域吗?为什么某些教师会接受这些机会,而其他教师却放弃了这些机会?在该文中,作者认为,我们回答这个问题,需要考虑这些教师的生活经验,以及"政策拖累"的方式扩展了过去的语言政策在个人和机构中的生活和影响。爱沙尼亚东南部方言地区的语言教育案例说明了语言压制在历史上和今天都以强大而安静的方式运作,以及教育者对抗这些力量的方式。政府良性忽视政策的拖累和累积效应、缺乏区域语言课程的教师培训等问题,共同为教师考虑或继续教授语言制造了不利条件。

该文主要探讨了教师的语言和职业弹性如何影响他们围绕区域语言教学的决策。该文作者同时确定了影响教师职业弹性的因素,包括:(1)集体场所,如他们童年的家和维罗学院培养他们的区域语言技能;(2)支持社区,从坚定致力于区域语言教学的学校/幼儿园主任,到更广泛的维罗语言教师团队和维罗学院;(3)有利的制度可能性,如共同的课程目标和学前教育水平的稳定性,以"嫁接"区域语言教学。这些恢复力最直接的结果来自州外政策,即来自家庭和地方社区内同事之间的发展和决策。但是,它们与当代国家政策和立场的联系最为遥远,特别是在支持维罗研究所和允许在学校使用维罗语言方面。

在某种程度上,这项研究表明,对教师个人承诺和经验的考察使我们能够理解语言政策的动态方面,此文的一个主要结论是,职业弹性是富有成效的,是教师与语言政策关系中一种生动活泼的力量,有助于在与语言相关的教学中产生目标感和动力。教师的语言和职业弹性决定了其禁止、允许或说服他人,尤其是学生使用非主导语言的方式。教师在学校环境中成为推动和塑造语言改革的主要角色。

汉娜·伊洛娜·哈玛瓦拉在《官方语言政策是爱沙尼亚和芬兰学生组织使用接受性多语的一个因素》一文中研究分析了爱沙尼亚学生组织及其芬兰友谊组织的语言政策,以及不同语言在组织之间的使用情况。这些组织之间的正式联系可以追溯到20世纪20年代,受到国家浪漫主义意识形态的影响,强调讲芬兰语的人(如爱沙尼亚人和芬兰人)在语言和文化上的相似性。该文阐明了这一历史背景对学生组织当前语言政策的影响,指出了芬兰-乌戈尔语身份既超越国家又构成国家支持的纽带方式。各组织有一项官方语言政策,规定在书面交流中使用接受性多语,这源于它们的友好协议。接受性多语是指参与者使用与对话者不同的语言进行交流。这项政策源于强调爱沙尼亚人和芬兰人语言和文化相似性的国家浪漫主义意识形态。它进一步调查了该组织成员的语言实践情况。对不同类型数据的分析揭示了"理想"和"实用"相互竞争的意识形态。尽管受访者表示倾向于使用芬兰语和爱沙尼亚语,但为了确保相互理解,他们通常认为英语作为通用语是最有效的选择。即便如此,在互动数据中,英语并不是主要的语言选择,尤其是在多方互动中,当至少一些参与者积极掌握两种语言时,接受性多语使用更为广泛。

对数据的分析表明,友谊合同中记录的官方语言政策影响了研究群体的当前语言政策。使用爱沙尼亚语和芬兰语被视为友好联盟的一个重要方面,接受性多语具有象征性的价值,特别是在官方场合。接受性多语在维护传统方面起着重要作用,它标志着地方性和作为"芬兰人"的归属感。然而,官方政策的确切内容却不为这些组织的成员所知。根据语言实践的经验,不同的人对该政策有不同的解释。事实上,有人可能会说,随着时间的推移,政策将发生变化,当前人们在正式演讲中使用接受性多语,最好在非正式互动中也使用接受性多语。这显示了语言政策的显式和隐式方面是如何动态交互的。

由于社会是由家庭、协会和企业等群体组成的,群体层面的语言政策也可以揭示社会层面。为此我们建议,为了支持欧洲的多种语言,多种语言的实践应该以对人们有意义的方式植根于微观层面。这项研究表明,尽管爱沙尼亚语和芬兰语在语言上存在差异,但其有着相似的经历,以及使用爱沙尼亚语和芬兰语表达这种相似的经历如何促进接受性多语的使用。

埃米利娅·帕夫卢斯在《语言作为民族感情对象》一文中探讨了情感和情感实践对语言信仰、习得和实践的作用。该文认为,对语言的情感取向构成了一个社区语言文化的重要组成部分:信念、态度和假设。这些信念、态度和假设在很大程度上塑造了人们对语言作用的理解,并嵌入了语言政策。尽管人们对官方立法以外的语言政策越来越感兴趣,但对于语言的概念是如何以话语、情感和行为的方式构建的,人们仍然知之甚少。该文主要采用参与式观察和半结构化访谈,以爱沙尼亚最大的国家支持活动——爱沙尼亚合唱庆祝会为例,探讨这一角度。

爱沙尼亚的语言文化中强烈存在着与语言有关的情感——爱、关怀和自豪。合唱庆祝会反映了语言在历史上属于这片土地的概念,也是爱沙尼亚人以种族为中心的民族身份的重要标志。音乐节上的联唱创造了一个想象中的永久性社区,人们共享祖先的根、语言、土地和文化。这些仪式唤起熟悉感、认同感,并协调参与者以某种方式感受彼此。

这项研究表明,一个民族可以被视为一个通过情感实践培养起来的情感社区,情感实践会影响语言(和其他民族属性)在社会中的感知方式。对情感的关注揭示了一种不同类型的关系,个人可能对语言的使用及其在个人自我认同中的作用有不同的看法。爱沙尼亚合唱庆祝会提供了一个常规和可预测的做法的例子,这种做法既影响非爱沙尼亚人学习爱沙尼亚语的环境,也影响爱沙尼亚人对其母语的看法。对涉及国家语言的话语和实践中的影响进行系统研究,可以解释语言政策如何以及为什么起作用,公众对语言的看法如何加速或阻碍爱沙尼亚等多语种国家面对语言挑战。

三、简评

《超越国家的语言政策》引领读者重新思考语言政策的制定、实施和研究方式。此文集揭示了一个国家内语言政策是如何同时存在的,有时是相互矛盾的,并探讨了家庭、企业、教育机构和媒体在制定和实施这些政策中所扮演的复杂角色;考察了语言作为一种社会建构的演变性质;它将说话者界定为一个不断演变和重新想象边界和身份的世界中的行动者。此文集采用定性、语料库辅助分析和民族志等研究方法,使调查结果更有说服力和实践指导意义。作为一个整体,该文集有力地说明,在制定和实施语言政策方面发挥积极作用的不仅仅是国家,还有众多机构和个人。

《牛津语言政策与规划指南》述评

张静文[*]

一、引言

《牛津语言政策与规划指南》(The Oxford Handbook of Language Policy and Planning)由香港大学教育学院教授、美国华盛顿大学荣誉教授詹姆斯·W.托尔夫森(James W. Tollefson)和英国伦敦大学学院知名学者米格尔·佩雷斯-米兰斯(Miguel Pérez-Milans)联合主编,由牛津大学出版社于2018年出版,呈现了语言政策与规划领域相关研究的前沿成果。本文先概述各部分主旨,再分章简介,最后简要评价。

二、内容简介

除了"第1章 导语 语言政策与规划:研究与实践",此书共有四大部分,第一部分"语言政策与规划的概念基础:对话中的理论和方法"包括6章,第二部分"语言政策与规划、民族国家和社区"包括15章,第三部分"语言政策与规

---

[*] 张静文,博士,上海政法学院语言文化学院(国际交流学院)讲师,研究方向:英美文学、外语教学。

划以及晚期现代性"包括 12 章,第四部分是第 35 章"结语 总结和未来方向"部分。

"第 1 章 导语 语言政策与规划:研究与实践"中,两位编者简述了编写初衷,明确了此论文集目的是深入探索当前语言政策与规划领域中的系列问题,避免单纯地仅提供某些具体领域的研究摘要。编者特别指出,此论文集力争解决在当代条件不断变化的情况下语言政策与规划研究人员所面临的问题,以便更好地了解此领域的研究现状。

第一部分(第 2—7 章)"语言政策与规划的概念基础:对话中的理论和方法"包括 6 章,研究语言政策与规划中的认识论问题和方法。此部分以本体论和认识论为基础,考察语言政策与规划研究在跨学科领域的发展,及其演变过程中的理论和认识论影响。此部分侧重于语言政策与规划研究的概念和方法,包括对该领域的系谱学研究,对研究方法的讨论,以及对民族志批评、批评话语研究及其与民族志、元语用学和语言政策伦理学等关系的进一步发掘。这部分的核心在于民族志批评研究和伦理问题的新型概念化过程,在此基础上语言政策与规划研究与更广泛的政治和哲学理论建立了联系。

莫妮卡·赫勒(Monica Heller)在"第 2 章 社会经济的结合及理论转变:语言政策与规划的谱系研究"中指出,尽管经济形势的变化引发语言政策与规划研究出现新的变革,但是对语言经济价值的关注是自始存在的,通过将语言政策与规划置于历史框架之中,梳理语言政策与规划同殖民主义和资本主义的关系演变,说明其与政治经济利益的关联。在某种程度上,语言政策与规划是基于两种意识形态建立起来的:一种是易受人类干预影响语言体系,另一种是宣称对知识真理拥有权威所有权的科学专业知识体系,这两种意识形态正是现代性的特征,也是民族国家和产业资本主义的连接纽带。在此背景下,作者认为语言政策与规划自始就热衷于经济利益和经济进程。目前,出现的新变化是晚期现代性的现状动摇了以往维系民族国家作为语言政策与规划活动主要中心的方式。与以往的工作相比,现在人们需要对语言和资本主义的叠加作用进行更直接的审视。与此同时,这种审视也会对语言政策与规划提出一些基础问题。也就是说,语言政策与规划受制于自反性逻辑,必然要寻找自身利益定位,解构其客体语言及语言的历史实践,即塑造语言形式和行为。这一点无疑阐明了语言政策与规划为何会伴随社会经济转变而产生重要转向。如果我们在接受语言政策与规划作为差异和不平等的利益手段和合法化工具的身份时有所不适，那么我们应当思考我们的目的是什么，也许应当在语言和权力、语言与政治经济等更广阔的观念谱系中定位语言政策与规划。

戴维·卡斯尔斯·约翰逊（David Cassels Johnson）在"第3章 语言政策与规划的研究方法"中认为，语言政策与规划并不依赖于特定的语言政策与规划研究方式而存在，学者们更多地利用社会语言学、社会学、法律、政治理论、经济学方法来研究它，通过对语言政策与规划研究方法历史变迁的回顾可以发现，语言政策与规划研究领域诞生于早期的语言规划研究，初期的语言政策与规划研究并没有呈现清晰的方法论走向，主要方法论和认识论研究方向和分歧都得到重视。在20世纪90年代，语言政策与规划方法论研究出现了分水岭，其语言规划模式受到了尖锐批判，随后并没有产生全新的研究方法，产生的经验主义转向在很大程度上建立在批评方法论之上。学者们一直利用特定学科研究方法进行语言政策与规划相关研究，越来越多的语言政策与规划特定研究路线、方法和技巧也随之涌现。语篇分析、经济学、政治理论、法律、人口学等新出现的研究方式让新一代语言政策与规划研究者受益颇多。近期出现的两种研究倾向：一种是结构和能动性之间的张力研究，另一种是客体性和倡导性之间的张力研究。这两种研究倾向在未来都会受到持续关注，拥有较好的发展前景。

"第5章 语言政策与规划研究中的民族志和批评话语分析"中，马丁·琼斯（Martin Jones）和卡布拉尔（Cabral）两位作者关注语言政策与规划研究人员将社会学批评话语分析和民族志批评结合起来形成的增效作用。该章从批评方法中的三个重要概念——批评、民族志和语篇入手，分析了在当代语言政策与规划研究中上述三者如何产生关联、相互作用产生革新性的研究空间。从这一角度来看，语言政策转变为一个需要明显阐释和社会参与的研究领域，它不单单将政策视为一种描述机制，更将其视为各种社会力量的交汇点（参与者可以对语言政策重新阐释或者抵制）。这些特点深深融入特定社会或组织的历史语境中。欧盟实行的语言政策为我们提供了一个很好的例子来说明各种因素的相互作用和动态变化。在名义上，欧盟声称使用24种官方语言，但实际上，在各种会议上,这些语言并非得到相同程度的重视。特别是在做重要决定的关键会议中,仅有少数语言得以应用,由此也引发了各种敌意和对立情绪。批评话语分析和民族志的结合可以提供一种方法,让研究者洞见语言政策在微观层次互动时产生的影响,应对单一研究方法无法解决的各种复杂散漫的语言实践。例如,依靠访谈和调查的方法,固然可以解决自我评估和信赖方面的问题,但是无法企及实施语言政策产生的效果。从另一方面来说,民族志研究方法仅仅侧重多种研究视角中的一种,具有地域局限性。注重细节交流和书写类别的语篇分析会错失能够阐释其含义的重要背景知识。因此,需要一种批评的、多维度的语言政策研究方法,在理论和方法论方面能够对语言政策的运转以及它们在空间和时间领域的生成和实施方式进行描述、说明。

"第 6 章　语言政策民族志研究中的元语用论"作者米格尔·佩雷斯-米兰斯认为,基于述行和轨迹的研究方法进行数据收集和分析是语言政策与规划研究中的认知透镜。尽管基于话语和民族志的研究视角已经结合得相当好,但是这种研究方法仍旧呈现出一种特定的趋势,单单侧重于对访谈者就语言文件相关明确问题给予的元评论进行指称意义分析,在这一过程中,访谈者的评论话语被视为可阐释的唯一文本。不得不说,这种倾向可能与德尔·海姆斯(Dell Hymes)有关本体论基础的论述相悖,而后者往往被视为语言政策认识论的根基。在某些情形下,对访谈的分析也需要一些支撑,需要对公共机构在日常工作中的社会组织方式进行细致入微的描述,可是这些描述倾向于将交际事件当作分析材料,从而将事件参与者置于整体活动描述的背景之中。与此相反,此章作者建议研究者应该更加关注语言人类学和社会语言学的当代发展,转向对结盟和认同的个体形式如何从链接社会角色、网络和交际冲突的社会化轨迹突显出来的研究。在进行此类研究时,类似语场知识和跨言语链接的话语联系这些概念定义可以为语言政策与规划研究者提供基本的研究工具。这种研究方法和角度不单单可以描述和记录特定机构政策实施过程,还为我们提供了进一步对语言、文化、社会、经济变迁进行社会学讨论的路线。在此条件下,自反性普遍定义为自我的新型资产,一种自我管理的权威形式,社会角色可以基于此来应对社会不确定性。新自由化和全球化劳动力市场不断推动社会角色在日益多元化的语境中迁移,在理解和依照新的社会条件行事时,他们发现在社区中被社会化的习俗、日常行为、期待等越来越不值得信赖。这在年轻一代尤其突出,这一群体目前倾向于接受新的元-自反活动形式。此前,一起长大的朋友及其家庭为他们提供的行为指导,规划塑造他们的现在和未来生活,在此过程中形成的具有统治力的社会化模式逐渐失去作用,不再成为年轻人的主要参考点。未来语言政策人种学中的语言政策与规划研究通过对上述现象的关注会受益良多。在探索制度、话语和文化在未来如何展开的话题中,我们必须继续关注认同和意义产生的元语用形式。

在此部分结尾"第7章 语言伦理学和跨学科挑战"中,作者耶尔·佩雷德(Yael Peled)指出,近几年,从事语言政治学标准维度研究的语言政策研究者对语言的政治伦理学愈发关注。作为应用伦理学的新兴主题,语言伦理学致力于人类共性中的语言和道德生发的复杂现实问题。更好的策略在于人们要意识到在获得规定的社会语言目标中,语言政策功用的局限性。任何一种回应至少在某种程度上要基于本土语境、语言和政治文化的特性、历史和未来社会变革。语言伦理学跨学科研究面临的挑战不仅在于将各分散的科学认知论结合起来,更在于要使用一种系统规则的方式将它们融合在一起,只有这样在研究人类差异、相互依赖性和不确定性时,才能有助于产生新的启发和认识。尽管这种努力目前遭遇知识界内外知识制度化现实带来的挑战,但是仍旧对当代政治社会中权利、语言和伦理之间如何相互作用提供了有见地的阐释。对语言政策的规范化处理不仅仅是识别和批评现存的权利结构和动态,而且是去评估它们的相对合法性,提出和捍卫可接纳的其他选择。换言之,对语言政策的规范化处理目标不仅是识别和批评现行的语言不公平现象,更应该是对如何消除这些语言不公平、支撑平等权益的道德公理及在由人类差异、相互依赖性和不确定性导致的道德冲突中的重要性等方面进行全面的思考。

第二部分(第8—22章)"语言政策与规划、民族国家和社区"是该书探讨最全面的部分,提供了关于语言政策与规划研究的新视角。第二部分涵盖语言政策与规划研究的不同层次和领域,宏观至民族国家,微观至更为亲密的语言使用圈,此部分都有涉及。此外,还包括对过去30年语言政策与规划研究核心问题的讨论,例如民族主义、语言意识形态、语言标准化、全球化、公民语言测试、媒体话语和语言景观等诸多议题。此部分又分为三块内容:"现代民族主义、语言、少数群体、标准化和全球化"包括第8—12章,着眼于传统研究中未曾发掘的主题,比如一些西方思想家对语言政策与规划领域的影响,或语言政策与规划研究在中欧的状况;"现代民族国家机制中的语言政策与规划:教育、公民身份、媒体和公共标识"包括第13—17章,聚焦现代民族国家中的语言政策与规划研究,特别是近期社会政治发展对语言政策与规划研究产生的影响。"社区内及跨社区的语言政策与规划"包括第18—22章,考察了社区内及跨社区的语言政策与规划研究,例如以家庭语言政策为范畴的社区语言政策与规划研究。

"第8章 民族主义和民族语言"作者托马斯·卡穆什拉(Tomasz Kamusella)认为,在有关民族主义的浩瀚学术著作中,普遍认可的观点是语言在建立民族和国家中起着非常重要的作用。由于一些含蓄的规范性声明、不同的政治社会体系、貌似客观中立的术语、民族国家和国籍捆绑在一起,因此很难开展有关语言和民族主义的探讨。这在不同国家和不同语言中呈现出不同的样态。另一个困难来自尚未实现的方言和语言的规范化二分法,方言被看作正式语言的"幼童"。此外,语言的概念是文化的产物,是生成文化的工具。按理说,民族、民族国家、语言在物质现实中是隐形的,但它们却是社会现实的基础。人们可以用无数种方式塑造或者重新塑造社会现实,相应地,语言政策也可以不断变化。

彼得·艾夫斯(Peter Ives)在"第9章 西方政治理论中的语言与国家:语言政策与规划的内涵"中提出,那些把语言视为词汇集合的17—18世纪的欧洲思想家们对当代的语言政策与规划学术研究似乎提供不了什么帮助。可是,像霍布斯、卢梭、洛克之类的思想家被现代政治哲学家们当作定义了政府是什么、政府存在的目的是什么、应该在何种程度制约政府等基本概念的重要人物。这也部分解释了现代语言政策与规划研究者为何屡屡提及这些人物,他们的作品在解释造成现代争论的理论假设方面颇有帮助,例如少数语言权利的必要性等问题。作者认为在洛克语言工具论和赫德语言表达说的对立中,存在其他组态。霍布斯在认知个体主义和为国家辩护的社会契约论方面的观点多数和洛克相符,但是两者的不同之处在于,洛克对政府干涉语言使用持悲观态度,而霍布斯却认为政府应当在维护语言稳定性方面扮演关键角色。具有相同哲学背景的两位学者产生分歧的关键在于霍布斯认为语言是推理的必要条件,但是洛克认为推理先于语言,语言只能作为传播观点理念的工具存在,不能影响人们的思想。

今天,这种对语言的理解差异在人们处理政治和语言关系时仍旧发挥着作用。卢梭认为人类语言形象的、表述的本源与冰冷的、算计的、精确的语言使用是矛盾的,因此他本人是反对语言规划的。相反,赫德并不把语言的交流工具特点同它的表述本质对立起来,所以他本人会思考语言政策与规划的积极意义。尽管语言政策与规划研究者们需要摆脱这些西方哲学中的关键人物突显的欧洲中心主义,但是我们需要通过对这些人物的细微解读来揭示有关语言的潜在假设以及这些假设对语言政策与规划产生的影响。尽管语言被视为交流的工具构思出来,但是自由主义意识形态仍然统治社会多方面,这不仅仅是一种巧合。

再如"第11章 全球化、语言政策和英语的角色"中,作者托马斯·李圣托(Thomas Ricento)解读全球化的影响及英语的作用。布鲁特·格里夫勒(Brutt Griffler)曾明确地指出,语言没有任何的权势或权利,而是使用它们的人拥有。语言可以服务或阻碍其使用者,但它们自身并不是社会代理人。在全球化的新自由主义说法中,权利究竟置身何处呢?谁决定哪种语言有价值呢?对这些问题,当代新自由主义给出了答案。与个人相比,公司拥有更多的防护和权利,公司有权在世界各地,以任何工资雇用喜欢的工人,个体只能依靠自己。在货币化和商品化体系中,一名工人拥有的真正权利是私有财产的所有权和不惜代价保护它的权利。资本主义政府领袖拥有个人财产权和国家资源的私人所有权是世界范围内所谓"民主"的必要条件。全球财富分配不均衡不是因为英语学习或其他殖民者的语言学习不充分,而是很多贫穷国家在全球体系中扮演着比较有限的角色,只能为发展国家工业制成品提供廉价劳动力和自然资源,而且富裕国家还要对贫穷国家的商品出口设置障碍。这种体系延迟了贫穷国家的经济发展,而经济的发展需要使用本土资源,包括语言。通过提高对英语的利用可以帮助贫穷国家人民摆脱贫困的想法并不现实。在贫穷国家,也有少部分社会和经济地位优越的人从新自由主义政策中获益,因为他们享有高质量教育和政治权利。基于语言权利政权生成的语言政策在消减经济和社会不公正方面并不会取得成功,那些说主流语言,享有教育和文化资本特权的集团并不需要更多的权利,而如果把这些权利赋予那些说边缘化语言、不能享受教育和文化资本特权的人,他们也不会从中受益。作者认为把英语作为全球通用语的偏好,特别是在过去半个世纪,是以经济全球化和数字化知识经济扩张为条件的,这种扩张让一些经济部门和工人获得益处,但是获利最丰的是雇用这些工人的公司。在历史的这个节点,对英语的掌握和通过高层次教育获得的技能很可能会提升个体的社会流动性。那些能够提供合适的高质量英语教育机会和拥有知识经济所需要的技能工人的国家成为游戏的主宰,相反,不能培养这样工人的国家只能远远落在后面。但是,英语仅仅是瞬时的语言,并不是天生的"霸主",也不是能够提升人们社会和经济流动性的车票。

斯蒂芬·梅(Stephen May)在"第12章 语言权利与语言压制"中提出,无论是通过本土语言原则还是人格语言原则对少数民族语言进行认可,都不是一种政治上的灵丹妙药。随着政治环境的演变,都有被推翻的可能。但是,对语言权利的认可的确提升了现代民族国家的社会和政治稳定性。换言之,民族国家应该摆脱语言同质性的历史成见,从民族主义政治学中崛起,对少数族群采用一种更包容的语言策略。如果民族国家应用这种方式重新构想,在政治民主、种族文化和种族语言民主方面可能存在更大的认同潜力。当民族国家忽视少数族群对文化和语言民主的诉求时,可能会引发种族冲突。

此外,例如:"第13章 教学语言政策"着眼于马来西亚、中国和欧洲的教学语言政策;"第14章 语言测试、语言政策和公民身份"考察语言测试、公民身份和移民政策之间在澳大利亚产生的联系;"第18章 振兴和维护濒危语言"重点探讨了对濒危语言的复兴,以及对该语言使用者及其使用过程的前景展望;"第21章 家庭语言政策"通过对家庭语言政策的分析以更好地理解跨国移民的复杂过程。

第三部分(第23—34章)"语言政策与规划以及晚期现代性"包括12章,尝试探讨的对象是新自由主义经济和政治、后民族主义、流动性、多样性和社会媒体对此领域研究所带来的挑战。此部分是全书最具创新价值的部分,因为从晚期现代性的视角来考察语言政策与规划研究是前人尚未做到的。此部分也可分为三块内容:"语言政策与规划、新自由主义和可治理性:语言、双语及社会阶层的政治经济学视角"包括第23—28章,特别关注新自由主义及其所包含的主题,诸如跨国公司、语言商品化、内容及语言综合学习等课题;"流动性、多样性和新社交媒体:再访新型构架"包括第29—32章,主要讨论多样性和社会流动性;"语言、意识形态和批判:参与形式的再思考"包括第33—34章,重点考察社会参与等方面的议题。

例如:"第23章　语言政策与规划、机构和新自由主义"探讨新自由主义在多个领域影响语言政策与实践的路径;"第26章　将语言和交流转化为生产资源:语言政策与规划和跨国公司"研究跨国公司将语言作为资源的实践;"第30章　新型说话者与语言政策"提出了一种新型的说话者概念,这与第二语言或非母语形成对比,展示了新的说话者概念考察传统母语社区之外的应用和轨迹;"第31章　安全与语言政策"聚焦语言政策与规划的安全性问题;"第33章　徐冰文本艺术中的语言意识形态:对语言政策和规划的启示"基于文本的艺术、文本意识形态的意义及其对语言政策与规划研究的影响展开论述;"第34章　语言教育政策和社会语言学:走向新的批判性参与"对语言政策与规划研究者作为特定政策倡导者的预设进行了发人深省的批判性分析,突出了社会语言学话语中的悖论。从批判的视角出发,作者聚焦社会语言学研究和行动主义,鼓励研究者采取更为审慎的态度。作者呼吁要以学生福祉为中心,提倡更灵活、民主和多元化的解决方案,而不是追求理想主义政策。

该书的第四部分(第35章)是"结语　总结和未来方向",两位编者总结了此书的主要思想,并重点描绘了语言政策与规划研究的前景。

三、简评

这本书为未来的语言政策与规划研究者提供了合理的、令人信服的研究路径。与此前这个领域的研究作品相比,该书所涉及的研究主体更为宽广,应用价值也更广泛。这本书为今后的语言政策与规划研究奠定了坚实的基础,并就当前社会经济和政治背景下语言政策与规划领域的新议题提供了较为成熟的论断。这本书适合语言政策与规划领域的学习和研究人员,对该领域的未来发展有重要的参考价值。

《语言政策与语言规划：从民族主义到全球化》(第二版)述评

徐文姣[*]

一、引言

《语言政策与语言规划：从民族主义到全球化》(第二版)(*Language Policy and Language Planning: From Nationalism to Globalisation*, 2nd Edition)由英国朴次茅斯大学苏·赖特(Sue Wright)教授所著，于 2016 年由帕尔格雷夫·麦克米伦(Palgrave Macmillan)出版社出版。赖特教授是社会语言学领域的知名学者，擅长从跨学科的角度探索语言、政治和社会的关系。她出版过许多关于国家构建、全球化、民主和移民的语言维度以及通信技术发展对语言影响的著作。

这本书的第一版于 2004 年出版，修订后的第二版收录了大量有关全球化和从社会视角重新思考语言问题的重要话题。此书全面分析了我们为何会使用当前的语言，其中不仅涵盖出于经济或政治议程压力下的语言学习，还包括出于社会流动性、经济优势或群体身份而自由选择的语言。从研究内容上看，此书主要有三大主题：语言在国家构建中的作用、全球化对语言选择的影响、少数民族语

---

[*] 徐文姣，博士，上海政法学院语言文化学院（国际交流学院）讲师，研究方向：国际关系、全球治理、英语教学。

言权利的复兴问题。基于这些主题,全书十三章被分为绪论和三个部分。下面先概述各部分主旨,再介绍各章内容,最后予以简评。

二、内容简介

"第一章　绪论"主要从社会语言学的角度分析了语言的本质。作者提出要从广义上研究语言政策和语言规划,就不能只关注语言本身,而需要同时关注政治和社会科学领域,从而在历史的框架内考察影响语言选择与变化的事件与进程。这一研究路径体现出很强的跨学科性。

在语言的定义方面,作者认同语言是我们通过社会化融入社团的主要手段,是我们表达意义的主要方式,这也是该书立论所采用的定义。尽管关于语言多样性的原因尚无定论,但是"语言可以用作纳己和排外的工具"是一个较为广泛的共识,也是此书很重要的一个观点。语言不仅有助于构建人类社会、促进团结与合作,而且在社会内部和社会之间的权力及资源分配上起着关键作用。

作者强调,语言规划是民族建构不可分割的一部分。因为语言是民族主义的核心,在追求民族独立的过程中,语言可以用来界定种族差异。民族独立之后,对语言加以推广可以形成民族主义所需的全国性交际共同体。

第一部分"社团和国家语言的作用"(第二至四章)主要探究标准语言如何在民族建构的过程中充当组织原则和推动力量,并分析了语言作为集体身份标志和交流手段的双重性质。国家建立初期的语言政策制定者正是认识到语言是群体构成中强大的社会黏合剂,才系统、严格地鼓励在政体内创建一个单一语言的交流社团。

具体而言,"第二章　从语言连续体到语言马赛克:从封建时期到民族主义时期的欧洲语言社团"对民族概念发源地欧洲的语言嬗变进行了细致分析。在促进民族一致性和语言融合方面,历史上出现了不同的语言实践模式。

作者从中世纪的欧洲语言出发,提出该时期的语言景象较之当今更兼具"地方性"和"国际性"特征。一方面,由于当时绝大多数欧洲人是居有定所的农民,他们使用单一方言或至多两种方言,且相邻的方言往往可以相互理解,这使得这种方言连续体并不会因使用者的政治忠诚问题而被破坏。另一方面,处在社会另一端的权势阶层由于在整个欧洲范围内进行联姻、结盟、继承财产或发动战争,往往成为多语使用者。16—18世纪,西欧国家的封建制度逐渐没落,关于国家认同的观点开始扎根,全新的"国家"(state)概念相应出现。可由于极少欧洲国家能自然满足领土与人民相一致的条件,往往只能通过同化不同因素的策略来达成民族和国家的一致性。在此,作者区分了两种模式。一种是以政治为导向的"国家民族"(state nation),即国家政体先于民族,一个王国先通过占领或继承土地来确定领土范围,然后统治阶层再着手改造领土内的民众。另一种模式是以文化和语言为导向的"民族国家"(nation state),即一些自视文化、语言具有一致性的实体社团竭力取得属于自己的领土。

"第三章 国家民族和民族国家中的语言规划"深入研究了语言规划和语言政策在国家构建中的作用。作者首先概括了国家语言在国家构建过程中的三个重要角色:实际效用、促进凝聚力和作为民族认同的指标。与这些类别相对应,作者选用了地位规划、本体规划和习得规划这三个角度来构建此章语言规划的基本框架。

地位规划关注的是如何选择国家官方语言,尤其是国家机构媒介语言的语言变体。对于国家民族而言,地位规划实质上是对某一现状的认可或接受。因为官方语言并非通过规划性的苛刻规定强加于人,最终成为主流语言的是经历了长期的政治历程,随着其使用者的军事、政治、经济、文化、科技等领域的实力增强而发展的语言。而对以种族为标志的民族国家来说,地位规划的重要性就明显很多,因为民族语言是提高社团意识、获取他人认可的关键。本体规划是为使一种语言标准化而对该语言的结构进行的规划,目的是将国家语言区别于其他民族社团的语言,以明确社团边界。经过分析,作者提出,无论是国家民族还是民族国家,两者都鼓励国家语言的同化,因为同一种语言有利于获取民族自决或长期的民族自治。而不同国家之间的语言差异也受到欢迎,因为它有助于强调界限的存在。

"第四章 后殖民时期的国家建构:新形式下的旧观念"主要关注20世纪下半叶起相继独立的新国家语言政策和国家建构的关系。作者认为,虽然这些新国家所处的时代背景与之前截然不同,但在语言和文化方面所面临的挑战大致相同——仍是如何实现国家团结,如何确保独立地位,以及如何有效地教育国民。为此,作者先简要分析了殖民时期的历史遗产,最显著的影响就是国家间的疆界是根据欧洲国家间的均势平衡来任意划分的(尤其是在非洲和亚洲),很少考虑种族人群的区分。这导致语言和文化原本高度同质的人群被隔开,而语言文化不同的地区却被连成一片。尽管如此,"一个政党、一种语言、一个民族"的规划还是国家建构在后殖民时期的典型特征。

为了进一步考察单一国家语言政策的实际效能,作者选取了非洲和亚洲几个最具语言多样性和繁杂性的国家来进行案例分析。研究发现,在各民族国家里,致力于国家建构的努力与争取独立、自治的力量之间会发生冲突,全球化也在对语言的选择产生不可忽视的影响。作者指出,尽管在坦桑尼亚和印度尼西亚建立的自上而下的国家语言制度取得了一定的成功,但国家语言的统一并没有像欧洲国家构建时那样成功。尽管斯瓦希里语和印度尼西亚语已经成为两国的社交语言,但英语在这两个国家的教育和精英就业中发挥着重要作用。人们在寻求社会晋升时往往需要使用英语。这反映出民族国家体系在全球化的进程、网络和实践中发生了不可逆转的改变,所以在语言政策和语言规划方面也会相应出现改变。

第二部分"超越与语言学习"(第五至九章)主要关注接触语言和通用语以及在语言全球化的背景下,不同语言社团的人们如何相互接触和交流的问题。作者认为,虽然英语作为国际通用语的未来难以预测,但目前已发生的一个重要变化是民族国家作为最高级政治组织形式的观点由于大量超国家、国际化和跨国组织及政体的出现而受到挑战,这对个体的语言选择和通用语的变迁都会产生影响。

"第五章　超越社团:社团接触使用的语言和通用语"讨论了两个社团接触时产生的通用语和皮钦语现象。作者总结出人类主要用两种方法解决跨社团的交际问题:一是发展一种双方都使用的语言,二是一群人或者这群人中的一部分学会另一群人的语言。选择何种方法可能取决于交流需要和权力关系,包括经济优越性、政治强权、文化威望或者技术霸权对语言选择所施加的压力。

此章的主要发现是,人们学习其他社团的语言,或是因为他们受到政治势力的约束,或是因为他们希望在物质、智力或精神方面受益。当某个社团主宰政治、经济、科技、思想或文化中的一个或多个领域时,其他语言说话者将会因为公开或隐蔽的压力而学习主导者的语言。同时,当一个语言社团具有卓越的政治、经济、文化、科技等领域的影响力时,来自其他社区的人也会自愿学习该社团的语言,而有影响力的语言在人们普遍习得的地方就成了通用语。不过,作者提醒,大多数通用语都有平均生命期,当其母语社团在某一领域的势力增强时,该通用语会得到进一步传播,而当这个社团不再占支配地位时,其影响和使用就会逐渐消退。

"第六章 法语:知名通用语的兴起与衰弱"追踪了法语作为一门知名通用语的兴衰过程,折射出通用语与权力之间的复杂关系。作者首先指出法语成为通用语的主要原因在于法国曾以多种方式主导着欧洲及其他地方,这包括:(1)法国作为曾经的侵略性军事大国,长期保持着对外扩张的政策;(2)法国曾是西欧领土最大、人口最多的经济实体;(3)几个世纪以来巴黎一直是欧洲的主要文化中心;(4)法国人在政治和自然科学中都是著名的创新者;(5)法语还作为宗教语言得以传播。由此可以看出,法语能成为一门通用语,并不是源于刻意或强制的推广,而在于说法语的人在政治、经济和文化上具有影响力,语言传播只是一个附带效应。

此章还聚焦法国政府为保护法语的国际地位而采取的政策举措及其有效性。这些政策主要包括:(1)制定法律保护法语在法国公共领域的垄断地位;(2)在欧盟推广语言多样性制度;(3)为法语共同体国家提供资助,促进更多人学习法语。然而,这些举措都收效甚微,说明语言政策制定者在很大程度上是无力控制甚至影响通用语的传播的。当一门语言具备通用语所需的因素和条件时,它就能得到广泛使用,反之,很难有政治行动能够完全复制这些因素。法语推广政策都是在法语丧失了其在科技、教育、政治、文化和经济领域的卓越地位时才开始的,所以法国政府试图阻止英语使用的举措,在国内外几乎以失败告终。

"第七章 英语:从帝国语言到全球化语言"则主要探究了英语取代法语成为通用语的原因及历史进程。作者将此章分成英语与大英帝国、英语在美国的传播、英语在美国之外的传播这三部分来论述。大英帝国的崛起及其繁荣的贸易使英语的使用人数大量增加。大英帝国终结后,尽管其经济、政治实力逐步衰退,但由于占主导地位的美国也使用英语,因此英语并没有退出历史舞台。作者认为,尽管英语传播的原因与过去其他通用语的传播原因差别不大,主要均是源于其使用者在军事、政治、经济、文化和科技领域的主导地位,但在20世纪末,英语作为全球化语言的广泛渗透程度却超过任何一门通用语。这造就了英语的特殊性。

21世纪初,一些指标似乎表明英语更有可能摆脱以往通用语在时间和地域上的束缚。当今如此之多的人使用英语,意味着即便有一天美国不再是全球化的主要引擎,英语仍然可能继续保持它的通用语地位。因为英语已成为西方民主政治主流意识形态和新自由主义经济资本主义市场的交际语,也是国际科学界、新视听和科技信息网络的传递媒介。当它作为通用语根植于异国土壤后,无论其母语国家再经历何种兴衰更迭,可能都不会动摇其通用语的地位。当然,也不排除另一种可能性。如果下一个经济、政治、科技和文化中心足够强大,那么语言效应可能仍会以传统的方式发展。也就是说,英语将黯然失色,新力量的语言将成为下一个通用语。

"第八章 新千年的通用语"主要讨论了新千年通用语的可能性,这是在全球政治、经济、科技和文化环境不断发生变化的大背景下进行的。作者提出的一种可能是,随着美国逐渐失去其霸权能力,以及以金砖国家为首的发展中国家的逐步崛起,英语的吸引力可能会减弱,其他语言可能会成为通用语,与英语并驾齐驱,甚至在某些地区取代英语。作者认为,在金砖国家中,中国似乎是最有可能实现与支撑通用语传播和生产的经济体。为此,此章还回顾了汉语的传播历史,并考察了中国经济、政治、军事、文化和科技的发展,以进一步评估汉语如何以及为何可能成为新的全球通用语。

"第九章 全球化与重新思考语言的概念"主要考察了在全球化背景下,当国家结构逐步让步于超国家和跨国家结构时,通用语选择可能产生的变化。作者首先展示了民族国家正在失去某些专属权力的证据。接着考察了曾主要在国家层面开展、目前却在各种其他层面开展的活动,并探究了哪些语言可以帮助实现这种转变。通过分析,作者提出,英语已在数百万名非母语人士之间传播。因此,即使美国的霸权地位下降,英语在相当长的一段时间内仍将是世界语言体系的中心。同时,英语已经摆脱了与母语者的联系,并在新的情况下被创造性地使用,其规则和内涵都得到了调整和采纳。当然,尽管母语模式的影响力可能正在减弱,但这并不是完全的,也不是在所有环境中都如此。

第三部分"小型语言社团中语言的复兴和再生"(第十至十三章)主要关注全球化时代下的少数民族语言问题。这些语言面临着新的话语、新的法律工具和新的政治背景。其中,作者对西班牙进行了案例研究,展现了在欧洲建国过程中黯然失色的三种原住民语言的复兴过程。同时,此部分还探讨了其他濒危语言——那些既不被视为官方语言也不被视为通用语言的少数民族语言与全球化的共存关系。

"第十章 少数民族及其语言的新话语、新法律工具和新政治语境"回顾了少数民族权力话语的发展情况,并分析由此产生的立法和法律手段。作者首先介绍了与语言权紧密相关的一些概念,包括自由、友爱、平等和公正。接着,作者提出,在人权和语言权方面,相关法律是随着政治哲学的发展而发展的。起初,人们非常严格地坚持权利必须是个人权利,后来逐渐意识到,在涉及基本语言权时必须对团体权利有一定的认可。1992年发布的联合国宣言《在民族或族裔、宗教和语言上属于少数群体的人的权利宣言》具有重要意义,其中明确写道:"各国应在各自领土内保护少数群体的存在及其民族或族裔、文化、宗教和语言上的身份认同。"

目前,日益增长的交流、交通和通信大大促进了不同社团个体之间的接触和流动,信息技术也在逐步瓦解民族之间的藩篱,而超国家主义和全球化机构的出现更是使得少数民族权利得到越来越多的承认。作者举例,在欧洲,欧洲委员会、欧盟和欧洲安全与合作组织是为少数群体设立新标准、制定新法规的主要机构。其中欧洲委员会在制定保护少数群体的法规方面最为活跃。正是这些区域化、来自超国家层面和民族国家之外的需求,推动了包括语言权在内的少数民族权利的政策变化。不过也需要认识到,尽管出现了新的法律工具,在复杂的多元文化里尊重语言权和落实少数民族语言权仍然面临多重挑战。

"第十一章 新政治与新国家构建"讨论了在民族国家体系不断削弱的背景下,少数民族语言权的争取问题。作者首先指出,在欧洲,国家、国际再到超国家体系的转变为地区、省或区提供了发展契机。在新的环境下,少数民族群体开始要求恢复一定程度的自治或独立。接下来,作者选取西班牙进行案例研究,展示了如何通过诉诸历史原因来恢复原住民语言在公共场所的使用。作者相继剖析了历史上使用巴斯克语、加泰罗尼亚语和加利西亚语的人融入西班牙的过程,他们曾反抗西班牙政府同化政策的各种方式,以及之后三个自治区的决策者和规划者为推动原住民语言复兴所采取的行动。

作者认为,西班牙的案例对少数族裔语言保护提供了极具启发性的经验,也反映出捍卫少数族裔的语言权会面临的重重困难。这些案例说明,中心和边缘问题是语言交际共同体概念中常见的问题。那些在地理上与官方语言所在的核心地区相距很远的方言,或者那些语言特征趋异的方言,要么向官方语言发展,要么干脆放弃。这也体现了语言的零和性质。如果一门语言被赋予了某种角色,成为各种机构的语言,那么另外一种语言只能作为翻译的语言或者替代语言,完全的平等是难以实现的。当一个群体的语言权利得到恢复时,通常会对另一个群体产生负面影响。

"第十二章 濒危语言"基于西西里岛的阿尔巴尼亚语、玻利维亚高原农民的语言等案例,探讨了关于濒危语言的保护问题。

作者首先阐释了不应让语言消亡的多种原因,主要包括:(1) 语言多样性和生命多样性一样,本身有益;(2) 语言让群体成员与其历史、文化遗产保持关联;(3) 语言作为身份的基本要素,应得到尊重;(4) 各种语言构成了其他事物所不能替代的信息资源。基于此,作者提出保护语言多样性需要:(1) 确认和正确表述语言消亡问题;(2) 明确语言消亡的原因,并根据语言族群的定位来决定采取何种措施以复兴或保持该语言;(3) 深入了解影响语言保持和消亡的变量。

接下来,作者通过案例研究来评估语言保护政策的实际效能。研究发现,尽管这些个案中都有专门设立的推广和保护濒危语言的政策和规划,但实施这类策略面临很多困难。其中,国家构建历程和全球化进程是引发这些困难的主要根源。国家构建将这些少数族裔置于强大压力之下,使之变成双语使用者或者转用另一门语言。也就是说,濒危语言保护存在一个根本的困境,一方面,当前国家意识形态鼓励少数民族发生语言转用;另一方面,为了保持语言,少数民族将要付出较高的代价。

在"第十三章 结论:社团与超越"中,作者援引了欧内斯特·盖尔纳(Ernest Gellner)的观点,以厘清在语言选择中个人主义和社团的关系。盖尔纳认为,强调个体至上的原子论个人主义与强调团体的浪漫集体主义并不完全相互排斥,甚至可以相互调和。作者在书中指出,如果我们一方面仍要置身于社团内部(以满足我们对身份、稳定和归属感的需求),另一方面又想超越所处的社团(以满足我们自我实现的需求),就必须做出妥协。

因此,作者提议将盖尔纳的这一观点扩展到语言领域,作为一个框架来解释语言社团中正在发生以及可能发生的事情。因为许多人正在中小型交际共同体与更广泛的全球性交流网络和流动社团之间相互转换。其中,双语制是妥协和调和的一种重要选择。作者列举了两种双语现象:精英双语与扩展双语。在过去,欧洲化和全球化所产生的语言实践是一种由政治、经济、科技、文化领域的精英网络产生的精英双语。然而过去10年的发展扩大了全球交流的性质。除了精英阶层,有大量的普通群体借助于互联网信息技术革新和社交网络增加了对另一门语言的实际接触,产生了扩展双语的现象。

作者还提出了新背景下少数民族语言选择面临的新局面。希望保持母语并能够使用全球网络的少数群体成员可能面临"个人三语"的需要(母语、国家语言和通用语)。但也有一种理论上的可能性,即少数民族语言使用者会选择通用语与少数民族语言的双语制,而不是国家语言和少数民族语言的双语制。在后一种选择中,他们可以超越民族融合所施加的语言转用压力。

作者强调,随着政治格局的变化,特别是全球化背景下超国家活动的开展,语言政策和语言规划也要相应做出改变。此书的研究表明,语言政策和语言规划是一项与民族国家构建密切相关的活动。当它与盛行的民族主义意识形态相一致时,它取得了一定程度的成功。但随着经济和政治环境的变化以及随之发展的新意识形态框架,语言可以自上而下地计划和强加的想法变得越来越行不通。也就是说,语言选择和语言使用是由说话者所处的历史框架决定的。当政治、经济、科技和文化背景发生变化时,语言的选择和使用也会发生变化。

三、简评

对民族主义和全球化的关注已经成为语言政策和语言规划学科中一个快速发展的前沿研究领域。这本书从不同的学科背景中选择了三个主题来进行研究,即语言规划在国家构建中的作用、全球化和国际化中的语言接触以及在新政

策和国家建设中语言的复兴,逻辑清晰,结构合理,案例丰富,论证严谨。综观全书,有如下亮点:

1. 跨学科的研究视角。正如此书名中的"从民族主义到全球化"所示,此书的主题绝不仅限于语言,作者旨在将其研究置于尽可能广阔的背景下,无论是政治、历史还是社会。因此,该书的理论框架和研究方法都打破了社会语言学边界的限制,高度跨学科地涉及了历史学、语言学、法律、经济学、政治学、国际关系和其他社会科学领域。在此书中,除了传统的地位规划、本体规划和习得规划,语言规划被赋予了一个更广泛的概念,覆盖了语言的经济、社会和政治维度。

2. 创新的学术观点。作者提出了一些新颖的学术观点,可以帮助社会语言学研究人员重新考虑"语言作为社会实践"和"语言作为系统"之间的相互作用。例如,作者认为,"语言复兴与全球化共存可能比与民族国家共存更容易发生"。基于此观点的语言规划和语言政策可以为来自较小语言群体的人们创造一个更稳定的双语环境,他们将从使用本族语言和本国语言的双语转变为使用本族语言和英语的双语。又如,作者提出,"自上而下"的(国家和国际)语言规划模式效果有限;相反,该领域的大多数发展来自"自下而上"的过程,即个人学习和使用特定语言的决定。这一观点有助于语言规划和语言政策制定者重新审视相关的治理效能及影响因素。

3. 扎实的实证研究。此书的另一特点就是通过丰富的案例来帮助读者更好地理解主要论点。此书详细介绍的案例包括坦桑尼亚和印度尼西亚的语言政策、西班牙与其少数民族语言的关系等。同时,作者指出,全球政治、经济、教育、科技和文化方面都发生了巨大变化。因此与该书第一版相比,补充了大量的有关全球化和社会视角重新思考语言问题的重要议题和案例,其中就新增了关于汉语的探讨。作者提出,中国在全球经济和政治中日益重要的角色意味着汉语作为一种国际语言的可能性也在随之增加。

作者对变化的敏锐感知表明,在社会语言学研究中,我们应该与时俱进,对可能有助于语言政策制定和语言规划的各种最新因素进行研究。[1] 这些变化也

---

[1] Haoda Feng, "Sue Wright, Language Policy and Language Planning: From Nationalism to Globalisation, 2nd Edition, Hampshire: Palgrave Macmillan, 2016," *Language in Society*, Vol. 48, No. 2, 2019.

为未来涉及少数民族语言的研究提供了有益的启示。

此书也存在一些局限性。尤其是在当前的国际政治格局下，此书的一个关键论点有待商榷，即作者指出我们生活在"一个民族主义正在减弱甚至消失的世界"。但近十多年来，我们又目睹了欧洲国家、美国和许多其他地方民族主义的复兴。特别是2008年金融危机爆发后，在欧美国家重新抬头的民族主义与欧美右翼民粹主义有所结合，形成了所谓的民粹民族主义。这种民粹民族主义思潮在欧美国内动员中下层人民反精英、反权威、反外国文化、反移民；在国际层面则反全球化、反自由贸易和反区域一体化。2016年，英国启动"脱欧"公投，西欧一些国家反移民、反欧盟乃至反全球化的极右翼政党在议会中的力量急剧上升，中东欧一些国家右翼色彩政党上台执政。2017年，推崇"美国优先"的特朗普就任美国总统后推出了一系列排外和保护主义色彩强烈的行政命令。[①] 我们需要意识到，在国际环境日趋复杂，不稳定、不确定性明显增加的变局下，语言政策和语言规划依然难以脱离民族主义的影响，这种影响在某些国家和地区甚至会不断加强。

此外，尽管在通用语部分，作者对法语、英语乃至汉语都展开了非常有益的讨论，但没有深入分析相应的语言规划，特别是世界语的使用等。因此与同期关于这一主题的其他作品相比，如罗伯托·加维亚（Roberto Garvía）的《世界语及其竞争对手：国际语言的争夺》、埃丝特·肖尔（Esther Schor）的《语言的桥梁：世界语与通用语之梦》，此书世界语主题的缺失显得更为突出。[②]

当然，正如作者写的那样，从广义上讲，语言政策和语言规划不可能是一本书就可以涵盖的研究领域。因此，作者选择了自己最擅长的三个主题来剖析。此书虽然存在值得商榷的地方，但仍是分析语言与国家构建之间关系的佳作。无论是对民族主义的语言维度或语言的社会和政治方面感兴趣的语言学家，还是对语言政策和语言规划研究感兴趣的读者，这本书为人们把握该领域的主流观点和前沿态势提供了具有学科价值的参考。

---

① 叶江：《正确认识欧美民族主义再度抬头》，《人民日报》2017年10月13日。
② Javier Alcalde, "Sue Wright, Language Policy and Language Planning: From Nationalism to Globalisation, 2nd Edition, 2016, Book Review," *Nations and Nationalism*, Vol. 23, No. 4, 2017.

《埃塞俄比亚的语言政策——提格雷州语言政策与实践的相互作用》述评

纪家举[*]

一、引言

《埃塞俄比亚的语言政策——提格雷州语言政策与实践的相互作用》(*Language Policy in Ethiopia: The Interplay Between Policy and Practice in Tigray Regional State*)脱胎于埃塞俄比亚学者梅孔嫩·阿莱姆·格布雷·约翰尼斯(Mekonnen Alemu Gebre Yohannes)的博士论文,经由约瑟夫·洛·比安科(Joseph Lo Bianco)和乔伊·克雷夫特·佩顿(Joy Kreeft Peyton)编辑成书,于2021年出版。梅孔嫩来自埃塞俄比亚提格雷州,曾参与过埃塞俄比亚小学阶段教学媒介语的研究、提高该国学童阅读能力的技术援助项目(梅孔嫩与乔伊在此项目上有过合作),对该国的教育语言政策及现状相当熟悉。这部著作可以帮助读者更为透彻地了解埃塞俄比亚及提格雷州的语言规划和教育政策。本文按照原书的结构划分进行概述,先介绍各章节内容,然后做简要评价。

---

[*] 纪家举,上海政法学院语言文化学院(国际交流学院)讲师,研究方向:翻译学。

二、内容简介

"第一章　语言政策与规划研究"对语言政策与规划的相关研究进行了综合论述,明确了研究问题及研究意义,对相关研究路径、理论框架、核心概念等进行了阐述。

该章"第一节　语言和语言政策的研究视角"首先介绍了实证主义理论有关语言的观点,该理论认为语言规划是用以解决语言问题的体系;接着引出另一种视角——受批判理论与后现代理论影响的当代语言政策与规划研究,指出语言与语言政策是动态的、具有社会和意识形态属性的过程,并提出疑问:自上而下制定的官方语言政策是否能够代表真正的语言政策?作者将以埃塞俄比亚的语言政策和实践为例,试图解决以下问题:由何人决定使用何种语言、这个过程如何发生以及发生的原因。

"第二节　埃塞俄比亚帝制和古代的语言政策:概述"介绍了埃塞俄比亚帝制时期使用过的语言,着重叙述了阿姆哈拉语的使用情况。从海尔·塞拉西时期(1930—1974)埃塞俄比亚开始拥有成文的语言政策,阿姆哈拉语成为该国领导人认可的重要语言以及学校的教学语言,1955年宪法确定其为埃塞俄比亚的官方语言。

"第三节　研究埃塞俄比亚语言政策与规划的原因"指出,鉴于批评性语言政策领域尚有需要研究解决的问题,期冀通过研究埃塞俄比亚及所属提格雷州本土化的语言政策与规划,解决批评性语言政策在理论和实证等方面的问题,同时对不同层次语言的政策实施者以及受压制语言的群体起到一定的启发作用。

"第四节　埃塞俄比亚语言政策与规划的研究路径"通过介绍埃塞俄比亚国家层面1991年前后从单语到多语的语言政策变迁,州层面如提格雷州1991年后实行的维护优势语言、边缘化其他语言的政策,反映意识形态对官方语言政策的影响、语言政策实际执行与所受抵制等情况。基于提格雷州的语言政策和实践具有一定代表性,作者将其作为此书主要的研究对象,并介绍了该州的社会语言学及人口结构特征,引用、分析了该州有关语言使用的决议。

"第五节　作为研究领域的语言政策与规划"追溯了语言政策与规划的发展历程,首先介绍了研究语言政策与规划的两种路径:一是理性路径,从实证主义与结构主义理论出发,认为语言政策与规划是由政府或其所属机构以理性、客观的方式为了解决问题而做出的政策决定;二是批评路径,来自批评理论,以意识形态为基石,认为语言的运作方式应该由语言使用者的自由意志来决定,探究意识形态运行机制中掩盖的不平等。接着作者论述了批评性语言政策,作为对早期语言政策与规划研究的一个补充,该研究方法将语言视作一种动态的体系,探究语言与其使用者的联系;认为语言政策与实践受历史、意识形态等诸因素的影响,是一种维护权力与支配地位的工具。

"第六节　当代语言政策与规划的理论和概念"对构成该研究理论框架的概念和理论做了重点介绍。首先介绍了几组概念:(1)语言政策与规划的总体方法——历史-结构方法与语言目标综合法:前者将语言规划视作一种必经的历史过程,与阶级利益和阶级意识等有紧密的联系;后者将语言规划分为地位规划、本体规划等,其中语言地位规划对应的是政策路径,处理国家的语言问题,确立标准语言,而语言本体规划对标培养路径,关注微观层面的语言问题。(2)语言政策和实践的显性与隐性表现:官方文件中陈述的语言政策与执行过程中的实际情况并不一致,说明了语言政策固有的复杂性和语言实践中政策的局限性。(3)自上而下的规划与自下而上的过程:当权者和权威人士未与终端语言学习者和使用者商讨而制定语言的相关政策(自上而下的规划),忽视了普通大众的发言权,容易导致对语言政策自下而上的抵制(自下而上的过程)。另外,作者援引李圣托和霍恩伯格的理论框架——将语言政策和规划比喻成"剥洋葱"[①]的过程:处于外层的是国家或地方层面的立法机构或政治组织所制定的宏观语言政策;中层是指地方上各类机构或教育部门的语言政策;内层则指微观层面的语言政策。最后作者总结了此研究所采用的理论框架是斯波尔斯基的语言政策理论——语言政策包括三个要素:语言规划,即语言政策与规划的制定与宣布;语言意识形态,即语言信念;语言实践,即人们对语言的实际使用,此研究中提格雷州的语言政策与规划的各种语境及因素即以此为理论基础。

---

① "剥洋葱"这个表述参考了余华:《民族志在语言政策研究中的应用:理论与方法》,《天津外国语大学学报》2021年第2期。

"第七节　本研究的重点和范围"指出此书聚焦埃塞俄比亚的教育语言政策及实践,主要研究提格雷州两个族群——提格雷族和伊罗布族的语言政策与规划过程及其各自的语言——提格里尼亚语(又译"提格雷尼亚语")和萨霍语的使用情况,并解释了相关原因,最后提到了在研究中所遇到的困难等。

"第二章　埃塞俄比亚的提格雷地区"。

此章"第一节　导论"简单介绍了埃塞俄比亚多元复杂的语言现状:该国有80多种不同的语言,隶属四大语系,约90%的人口说的主要语言有6种,此外还有吉兹语和阿拉伯语,另外指出了帝制时期阿姆哈拉语奠定了该国官方语言的地位。

"第二节　埃塞俄比亚1991年之前的语言政策与规划"主要关注埃塞俄比亚教育语言政策与实践的历史。自1908年学校教育被引入埃塞俄比亚以来,曾使用过意大利语、法语、英语等外语作为教学语言,1958—1959年,阿姆哈拉语被宣布为该国基础教育阶段(一至六年级)唯一的教学媒介语。此为当时帝制政府在"一个国家,一种语言"的意识形态下实行的单一语种的语言政策。但在埃塞俄比亚这样一个多民族多语言、文化呈现多样性的国家,该政策被视为政治精英的语言和文化强加给国内的一种手段,受到了大学生、其他知识分子乃至整个社会的抵制。1974年帝制被推翻后,当政的军政府名义上维护各民族使用各自语言的权利,但实际上仍践行着之前的单语政策。

"第三节　埃塞俄比亚1991年之后的语言政策与规划"讲述了随着埃塞俄比亚人民革命民主阵线夺取权力和军政府的倒台,母语教育政策于1991年开始生效。埃塞俄比亚联邦政府开始实行多语种的语言政策,各民族可以在基础教育阶段使用本民族语言作为教学媒介语,标志着新政府转变了"一个国家,一种语言"的意识形态,给各民族带来了语言和身份认同感以及教学上的便利。

"第四节　对埃塞俄比亚语言政策与规划的研究"回顾、总结了埃塞俄比亚的语言政策与规划的相关研究,同时指出了这些研究的局限性:或者仅关注语言政策与规划的某一方面,比如语言态度;或者只涉及某一个历史阶段,比如军政府或埃塞俄比亚人民革命民主阵线时期;或者没有从批评性语言政策的理论视角来探究语言政策与规划的过程。

"第五节　当前的研究"通过对比以前的语言政策与规划研究,指出此研究与其相异和创新之处。作者对语言政策与规划采取如下观点和研究方法：语言政策与规划是一个动态属性的、社会政治和历史的过程；是一种意识形态工具，用以保持优势语言的意识形态，经常造成不同语言群体之间在政策路径和语言实践等方面的对立；是一个语境化的过程，探究语言政策与实践中的各种机制和因素；采取民族志/定性的研究设计等。

"第六节 方法论"指出此研究采用民族志/定性的研究方法来了解提格雷州的提格雷族和伊罗布族在教育语言政策制定与执行过程中的经历和活动，并就研究的具体方式、流程及研究对象等做了详细论述。（1）数据收集的方法：访谈、开放式问卷调查、文件分析和观察等。访谈主要用于调查受访者在教育方面对于少数族裔语言和多数族裔语言的态度及使用情况；开放式问卷调查可使研究对象在不受研究者干扰的情况下表达意见；对官方各类文件的分析可以探究语言政策中的显性或隐性表现及隐含意义；观察分两轮进行，用以收集语言使用的相关数据。（2）数据收集的步骤：首先介绍了设计数据收集工具的准备工作、过程及后续的完善；其次为数据的收集，在 2013、2014、2015 年分 4 个阶段进行，并分别介绍了各个阶段的具体工作。（3）数据分析：在数据收集的初级阶段即进行数据分析；接下来按照主题分类构建初步的主题框架，在此框架内来处理更多的数据；然后采用批评话语分析与互文性分析等方法对数据进行批评性分析。（4）研究对象：用立意抽样选择研究对象，确保研究对象的多样性和分布的广泛性，同时也期冀语言政策与规划的重要实施者参与本研究，故也采用了临界抽样。（5）民族与语言：提格雷州是一个多民族、多文化的地区，此研究重点关注提格雷州的提格雷族和伊罗布族所制定的语言政策及其各自语言的使用情况。

"第三章 冲突、抵制与对立：提格雷州及其语言政策与规划"。

"第一节 导论"概括了此章的主要内容：基于埃塞俄比亚 1908 年以来教育语言政策从外语到单语再到多语的变迁，探讨了官方语言政策与实践的复杂性，以及少数族群为自己的语言空间所做的抵制和抗争，并以 1991 年为分界线，对 1991 年前后提格雷州的语言政策与规划加以解析论述。

"第二节 调用、霸权和抵制（1991 年之前的埃塞俄比亚）"阐述了在多数（优势）语言族群维持语言霸权的同时，少数语言族群如何予以抵制、争取自己的语言空间。作者首先介绍了阿姆哈拉语作为单一语言政策的显性和隐性呈现方式：20世纪初以来帝制政府将单语政策视作国家建构的意识形态工具，1933年的官方声明和1955年的宪法都有明确规定，帝制政府被推翻后的军政府宣布实行多语政策，这些都是语言政策的显性表现；但军政府并没有将宣布的多语政策落到实处，而是沿用了帝制时期的单语政策，在基础教育中阿姆哈拉语仍是唯一的教学语言，此为语言政策的隐性表现。接着讲述了提格雷人对单语政策的抵制，先是针对帝制政府，后来继续以学校为中心抵制军政府的语言政策，同时在校外也开展相关活动，比如在公共场所使用提格里尼亚语（引用了咖啡馆的一段公示语予以说明）。最后介绍了提格雷人民解放阵线及其所采取的抵制性语言政策与规划：受学生运动的影响，提格雷人民解放阵线以民族主义作为其意识形态的基础，实行以提格里尼亚语为基础的母语教育，他们以语言作为动员提格雷人的手段，推行了抵制性的语言政策及实践，赢得了公众支持。

"第三节　1991年之后多语政策及其在提格雷州的'调用'[①]"首先对1991年之后有关语言政策的重要文本进行解读，指出这些文本维持优势语言的政策和意识形态、与联邦和州宪法规定的或官方宣布的多语政策的相悖之处，并分析了其中的原因。埃塞俄比亚1991年的过渡宪章/政治方案宣称各民族平等、拥有使用各自语言的权力，但其时仅有阿姆哈拉语、提格里尼亚语等5种语言可以用作教学媒介语，其中提格雷州在基础教育阶段都是将提格里尼亚语作为唯一的教学媒介语。埃塞俄比亚1994年的新教育与培训政策尊重各民族使用本族语作为教学媒介语的权利，但对于没有能力或没有兴趣使用本族语作为教学媒介语的民族可选用其他语言，当时全国范围内有三十几个民族的语言被用作教学媒介语，这就暗示了包括提格雷州伊罗布族等在内的其他民族"没有能力或没有兴趣使用本族语作为教学媒介语"。作者通过对比埃塞俄比亚联邦民主共和国宪法和提格雷州宪法有关语言政策的表述，指出与联邦宪法相比，提格雷州宪法存在个别条款缺失，从而导致与联邦宪法规定的语言政策并不完全一致。

接着作者阐述了1991年之后在多语种的语言政策与规划下，提格里尼亚语在提格雷州继续作为唯一教学媒介语使用的原因及实现方式，并探究了其中的

[①] "调用"这个表述参考了余华：《民族志在语言政策研究中的应用：理论与方法》，《天津外国语大学学报》2021年第2期。

政策机制及含义。首先指出提格里尼亚语作为教学媒介语面临的挑战：1991年后提格雷人的两个群体拥有不同的语言背景和意识形态/态度；1991年前后教学大纲/教学目标的差异；师资的短缺。为此，政策实施者必须建立各种机制来维持这一做法：个体作为语言政策与规划的实施者，有相关人士请求提格雷州教育局出版或派发自己有关提格里尼亚语语法和拼写体系的作品，以利于提格里尼亚语的正确使用，推动了其后委员会及相关议案（组织提格里尼亚语讨论会、成立提格里尼亚语言协会）的产生。州政府作为语言政策与规划的实施者及其所建立的机制：州政府同意组织一次提格里尼亚语讨论会，随后最初的委员会经过人员补充及其他辅助委员会的加入，着手准备第一届提格里尼亚语专题研讨会，会上提交的所有论文都与提格里尼亚语有关。提格雷文化协会作为实施者及其所建立的机制：鉴于相关议程尤其是成立提格里尼亚语言协会的议案在政治上比较敏感，州政府成立了提格雷文化协会来负责本州的语言和文化事宜，该协会声明是非政府组织，但与提格雷人民解放阵线的意识形态保持一致。为体现名义上的包容性，提格雷文化协会在议案中将"建立一个提格里尼亚语言协会"改为"建立一个提格雷州语言协会"；在第二届语言专题研讨会上，在起初无人提交与萨霍语、库纳马语有关的论文的情况下，特邀请两位大学教育专家研究这两种语言。

"第四节　结论"所分析的语言政策与规划的变迁与发展，显示了其动态的变化过程及其带来的后果、风险、政治和意识形态特征，指出这一动态过程中存在不同层面之间的相互作用，而政策实施者又在这些层面上施加各自的影响和权力，对立和冲突在所难免。

"第四章　伊罗布县语言的意识形态、政策与实践"。

此章"第一节　导语"作者对伊罗布县的两所学校（分别处于城市和农村）与一个城市社区进行访谈和观察，以此来了解伊罗布族学校和社区的语言意识形态、对提格里尼亚语作为唯一教学媒介语的反应，探究萨霍语的语言政策与规划过程。

"第二节　语言实践与语言景观"通过对三个重要的生活场所——教室、学校和社区的观察，了解其语言实践与语言景观。语言实践：在学校里，教师将萨霍语作为一门课程进行讲授；其他课程用提格里尼亚语进行讲授和学习，但实际上师生经常转换为萨霍语以更好地理解课堂内容；师生在课堂之外的非正式场合经常使用萨霍语;作者在城市社区中观察到两种类型的语言实践(正式场合多使用提格里尼亚语;平时交谈时在两种语言间转换)。语言景观:城市社区中除地名和个别姓氏带有萨霍语的含义外,各种私人和商业组织、政府办公室、公共标语、旅馆等都是以提格里尼亚语书写;学校中的文字基本是提格里尼亚语或英语;教室中的文字,除了一至二年级的书写体系招贴画是萨霍语,基本上也是提格里尼亚语。

"第三节 来自调查对象的反应"首先介绍了参与调查的教师、学生的基本信息,比如性别、教师学历和所授科目、学生年级、所属民族身份和母语等,接着考察了调查对象在各种情形下的语言使用情况。在语言能力与教学媒介语的选择调查中,大多数师生的第一选择都是萨霍语,其次是提格里尼亚语,最后是阿姆哈拉语。(1)在家庭内部和外部使用语言的偏好:大多数师生认为自己在家庭内部和外部期待使用的语言、实际使用的语言和更喜欢用的语言主要是萨霍语。(2)在教室内使用语言的偏好:多数师生称自己最期待在教室用的语言是提格里尼亚语,但教师在辅助学生学习、学生之间讨论时用得最多的是萨霍语,说明后者才是实际上的教学媒介语。(3)在校外使用语言的偏好:大多数教师称在校外与同事和学生交流时期待、更喜欢、实际上使用的语言是萨霍语或者是萨霍语与提格里尼亚语的混用;大多数学生在校外与其他学生的交流主要是萨霍语,与教师的交流则更复杂一些。

"第四节 提格里尼亚语作为官方语言和教学媒介语对伊罗布族的影响"指出提格里尼亚语作为该州唯一的教学媒介语,威胁到了其他语言的生存以及伊罗布族的语言和文化认同,而且给伊罗布族孩子们的学习造成了障碍,引起伊罗布族在语言政策与规划上的抵制。作者探究了引发伊罗布族教育专家发起萨霍语的语言政策与规划的因素、以伊罗布族社区为基础的语言政策与规划得以实行所涉及的机构和机制,以及执行过程中多个政策层级的相互作用。首先,伊罗布族的个体主要是教育专家或教师,主动与语言学家和相关人士交流,如实反映本民族儿童的教育困境,并成立了技术委员会。其次,以萨霍语社区为基础的委员会相继成立,协助技术委员会开展本体规划研究,开发萨霍语的书写体系。经过研究分析,技术委员会认为萨霍语的书写可以采用拉丁文与吉兹语两种字母系统,并列出了各自的理由与优势。其成立伊罗布语言文化协会来负责萨霍语的政策事宜,组织社区的各种会议并与相关的政府决策部门进行讨论。经过多次会议讨论,最后经大多数与会者的投票决议,技术委员会决定采用吉兹语作为萨霍语的书写体系。再次,作者阐述了语言政策与规划在地方的各个层级——微观(言语社区)、中观(伊罗布县委员会)、宏观(州政府相关政策机构,包括提格雷州教育局等)的政策实施者之间在语言政策与规划方面的相互作用与对立。作者讨论了伊罗布族社区萨霍语的语言政策与规划这一本土化的过程:伊罗布族社区的决议得到地方机构(伊罗布语言文化协会)和当地政府部门(伊罗布县委员会)的调用,再过渡到宏观层级的机构和部门,最终提格雷州教育局同意将萨霍语列入学校科目,但认为将其用作教学媒介语的条件尚不成熟。最后,作者分析了伊罗布族对萨霍语作为教学媒介语的兴趣、能力和对萨霍语的语言地位的看法,以及影响政策采用的微观和宏观因素。作者指出伊罗布族社区的请求与宏观的政策调用不匹配:伊罗布族社区请求将萨霍语作为伊罗布族的教学媒介语,提格雷州教育局则仅规定将萨霍语作为学习科目。

"第五节　有关提格雷州少数族裔语言使用的声明"讨论了2005年、2006年提格雷州关于州内少数族裔教育和其他领域语言使用的声明。

"第六节　结论"详细论述了伊罗布族萨霍语的语言政策与规划过程,揭示了在不同层级之间语言政策表述的复杂性,肯定了在伊罗布族学校和社区所做的调查研究的价值。

"第五章　研究意义与政策启示"。

"第一节　导语"概括了此章的主要内容,总结了此研究的发现及其理论和实证方面的意义,并从当代或批评性语言政策与规划的理论、概念、研究成果等视角探讨了这些发现。作者认为通过对语言政策与规划的形成过程进行系统化的研究,可以了解一个国家很多领域的社会发展情况。

"第二节　研究结果"基于埃塞俄比亚及所属提格雷州在各个时期——帝制政府、军政府、联邦政府时期所采取的语言政策,探讨了这些政策所涉及的意识形态和实际因素;展示了语言政策与规划的显性与隐性表现——政体的意识形态与语言政策、语言的意识形态之间的相互联系与对立;分析了制定语言政策与规划的方式/方法:帝制政府、军政府以及1991年之后联邦政府时期的提格雷州实际实行的都是单语政策,政策采用的是上层参与制定、自上而下的形式,用以维护优势语言群体的利益及意识形态，同时也表明了语言政策与规划的决议是各个层级的目标和意识形态的相互作用与对立所致；总结了语言政策与规划过程中不同语境下的实施者：1960年的学生运动对1991年前后埃塞俄比亚的语言政策影响很大；从学生运动发展起来的提格雷人民解放阵线及其成员在1991年前是微观层面的政策实施者，1991年后又作为关键角色影响了宏观层面的语言决策；萨霍语语言政策与规划的创立与调用最初来自伊罗布族的相关精英，随后各类地方和州层面的政策实施者也参与其中。

"第三节 语言政策与规划是一个动态的、语境化的过程"指出：（1）语言政策与规划并不仅仅由专业人士来制定：提格雷人民解放阵线的母语教育并非由专业的语言学家主导，而是提格雷族的精英，他们是民族运动的重要发起者和领导者。同样，萨霍语的本体规划并非只涉及语言学家与语言政策专家，伊罗布族社区在决策中也起着重要作用，伊罗布族师生也是语言政策的实施者。（2）语言政策与意识形态：语言政策不仅经常与语言实践冲突，也与官方的意识形态冲突。（3）语言政策与规划以及抵制性的意识形态与运动：语言政策是政治动员的有效途径，在埃塞俄比亚语言和语言政策是服务于政治斗争和政治主张的重要意识形态工具，作者通过提格雷人民解放阵线所实行的语言政策加以证明。（4）多语政策语境下的语言政策与规划、意识形态和权力：在联邦政府多语政策的语境下，提格雷州继续将提格里尼亚语作为该州唯一教学媒介语，可谓是"隐性或实际的语言政策/实践"，揭示出显性和隐性的语言政策、意识形态引发了宏观、微观层面的语言政策与实践等的相互作用与对立，进而指出（法定或实际的）语言政策的形成是一个与社会政治、历史语境和因素等相互强化的过程。（5）以社区为基础的语言政策与规划过程和该语境中的实施者：指出以萨霍语社区为基础的语言政策与规划过程中的本体规划，采用了与地位规划相同的政治流程，并指出其中的政策实施者有作为个体的教师与教育专家，有地方和提格雷州的各类机构和部门，最终在明显或隐藏的意识形态或议程中，提格雷州继续实行实际上的单语政策。然而在伊罗布县的学校，师生还是经常将萨霍语作为实际的教学媒介语。

"第四节 本研究的理论启示"指出在埃塞俄比亚社会政治与历史的语境下，意识形态是该国语言政策的驱动力，掌握权力的群体利用语言与语言政策来维持自己语言的意识形态与支配地位。语言政策与规划是一个语境化的过程，法定的政策或意识形态经常与实际的语言政策、实践互相矛盾，其中经常涉及各个层级（宏观、中观、微观）政策实施者的相互作用与彼此对立。

"第五节　语言政策与规划过程的新理解"认为单向的自上而下或自下而上的方法并不能理解真正的语言政策，语言政策与规划也并非孤立的存在和线性的过程，而是一个多层次的、动态的、语境化的过程。（1）对批评性语言政策研究的意义：该研究描述了在埃塞俄比亚各种语境下本土化的语言政策与规划过程填补了批评性语言政策研究缺乏的实证数据空白，为该研究发展全面的语言政策理论提供了新的视角。（2）对将来语言政策与规划研究的意义：如要将多语政策真正落到实处，需要采用民族志的研究方法、关注政策制定的不同层级尤其是地方一级的语言政策与规划。（3）对决策者的意义：决策者可采用民族志的方法将宏观、微观层面的语言政策、意识形态、语言实践、实施者、政策机制等结合起来进行调查研究，对于法定和实际的语言政策的差异要从微观或地方社区层面探究真正的原因。

"第六节　研究的意义以及将来的研究方向"介绍了该研究运用批评性的语言路径将不同的研究视角融合起来，将埃塞俄比亚与提格雷州的语言政策与规划和1991年前后的社会政治与历史事件相关联，避开线性过程和自上而下的研究视角的局限性，将其视作自上而下与自下而上相融合的动态过程；通过微观和宏观层面的对比，揭示了官方所宣示的多语种的多元主义与语言实践之间的显著差异，指出优势语言的族群长期保持维护自己利益的语言政策和实践，但少数族裔的个体和群体也可以通过抗争努力获取自己的语言空间，从而影响宏观方面的政策；建议运用定性的研究方法来解释语言政策与规划的过程。

三、简评

这本书对埃塞俄比亚及其所属提格雷州1991年前后的三个历史时期——帝制政府、军政府及联邦政府时期的语言政策与规划进行了充分的解读，是有关埃塞俄比亚语言政策与规划较为全面的研究总结；尤其是对提格雷州伊罗布族社区萨霍语的语言政策与规划过程——发起者的诉求及原因、参与者(个体、机构和政府部门)所起的作用、具体进程等的考察,可谓该领域的第一手资料,这一研究在之前的文献中尚未涉及,因此具有一定的学术价值。

此外,该书采用了科学合理的理论视角及研究方法,丰富了语言政策与规划研究的理论和研究维度。作者运用批评性语言政策的理论框架,从意识形态入手,较为透彻地分析了埃塞俄比亚及所属提格雷州的语言政策与规划:将语言政策与规划视作一个具有动态属性的、多层次的、语境化的过程,在埃塞俄比亚各种社会、政治和历史的语境下看待其语言政策;通过定性、实证的研究方法及民族志的调查方法,该研究得以详细、透彻地解析微观、中观、宏观多个层级之间意识形态、语言政策与实践、政策实施者及机制的相互作用,其中实证的研究方法更是填补了批评性语言政策研究的实证数据空白。

需要指出的是,每个国家的语言状况不同,作者的观点虽然可供参考,但研究时仍需结合各自的语言状况,提出更切合实际的建议。

语言教育政策与规划

《亚洲英语教育政策》述评

姚春雨[*]

一、引言

《亚洲英语教育政策》(English Language Education Policy in Asia)一书由科威特海湾科技大学罗伯特·柯克帕特里克(Robert Kirkpatrick)主编,2016年由国际著名科技图书出版集团施普林格(Springer)出版。这本书是语言政策系列丛书中的一本,该系列丛书目前共有27卷。此书是第11卷,主要聚焦亚洲英语教育政策存在的问题、面临的挑战及未来的发展趋势等,其内容涉及16个亚洲国家和地区,是目前比较全面、系统探索亚洲英语教育政策的学术论著,系亚洲英语教育政策的前沿研究成果。全书共17章,每章独立成文,除第一章导论外,其余每章内容代表一个国家或地区的英语教育政策,均由这个领域的专家撰写。本文先介绍各章内容,然后做简要评价。

---

[*] 姚春雨,上海政法学院语言文化学院(国际交流学院),研究方向:跨文化外语教学。

二、内容简介

"第一章 导论：亚洲英语教育政策面临的挑战"提纲挈领，对语言政策与规划的研究背景、发展趋势及全书内容做了简要介绍。结合亚洲国家和地区的社会、政治、经济和语言环境，该章主要从以下三个方面探讨了亚洲英语教育政策存在的问题、面临的挑战及未来的发展趋势：(1) 英语的全球传播与国家和地区英语教育政策之间的关系，以及其对当地语言的影响；(2) 当前英语教育政策在教师教育、英语学习环境、国家课程设置、教学法、英语水平和评价体系等方面面临的挑战；(3) 在对社会、政治、经济、教育和语言背景整体了解的基础上，从语言政策实施情况和学习者需求两方面审视英语教育政策的成效，提出改善亚洲英语教育的措施。

"第二章 孟加拉国英语教育政策和规划：批判性审视"从批判性视角对孟加拉国的语言政策与规划进行审视，概述了英语教育政策的发展历程与政策实施情况及其成效，分析了影响政策制定、实施以及政策效果不佳的众多因素。首先，作者描述了孟加拉国英语教育所处的社会政治和社会语言环境，回顾了从英国殖民统治到巴基斯坦统治再到独立后英语教育政策的发展变化。随着英国殖民时代的结束，英语的地位急剧下降，孟加拉国独立后，孟加拉语作为民族身份和民族愿望的有力象征取代了英语的重要地位。然而，自二十世纪七八十年代至今，国家优先事项、非政府教育组织、国际机构等发展需求以及其他历史原因，英语又获得了大力推广。其次，此章描述了孟加拉国教育体系中英语教育的现状，分析了英语教学政策及其效果和阻碍孟加拉国成功实施高质量英语教学的一系列复杂因素。在孟加拉国的学校课程中，英语地位十分重要，被列为必修科目，要求从小学一年级开始授课。尽管如此，全国范围内学生的英语水平并不理想，农村地区更加糟糕。研究表明，学校教育对学生英语水平的提升几乎没有帮助，其英语教育失败的因素有很多，如教师培训缺乏、教学资源匮乏和教育支出偏低等。作者认为，有效且可持续的英语教学必须建立在对英语实际用途的明确、多方参与者在政策制定和实施过程中的集体努力及有效的专业发展和评估体系的基础上。最后,文章提出了一系列关于该国英语教育政策实施的建议。

"第三章 中国内地英语教育政策"基于斯波尔斯基(Spolsky)[①]的观点,即语言政策由语言实践、语言干预、规划或管理等组成,对中国内地英语教育政策的发展历史进行了梳理和分析。首先,作者回顾了中国内地对英语认识的演变以及在这个过程中为提升大众英语水平所做的努力。其次,该章概述了中国内地大中小学各层次的英语课程设置,评估了英语教育政策对英语使用和英语能力的影响。英语教育在中国内地整个外语教育中处于重要地位,英语的使用领域颇广,涉及学术研究、媒体、商业、旅游、文学和艺术等。尽管如此,把英语作为日常交际工具的使用者较少,其英语熟练程度仍有待提高,造成这些问题的主要原因有:英语教学强调教授语言知识而不注重培养交际能力,缺乏丰富的教学资源和优秀的英语教师。最后,作者讨论了向少数民族提供英语教育的挑战,并根据近年来在世界范围内为促进汉语学习所做的努力,预测了中国内地英语教育政策未来可能遇到的挑战及发展趋势。

"第四章 中国香港特区英语教育政策与'以英语为母语的英文教师计划'"在回顾中国香港特区英语教育现状的基础上,主要探讨了特区教学语言政策的发展变化及"以英语为母语的英文教师计划"的相关情况。中国香港特区的语言教育政策历来受其历史、政治、经济、教育和意识形态等众多因素的影响,以教学语言政策为例,自 1841 年香港开埠以来,共经历了以下四个不同阶段[②]:(1) 1994 年之前的自由放任政策;(2) 1994—1998 年的双语分流政策;(3) 1998—2010 年的以中文作为教学语言的政策;(4) 2010 年 9 月以来的教学语言微调政策。除此之外,语言水平提升政策也一直是特区英语教育政策的主要内容,其主要目标是应对不断下降的(英语)语言水平。鉴于此,特区政府于1997 年开始推行"两文三语"政策和"以英语为母语的英文教师计划"。"两文"指中文和英文两种书面语,"三语"指粤语、英语和普通话三种口头语。"两文三语"政策要求"所有中学毕业生都能够书写流畅的中文和英文,并有信心用广东话、

[①] B. Spolsky, *Language Policy*, Cambridge, UK: Cambridge University Press, 2004.
[②] A. Y. K. Poon, "Will the New Fine-tuning Medium-of-instruction Policy Alleviate the Threats of Dominance of English-medium Instruction in Hong Kong?" *Current Issues in Language Planning*, Vol.14, No.1, 2013.

英语和普通话与人沟通"①,以提升香港市民在全球化时代的竞争力。"以英语为母语的英文教师计划"则是为了提升英语教师的专业素养和整体英语教学质量,最终服务于市民英语水平的提升。

"第五章　印度英语教育政策"指出,印度的英语教学理念已发生了重大变化,从以阅读和写作为教学和测试重点的应试教育模式走向注重口语和听力技能的交际能力模式。此章首先对印度的英语教学现状和英语的地位进行了简要概述。英国殖民时期,英语就已被印度国民普遍接受,印度独立后,英语又得到了印度官方的认可,被列为第二官方语言,地位仅次于印地语。在印度公立学校,英语是必修科目之一。在印度私立学校,几乎所有课程采用英语教学。此外,在印度,英语不仅是商业和行政的通用语言,而且是政府公务员选拔考试要求的必备能力之一。掌握一定程度的英语意味着可以获得更多工作机会和更高薪资保障,这导致越来越多的学生涌向教育质量较好的私立学校。其次,通过对英语课程、教学法、课程评估和教师教育等内容分析得知,虽然政府在改善英语教育体系方面做出了不少努力,但仍存在很多问题,如教师在教学实践中忽视英语口语和听力技能的培养,仍然按照传统的应试教育开展英语教学等。该章最后,作者为印度英语教学的未来发展给出了建议。

"第六章　语言政策实践:重新规划印度尼西亚中等教育阶段的英语课程"聚焦印度尼西亚的英语教育实践,旨在重新规划和设计中等教育阶段的英语课程体系。首先,作者通过对印度尼西亚语言概况的介绍,描述了其英语课程定位和实施的社会环境。印度尼西亚是一个典型的多语言、多文化国家,这增加了其语言教育的丰富性,但同时也带来了诸多问题与挑战。印度尼西亚独立后将英语列为学校教育中的必修外语科目,在各级学校广泛开展英语教学。接下来,作者对2004年、2006年以及2013年的英语课程改革进行了梳理与分析,指出在过去十多年中,中等教育阶段的英语课程已经发生巨大变化,这种变化在很大程度上是由政府的意识形态和政治议程而非教育参与者(如学生、教师和家长)的实际需求所驱动的。虽然关于印度尼西亚英语课程的文献资料不少,但鲜有学

---

① 《香港行政长官施政报告(1997)》,第19页,https://www.hmo.gov.cn/zcfg_new/wxty/wxk/szbg/201711/P020180516656305040026.pdf。

者从批判性视角关注中学英语课程的设计原则。为了填补这一空白,作者提出了重新规划当前英语课程的六项关键原则,并将教师和学生的能动性以及社会文化环境纳入其中,确保未来英语课程的有效性。

"第七章　处于关键时期的日本英语教育政策"介绍了1989年以来,日本政府不断加大英语教学改革力度,为此采取了很多措施,但宏观教育政策与微观教学实践之间的持续脱节造成政策的执行步伐停滞不前,导致政策效果不佳。为清楚了解日本英语教育政策的执行情况,作者借鉴斯皮莱恩(Spillane)、赖泽(Reiser)和莱默(Reimer)[①]的社会文化认知模型,从认知角度对政策实施的复杂性进行了分析。该社会文化认知模型的优点在于关注教师在政策实施过程中的能动作用,从微观层面为了解日本英语教育政策的实施情况提供了见解。首先,作者概述了明治时期以来日本颁布的英语教育政策以及教师在教学实践过程中遇到的问题,如采用传统的翻译教学法还是如今的交际教学法、纯英语教学还是英日双语教学、日本与其他国家的双向文化交流还是日本文化的单向对外传播等教学观念分歧。其次,作者分析了在政策改革过程中,学校课程设置、学校体制以及教材等因素对教师主观能动性发挥的有利或制约作用。再次,作者探讨了英语教师是如何基于个人信念、知识和教育经历来推动或抗拒教学改革的。最后,作者在对日本英语教育政策实施情况调查的基础上,指出未来研究可通过拓展研究范围,如教材出版商对政策目标的解读、学校制度对政策改革的支持与否,以及教师的职前和在职教育等,来探索英语教育政策的贯彻执行情况。

"第八章　英语对马来西亚教育政策和实践的影响"介绍了马来西亚是一个多民族、多宗教和多语言的国家,主要语言包括马来语、英语、汉语和泰米尔语,造成了马来西亚语言教育政策的复杂性,由此产生了不少问题,如民族纷争、意识形态斗争以及政治教条主义等。马来西亚独立后,政府放弃英语,将马来语定为官方语言,旨在促进社会和谐、国家认同和语言统一。然而,30多年来的单一马来语政策导致国民的英语水平一直下降,成为马来西亚经济发展的障碍。考虑到英语是参与全球化经济发展的必备能力之一,马来西亚政府决定重新接受

---

① J.P. Spillane, B.J. Reiser and T. Reimer, "Policy Implementation and Cognition: Reframing and Refocusing Implementation Research," *Journal of Educational Research*, Vol. 72, 2002.

英语,将其纳入国家教育系统。此章聚焦英语在马来西亚的地位变化对语言教育政策产生的影响。首先,作者简要介绍了马来西亚的地理、政治、经济、人口和社会状况等基本国情。其次,作者对马来西亚过去、现在和未来的语言教育政策进行了回顾与展望。最后,作者对马来西亚的英语教育政策进行了阐述,具体包括教育体制、学校类型、课程设置以及日常教学实践等。总体而言,为了保持马来语的官方语言地位和英语的社会通用语言地位,马来西亚仍然面临现行语言教育政策无效,以及由此导致的社会不平等、语言和民族冲突等问题。

"第九章 尼泊尔英语教育政策的意识形态建构：本土化与全球化之争"通过将全球化话语和英语教育意识形态与尼泊尔的多语言环境相结合,此章分析了英语作为世界通用语和英语作为社会资本两种意识形态是如何对尼泊尔学校教育中英语作为教学语言的政策产生影响的。基于尼泊尔的历史和社会结构,作者通过对英语作为教学语言政策的意识形态分析,揭示了尼泊尔日益扩大的社会阶层鸿沟及本地话语和全球化话语之间的对立与冲突。20世纪90年代以前,由于深受尼泊尔社会阶层等级的影响,用英语教学的英语教育始终是社会精英和富人享有的特权。在主流语言政策话语中,英语被视为一种社会资本,是社会声望和身份的标志。在民族主义的幌子下,普通大众只能接受用尼泊尔语教学的英语教育。然而,中产阶级却可以在私立学校和教会/国际学校接受用英语教学的英语教育。20世纪90年代以后,尼泊尔采取了新自由主义教育政策,自此英语作为社会资本的意识形态与英语作为世界通用语的意识形态走到了一起。教育私有化将用英语教学视为一种优质教育,是培养能够参与全球市场经济发展人才的唯一途径。如此一来,政策制定者鼓励公立学校从一年级开始采用英语授课。然而,孩子们非但没有从中受益,反而影响了其他课程内容的学习效果。总的来说,在拥抱全球化的时代背景下,尼泊尔实施的英语教育政策与国民对多语教育政策的需求之间存在一定冲突,这也揭示了全球化与本土化在意识形态上存在对立的现实。

"第十章 巴基斯坦英语教学：语言政策、错误认识和解决方案"介绍了在巴基斯坦,英语被视为获得就业机会和进入上层社会的通行证。在一个阶级分化严重、阶级意识强烈的社会,来自社会底层或工薪阶层的父母渴望让他们的孩子进入用英语授课的学校,因为他们相信孩子接触英语的时间越早,英语水平提升的速度就越快。这项研究采用混合研究方法,分析了巴基斯坦部分地区11所收费较低的私立学校的英语教学政策。通过问卷调查、课堂观察以及对学生、教师、校长和专家访谈等多种形式收集的资料进行分析后发现,早期以英语作为教学语言的政策取得的效果并不好,大多数学生的英语水平并没有得到提升,该政策失败的原因主要有:合格英语教师短缺、教学方法无效、社会文化生态变化以及整体教学体制缺陷等。研究结论告诉我们,越早接触英语成绩越好的早龄英语教学理念是不切实际的,因为这既没有双语/多语教育理论的支持,也没有学校和社会环境的保障。作者认为,从广义上来讲,唯英语政策不仅对现有的语言生态造成了潜在影响,而且由此催生的以英语作为教学语言的私立学校教育则加大了社会的贫富差距。因此,作者建议,对早龄英语教学政策进行反思,应以母语为主的多语政策取而代之;在小学阶段,英语应该被视为一门语言科目,而不是一种教学语言;优质化的英语教育应该促进英语的民主化发展和社会各阶层之间的公平分配。

"第十一章　菲律宾英语教育:政策、问题和前景"介绍了英语在菲律宾促进社会经济发展和产品出口方面起着十分重要的作用,为菲律宾创造了广泛的经济优势,但现行的英语教育政策也存在一些问题。2015年,东盟国家经济共同体的一体化与联合国关于到2015年实现全民教育的呼吁促使菲律宾对本国教育体系进行改革。于是,菲律宾政府开始重新审视当前英语教育政策的有效性问题,结果发现,始于19世纪美国殖民时期的英语教育政策对学生的学业成绩提升并没有显著效果,这与英语课程设置和课程评估之间不一致以及政策贯彻执行的程度有一定的关系。此外,菲律宾的英语教育政策是以放弃母语读写能力为代价的。因此,作者指出英语教育政策应在满足参与全球化经济发展与社会需求的同时,需要实现保护本地文化的可持续发展。简单来说,该章概述了菲律宾英语教育的发展历程,回首过去,总结教训,展望未来,做好准备。具体内容主要包括以下五大部分:(1)菲律宾教育体系概述;(2)从美国殖民时期到戒严时期的英语教育政策;(3)1974—2010年的双语教育与教育改革;(4)以母语为主的多语教育和K-12("K"指幼儿园,"12"指6年初等教育、4年初中教育和2年高中教育)改革;(5)菲律宾英语教育的未来发展前景和可能性。

"第十二章　新加坡'英语+1'双语政策:批判性评估"基于语言教育规划

失败因素分析的理论框架①,从社会历史、社会文化和社会政治视角对新加坡的"英语+1"双语政策进行了批判性分析。首先,作者阐述了"英语+1"双语政策的理论依据和实施情况。1966年开始实施的"英语+1"双语政策要求新加坡所有学生将英语和母语(马来语、泰米尔语或汉语)分别作为"第一语言"和"第二语言"进行学习。因为该政策涉及新加坡政策制定者、教育工作者、家长、学生和管理者等多方利益,所以自实施以来就备受争议。其次,作者概述了新加坡语言规划和"英语+1"双语政策的发展历史。最后,作者对"英语+1"双语政策所涉及的以下问题进行了调查和探究:学生英语水平下降、学校里口语化英语或新加坡式英语的普遍使用、英语教师英语水平不足、华裔学生的汉语读写水平下降、汉语作为教学语言的缺失、说英语公民和说汉语公民之间的不平等、在学校学习母语机会的减少(对华裔家庭来说),以及汉语被英语取代的现实。总而言之,新加坡现行的"英语+1"双语政策未能培养出精通双语的国际化人才。

"第十三章 韩国英语教育政策:规划与实施"介绍了在韩国,英语非常重要,英语水平的高低往往被视为个人能力和职业成功的象征。20世纪90年代初以来,韩国政府积极致力于提高国民的英语水平,明确指出英语是提升个人和国家竞争力不可或缺的工具。尽管韩国人在英语学习方面投入了不少时间和精力,但测评结果表明,他们的英语水平并没有获得相应的提升。通过对历次国家教育课程改革的回顾,作者梳理了韩国英语教育政策的发展历史,详细介绍了当前的英语教学政策。最新国家教育课程规定,从小学三年级开设英语课程,且注重学生英语交际能力的培养,从中学到高中一年级,英语被列为必修核心学科,2010年开始在全国范围内实施用英语教授英语计划。然而,基于对英语教学政策在中小学实施情况的两个案例分析发现,英语教学政策与教学实践之间存在一定的鸿沟,尽管一线教师努力按照这些政策开展教学活动,但实际的贯彻程度受到他们个人经历与教学信念的影响。最后,作者建议,基于教师能动性和语言政策是多方面互动的理念②,应邀请多方参与者,特别是"政策的实际执行

---

① R.B. Kaplan, R.B. Richard, Jr. and N. Kamwangamalu, "Why Educational Language Plans Sometimes Fail," *Current Issues in Language Planning*, Vol.12, No.2, 2011.

② K. Menken and O. García, eds. *Negotiating Language Policies in Schools: Educators as Policymakers*, New York: Routledge, 2010.

者"——教师和教师培训师——参与到英语教育政策的制定与实施过程中,从而有效提升英语教育质量。

"第十四章 斯里兰卡英语政策和规划:批判性概述"首先对语言政策、语言规划的基本概念和重要理论进行了概述。接着,该章回顾了自19世纪初英国殖民以来斯里兰卡英语政策的嬗变。概括地讲,斯里兰卡的英语政策主要受国外殖民主义和国内民族主义两大因素的影响。19世纪初期,英语取代本土语言成为斯里兰卡唯一的官方语言,是政府行政管理、教育教学、法律法规等领域的工作语言。1948年,斯里兰卡(时称"锡兰")正式宣布独立,但英语仍保持其官方语言的地位,直到1956年,被作为本地语言之一的僧伽罗语取代。但这一政策引发了泰米尔人等少数族群的大规模抗议,导致民族冲突不断。1987年,政府对语言政策重新修订,规定僧伽罗语与泰米尔语均为官方语言,英语为联系语言,一方面旨在促进不同民族之间的沟通交流,另一方面为了建立斯里兰卡与世界各国之间的联系。这章重点概述1978年以来斯里兰卡的英语教育政策和规划及其相关历史背景,探讨英语作为联系语言的作用及其在该国英语教学发展中的意义。通过对国家级别考试中的学生成绩、英语教师分配、残障英语学习者以及能用英语教学教师的分配等关键指标的分析发现,斯里兰卡英语教育政策和实施成效之间存在很大差距。因此,未来有必要对此类政策的贯彻执行情况进行重新评估。

"第十五章 东帝汶英语教育政策"介绍了东帝汶民主共和国由于曾遭葡萄牙和印度尼西亚殖民统治,东帝汶的语言生态和教育政策深受影响。东帝汶宪法规定,德顿语(Tetun)和葡萄牙语为官方语言,印尼语和英语为政府部门的工作语言。葡萄牙殖民统治时期,葡萄牙语是政府的官方语言和学校教学用语。印度尼西亚殖民统治时期,统治阶级废除葡萄牙语,开始推行印尼语。独立后,东帝汶政府在教育系统中取消印尼语,明确规定教育系统应使用德顿语和葡萄牙语。至于英语,在东帝汶的语言规划中是以学校课程而非教学语言的性质出现的。虽然官方没有给予英语足够的认可,但在民间,英语的受欢迎度甚至高于葡萄牙语。近年来,提供英语教学的私立学校和校外英语培训课程的数量不断增加,说明国民对英语学习的需求越来越大。作者预测,在不久的将来,随着国民对英语需求的不断增长,葡萄牙语的影响力可能会被削弱。目前,东帝汶面临的一大问题就是国民对英语学习需求日增,但国家政策层面对英语教学重视程度偏低。总之,东帝汶当前的语言教育政策仍然面临着诸多问题,政府也在努力探索适合本国国情的英语教育政策。

"第十六章 泰国英语教育政策:为何效果不佳?"主要聚焦以下几方面:泰国英语教育的发展历史、2008年的《基础教育核心课程》改革内容、英语政策及相关项目、英语教育现状评估以及英语教学政策在实施过程中面临的挑战和障碍。早在拉玛三世时期(1824—1851),西方传教士将英语带到泰国,从此开启了英语在泰国的序幕。虽然英语从未被赋予官方语言的地位,但它被视为泰国的首选外语,是泰国参与全球化经济发展的关键语言。泰国政府为了提升国民的英语水平,开展了一轮又一轮的英语教学改革,如1999年的《国家教育法案》和2008年的《基础教育核心课程》等。2008年颁布的《基础教育核心课程》将英语规定为核心外语,明确指出英语教学的目标就是提升学习者的交际能力,以应对全球化时代带来的挑战。除教学改革外,泰国政府还在全国范围内启动了一些提升英语水平的项目(如开办国际学校、开展高等教育国际合作项目等)来号召国民使用英语。尽管泰国政府在提升国民英语水平方面投入不少,但对学生和国民英语能力的测评结果表明,他们的英语水平并没有得到明显提升。接着,作者从教育、政策和社会角度分析了阻碍他们英语水平提升的因素以及面临的问题与挑战。最后,针对目前的问题与挑战,作者提出了切实可行的应对策略和解决方案。

"第十七章 英语标准化促进教育和社会经济发展——对越南英语政策改革的批判性分析"对越南教师的专业素质现状与现行英语政策在提升学生(特别是那些来自偏远省份少数民族语言背景的学生)的语言能力和教育水平、促进社会经济发展方面的作用进行了批判性分析,结果发现,当前的英语政策没有达到预期的效果,且面临着巨大的挑战,原因之一是涉及教师专业发展的现有政策在很大程度上是有争议的。此外,教师培训缺乏、教师英语水平不足以及英语教师短缺等一系列问题尚未得到有效解决。作者认为,越南的现行语言政策与国家旨在通过提升英语水平促进社会经济发展和教育进步的目标相反,可能在很大程度上会阻碍社会、教育和经济的发展,并影响少数民族学生的语言和文化生态。因此,作者强调,亟待全面了解教师专业发展现状、文化和语言的复杂性、语言教育以及语言政策制定和执行过程中的社会经济发展需求之间的相关联系。最后，作者建议在重视母语和多元语言的前提下，推行有效的语言政策改革，实现成功的学校教育。

三、简评

此书是目前较为全面、系统研究亚洲英语教育政策的学术论著。全书脉络清晰、理论扎实、分析深刻、覆盖面广，为读者深入了解和研究亚洲英语教育政策与规划及教育实践提供了重要信息。

首先，此书从区域国别视角对亚洲大部分国家和地区的语言政策与规划及英语教育政策进行了梳理、分析与评价，从历时和共时两个维度呈现了亚洲英语教育政策嬗变及其特征，有助于研究者或政策制定者深入了解各国英语教育政策的共性和个性，取长补短。其次，此书突破了语言政策与规划传统上的研究范式，在研究模式、研究方法及研究路径方面都有所改变。研究模式上，从原来的线性问题解决模式转向以后现代批判方法为主导的研究模式，开始关注语言政策与规划和社会公正、经济差距以及文化不平等之间的影响关系；研究方法上，从强调宏观层面的政策研究转向关注微观层面的实践研究，注重运用社会文化理论和民族志的研究方法从语言迁移、课堂教学、教师能动性、双语教育等微观层面分析和评估政策实施的情况及效果；研究路径上，从强调自上而下的研究路径转向侧重自下而上的研究路径，从现实存在的社会问题着手，推动现行语言政策改革。此外，该书还建议应在对社会、经济、政治、文化、教育与语言等环境和学习者需求综合了解的前提下，审视当前英语教育政策，发现问题与不足，预测未来发展趋势，基于实证材料或事实依据，结合自身国情，有效推进英语教育改革。

当然，此书也存在一些不足之处。首先，书名虽为《亚洲英语教育政策》，但其收录的文章主要聚焦在东亚、南亚以及东南亚的英语教育政策研究，未涵盖中亚和西亚的相关研究，建议后续研究对这些地区的语言政策与规划给予一定的关注。其次，目前探讨的主题尚未涉及语言政策的法律基础、社会身份在政策制定中的作用以及反映社会变革的相关政策等,建议未来可以拓展研究范围,关注上述主题。

总的来说,此书为读者了解和研究亚洲英语教育政策的历史演变、现状及未来发展提供了扎实的理论基础、广阔的研究视角、深刻的见解与透彻的分析,对语言政策领域的学者、语言政策制定者和规划者、语言教育学家、语言教师,以及对其他洲的语言教育政策研究都有一定的参考价值。

《中东和北非的英语教育政策》述评

姜忠莉[*]

一、引言

《中东和北非的英语教育政策》(*English Language Education Policy in the Middle East and North Africa*)一书由科威特学者罗伯特·柯克帕特里克(Robert Kirkpatrick)主编,这是集众多语言政策领域的学者和其他对该主题感兴趣的学者的研究成果而推出的新作,由施普林格国际出版公司出版。此书是以语言政策或语言教育政策的实证研究为主题系列出版物的第13卷,是继2016年罗伯特·柯克帕特里克主编的《亚洲英语教育政策》后的又一力作。与《亚洲英语教育政策》一样,这本新书中的章节或基于当代的理论框架,或从历史研究观点出发,探究所在国家的语言政策问题,思考各国为实现教育和经济目标对英语持有大相径庭态度背后的原因。该书主要关注以下几个方面:该地区英语使用量的增加对文化认同和其他语言的影响、现行的英语教育政策、国家课程、教学和评估、对今后发展的建议等。除序言外,全书共十六章。下面先概述各章主旨并介绍主要内容,最后对全书做简要评价。

---

[*] 姜忠莉,上海政法学院语言文化学院(国际交流学院)。

二、内容简介

"第一章 简介：中东和北非的英语教育政策"由本书编辑罗伯特·柯克帕特里克和沙特阿拉伯学者奥斯曼·Z.巴纳维(Osman Z. Barnawi)共同完成，是基于此书各章内容对该区域各国语言规划与英语教育政策、现状做的综合性分析和总述。

此章着眼于部分研究观点和国家语言政策的问题，分析了为实现教育和经济目标对英语能力的需求，以及该地区英语使用量的增加对文化认同和其他语言的影响。虽然英语对政治、社会、经济发展产生了重要影响，促进了整个中东和北非地区的英语学习，但这也导致其他外语(如法语)的重要性降低，因为人们相信英语作为国际语言的价值。保守派政党有些抵制，他们担心英语教育会侵蚀传统文化。此外，各国用于英语学习的资源分配不均，部分原因是各国经济状况不平等和总的教育现状的差异。

两位学者认为，此书的章节显示了英语教育政策和成果的多样性，并提供了目前对在整个区域执行语言政策所固有的紧张局势的看法。政治、文化和教育的混合体正在吸引着学者，即使是外行也会发现很多值得研究的地方。

"第二章 巴林的英语教育政策——K-12和高等教育语言政策回顾"的两位作者分别是法国独立研究员阿米尔·阿布-艾尔-凯尔(Amir Abou-El-Keir)和加拿大学者保罗·麦克劳德(Paul MacLeod)。

巴林王国是一个君主立宪制国家，其悠久历史可追溯到5 000多年前。它是海湾地区的岛国。它也是所有海湾合作委员会国家中规模最小、人口最少的国家。由于巴林与英国的长期政治和贸易关系(在新的全球化经济中仍在继续)，英语在巴林经济发展中发挥了很大作用。因此，英语教育是巴林教育体系的重要组成部分。

此章考察了巴林英语教育的历史、目前的发展以及巴林英语教育政策的前景。第一节介绍了受历史、政治因素影响，巴林政府清楚地认识到，让学生学习英语对其经济和未来成功极为有利。英语在巴林K-12系统被广泛使用，所有学生都必须学习英语。学生从六七岁进入小学第一年开始上英语课,一直到中学。在巴林的许多大学和其他高等院校,阿拉伯语是官方语言,但许多技术和医学院校都以英语为教学语言。

第二节详细分析了巴林 K‐12 的四个发展阶段、其政策选择的局限性及优势。

第三节讨论了巴林高等教育体系和政策的发展。在经历了两波高等教育发展的浪潮之后,巴林教育部决定采纳认证政策,以满足该国经济发展的需要,为此许多私立和国际学校引进了西方的教育方式。总的来说,巴林的认证政策是一项积极政策,旨在促进该国的经济发展。然而,它有局限性。

第四节讨论了巴林英语教育政策中的四个争议性问题。

第五节是对巴林未来英语教育政策的展望,认为尽管很难预测巴林的教育改革和英语教育政策将走向何方,但巴林的高等教育前景在若干层面上是光明的,然而并非没有挑战。

最后,该章就如何解决巴林面临的一些语言和政策挑战提出了六点建议,认为当前是巴林教育史上的一个关键时期。总的来说,巴林的许多英语教育政策正显示出在 K‐12 和高等教育部门成功的迹象。

"第三章 埃及大学预科阶段英语教育政策:过去、现在和未来的方向"作者是埃及学者穆罕默德·M. M. 阿卜杜勒·拉蒂夫(Muhammad M. M. Abdel Latif)。

19 世纪 60 年代以来埃及学校一直在教授英语。英语是目前埃及使用的主要外语。150 年来,英语在埃及学校的地位已经从选修科目转变为必修科目,目前被作为 1—12 年级学生的核心科目。在埃及,英语不仅被用作通用语言,还在埃及互联网用户之间的在线交流中被广泛使用。

此章重点介绍埃及大学预科阶段的英语教育政策。

首先,此章概述了埃及学校英语教育的历史地位。埃及的英语教育可追溯至 19 世纪上半叶。英语作为学校外语教学的地位一直受到埃及政治和社会变化的影响。埃及政府教育政策的变化,导致英语教育质量受到这些政策的负面影响。出现的情况是,缺乏为学龄前儿童提供的英语教育。直到 20 世纪 90 年代初,向小学生教授英语一直被忽视。英语只在埃及大学预科阶段作为外语教授。

其次,此章从四个方面回顾了埃及过去几十年的英语教育政策改革,并进一步讨论了在埃及大学预科阶段,造成英语教育中未能有效执行这些标准的主要因素。

最后,此章对未来埃及的英语教育政策做出展望,认为埃及公立学校越来越重视英语教育。埃及教育部采取的一些改革政策,特别是建立实验学校和向小学生教授英语可能是对改善埃及英语教育做出重大贡献的主要改革政策之一。虽然这两项改革有助于缩小公立和私立学校学生在英语学习方面的差距,但也有缺点,文中对此提出了几点建议。

"第四章 伊朗英语教育:从矛盾的政策到自相矛盾的做法"作者是伊朗学者费尔道斯·阿加戈尔扎德(Ferdows Aghagolzadeh)和侯赛因·达瓦里(Hossein Davari)。

首先,此章描述伊朗教育系统所处的社会政治、文化和意识形态背景,并介绍了该研究所采用的理论框架。近几十年来,伊朗受到西方的地缘政治和文化影响,在包括教育在内的不同领域奉行反帝国主义的意识形态。英语被视为帝国主义的象征,有时被视为"敌人"的语言。伊朗有关语言教育政策的决定主要是由中央当局做出的。当今语言政策研究领域存在不同的分类和研究焦点。有一种观点认为,虽然语言教育政策有时通过课程或任务声明等正式文件明确说明,但在许多情况下,这些政策不是明确说明的,而是通过检查各种事实上的做法而含蓄地得出的。因此,语言教育政策需要通过研究一些要素,包括教科书、教学实践、考试制度等,从实际语言实践中辨别出来。此章作者基于这一理论框架,研究并分析了伊朗英语教育政策的本质,认为任何语言教育政策不能单独存在,必定与政治、文化、社会和经济层面有着相当密切的联系。

其次,此章着重分析伊朗英语教育在1979年革命之前和之后两个不同阶段的变化。研究表明,在1979年革命前,即在巴拉维王朝(1925—1979年)期间,英语教育受到更多关注。1979年革命后伊朗的英语教育经历了许多起起落落,这些变化与政治动机和倾向,即与权力结构的变化有关。作者采用对语言政策和规划的批判性观点,尝试分析直接或间接涉及英语教育的现有文件,并尝试通过分析这些文件确定伊朗国家语言政策的方向。研究发现,在外语政策方面,尽管全球化的不可抗拒的压力以及英语作为世界通用语言的地位所带来的要求，近年来已引起人们对英语的日益重视，但该国决策者表现出更保守的立场，主要原因是1979年革命后语言问题政治化，以及担心英语对波斯语和当地文化构成威胁，从而使当局似乎陷入了两难境地。

最后，此章对伊朗英语教育的未来发展趋势做出预测，认为未来的情景将是英语全球化和本土化之间不可避免的竞争，而且两者的关系会日趋紧张。

"第五章　以色列的英语教育政策"作者是以色列学者莱尔·G.奥（Lair G. Or）和埃拉娜·肖哈密（Elana Shohamy）。

此章讨论了英语在以色列教育和社会中的作用，以及它面临的挑战。作者认为，以色列的英语教育政策是由该国历史上语言的社会含义所决定的。由于以色列社会的种族、语言等多样性，英语似乎在多种社会环境中占据主导地位。

此章的第一节和第二节从一个简短的历史描述开始，分析了以色列复杂的语言状况是如何演变的。接下来，此章依据历史发展脉络，重点讨论了以色列社会和教育中英语能力存在显著差异的几个因素。此章最后指出，尽管英语在以色列具有广泛的社会意义、用途和表现形式，但并非所有以色列社会成员都能获得相同的学习英语和接触英语的机会，造成差异的原因是复杂多样的。作者建议以色列的语言教育部门应建立一些机制来识别学生的语言能力。

"第六章　科威特英语教育政策"作者是科威特学者玛尔塔·玛丽亚·特里兹纳（Marta Maria Tryzna）和侯赛因·艾·沙罗菲（Hussain Ai Sharoufi）。

作者从历史和当代的角度描述了科威特英语教育政策的主要方面，包括英语在该国的地位，以及国家资助的学校系统中英语教育的主要特点，并就制定有效的语言政策提出建议，目的是克服科威特目前英语教学的僵局。

首先，此章介绍了科威特的概况，包括地理位置、人口构成、官方语言、经济支柱，强调教育支出以及英语在该国的历史和今天的地位。

其次，此章介绍了教育制度，特别是公立学校系统以及教育部英语教学总监督部在将英语作为公立学校系统小学、中学的第二语言标准和学习成果方面的作用。教育部英语教学总监督部于2002年通过了新的现代化英语课程，并逐步在三个教育层次上实施。

再次，此章介绍了英语教师教育培训的现状。教育部负责为教师和教育部其他雇员提供培训机会,以提高他们在各自专业领域的技能。该研究发现公立学校系统"以英语为第二语言"教师准备不足,教学方法过时且普遍缺乏专业精神。因此,国家"以英语为第二语言"教师专业培训系统需要进行彻底改革。该研究还分析了高等教育机构的作用,包括公立、私立学院和仿照美国式高等教育机构的私立大学。

最后,此章指出英语教育政策的缺点,并提出建议。作者认为在海湾合作委员会采取统一解决方案,将为科威特教育当局提供可行的办法,能够克服科威特学生目前面临的语言问题。还有人建议,阿拉伯联合酋长国实行的语言二元论可以为坚实的语言政策提供可行的办法。因此,教师培训应以现代语言方法和技术的使用为基础,这与制定适合科威特和海湾合作委员会国家的文化契合性是齐头并进的。

结论部分,作者认为在科威特英语作为第二语言的现实问题是英语教育政策似乎设计得当,但其执行依然令人不满意。

"第七章 利比亚英语教学"作者是利比亚学者阿贝德·阿洛莱比(Abed Aloreibi)和澳大利亚学者迈克尔·D.凯里(Michael D. Carey)。

作者讨论了利比亚的政治、文化和社会背景对该国当前英语教育质量的影响,还讨论了政府采用交际语言教学法的意图,以及英语教育是如何由教师承担并由利比亚政府管理的。此次讨论是基于最近在班加西大学阿格达比亚校区进行的一项案例研究。

首先,此章介绍了利比亚的历史、政治背景和整个社会呈现的部落性质背景。自20世纪70年代以来,利比亚曾多次尝试改革英语教育,然而,早期的尝试是基于引入语法课程,这些课程是由非英语母语人士设计的,其中很少有利比亚人。在20世纪90年代重新引入英语之后,新的英语教学大纲以交际语言教学为基础,但交际语言教学并不是利比亚英语教学的灵丹妙药。

其次,此章介绍了老师的收入与地位。作者认为与其他职业或私立教学部门相比,利比亚教师的平均收入,特别是公立部门教师的收入是微薄的。教师的低工资影响他们在课堂上的表现,并导致他们对这个职业感到不满。社会普遍认为教学是女性职业。

作者用了三节内容分析说明利比亚的英语标准、课程改革以及采用的教学方法。新的英语课程于 2000 年推出，主要基于利比亚中小学采用的交际语言教学原则，以取代以前主要教授语法和阅读的课程。然而，利比亚英语教师未能帮助他们的英语学生实现新课程的目标。他们使用语法翻译方法和保持以教师为中心的教学风格，这与新课程的交际语言教学原则及其实现目标的方式相悖。

作者又用了两节内容介绍利比亚教师教育认证程序和教育政策的制定，说明利比亚政府关于大学、项目和课程认证程序的政策尚存在不确定性，是目前英语教师培训质量处于危机状态的原因。

最后，此章提出几点建议：为了提高利比亚目前英语教育的质量，需要修订总体教育政策；持续举办教师专业发展课程；采用交际语言教学需要各方的认真参与，在教育部组织下，由擅长实施交际语言教学的利比亚人执行。

"第八章　摩洛哥的英语教育政策与实践"作者是美国学者穆罕默德·埃里哈尼（Mohammed Errihani）。

作者讨论了引发广泛辩论的摩洛哥语言教育政策，即哪种语言最适合发挥摩洛哥第一外语和教育语言的作用。许多人把目前的教育危机归咎于阿拉伯化政策，但该政策未能改变法语成为高等教育中的科技语言媒介。作者还介绍了 1999 年《国家教育宪章》和 2009 年《紧急方案》，试图说明摩洛哥政府通过这两项改革计划，对整个教育系统进行若干改革及其实施效果。尽管英语正获得新的角色和地位，但政府将采取哪些措施来保证这一新事业的成功，还有待观察。

本章第一节介绍摩洛哥人除讲母语及另外的主流官方语言外至少会讲一门外语的原因：其在近代史上多次与外国语言文化相遇，并且在地缘上靠近欧洲。

第二节分别介绍了目前摩洛哥主要使用的四种语言的状况和地位：阿拉伯语被称为官方语言；法语尽管仍在广泛使用，但被视为殖民主义的遗产；2011 年柏柏尔语（Berber）成为第二官方语言；英语作为一门外语最近稳步发展。

第三节说明阿拉伯化政策是过去 20 年中摩洛哥教育系统衰落的主要原因。

第四节和第五节介绍英语教学的两次重大教育改革及效果：（1）1999 年颁布的《国家教育宪章》在反复强调加强阿拉伯语教学的重要性的同时，指出摩洛哥打算在小学引进两种外语，但由于没有提及任何外文名称，人们只能假设它们是法语和英语。（2）被称为应急计划的 2009—2012 年纳贾赫计划（Najah Program），尽管资金有所增加，教育状况并没有取得实质性进展。

第六节和第七节，先从历史和政治的角度对英语和法语的影响做了比较，说明与法语作为既定的教育语言相比，英语的作用、地位及面临的困境，然后逐一介绍了摩洛哥规划和推进英语教学的七个主要参与者及各自发挥的作用。

此章最后部分认为摩洛哥教育政策历来含糊矛盾，教育系统需要彻底改革，建议解决教育危机的出路在于决定高等教育中用于科技教学的外语和语言媒介问题。尽管所有迹象都表明语言媒介向英语转变，国家将如何展开这个项目仍需拭目以待。

"第九章　阿曼英语教育政策"作者是阿曼学者哈里德·萨里姆·阿尔-贾达尼（Khalid Salim Al-Jardani）。

此章从多个侧面介绍了阿曼的英语教育政策和实践。

第一，此章从政府、社会的角度描述阿曼的英语重要地位和教育现状，关注的是小学教育和高等教育两个级别的英语教学。

第二，此章介绍了阿曼英语教学的模式和课程开发。英语在阿曼的公立学校作为第二语言/外语科目教授，学生从一年级开始学习，在十二年的基础教育阶段一直持续。每所学校有一个学习资源中心。英语教师包括阿曼人和非阿曼人。教育部负责英语课程的开发，由最初采用商业出版物作教材，到迄今开发了五门内部课程。

第三，此章讨论了阿曼公立学校只使用一本教科书的问题，理由是教育部希望确保所有学习者获得平等的学习投入和机会，然后参加同一考试。这是一个有争议的问题。

第四，此章强调了与教师培训有关的方面。这包括为在职教师提供的若干方案，作为满足教师不同教育阶段的培训需求：第1周期、第2周期和基础教育后期（Post-Basic Education）。

第五，此章介绍了该国教育部门为改革英语教育，通过寻求新的或修订的课程实施改革。课程评估部负责制定和评估课程。评估方式涵盖文件、实地说明分析和使用其他工具，包括观察、访谈和问卷。课程评估部基本上对每个科目每年进行一次评估。

第六，此章谈到了最近开展的一些研究，这些研究旨在探索学校毕业生英语水平低的原因。作者希望研究结果可以帮助决策者为阿曼英语教育的发展做出更好的抉择。

"第十章 巴勒斯坦英语教学情况"作者是卡塔尔学者罗伯特·比安基（Robert Bianchi）和巴勒斯坦学者安瓦尔·侯赛因-阿卜杜勒·拉齐奎（Anwar Hussein-Abdel Razeq）。

此章简要概述了巴勒斯坦的语言历史，说明英语在巴勒斯坦社会和教育中的现状。

首先，此章介绍了虽然当地的大多数人传统上主要使用口语阿拉伯语，但在教育领域一直活跃着如古典阿拉伯语、土耳其语、法语等语言。随着历史的发展，英语和希伯来语先后进入了该地区，直至今日，英语逐渐发展成为巴勒斯坦政治、经济和文化领域的重要语言。

其次，此章列举了最近的几项研究，突出了教育系统内外阻碍巴勒斯坦英语教学的挑战，说明尽管人们与当局普遍认识到英语的重要性，教育系统内外仍面临重重阻碍，并指出该地区英语教学仍需加强。有研究发现，动荡的局势、公立学校英语教学普遍缺乏教材和资源、教师水平参差不齐等对教学质量造成了负面影响。另有研究显示，教师和研究人员对教育部规定学生从一年级开始学习英语的新政策提出疑问。作者指出，正是这些原因使大多数巴勒斯坦学生英语不够熟练，他们无法在要求大量英语阅读的大学中取得成功。

最后，此章指出尽管巴勒斯坦现行的英语教学和教育政策面临巨大的挑战，但局面正在不断改善，并指明教师发展是这一进程中的关键因素。

"第十一章 卡塔尔 K-12 和高等教育的英语教育政策：快速发展、彻底改革、向新的前进道路过渡"作者是加拿大学者保罗·麦克劳德（Paul MacLeod）和法国独立研究员阿米尔·阿布-艾尔-凯尔（Amir Abou-El-Kheir）。

首先，此章介绍了尽管卡塔尔的正规教育制度直到20世纪中叶才出现，但其教育改革计划却以前所未有的规模和速度发展：从独立初期的几所学校、没有独立的大学，到成为拥有一个全面的 K-12 系统、3 所技术学院和 15 所大学的国家。

其次，此章介绍了 K-12 系统处于变化状态，其发展主要经历了两个阶段：早期发展阶段和1995年至今雄心勃勃的改革与再改革阶段。兰德公司提出的教育改革倡议"新时代的教育"（Education for a New Era）被当作失败的举措。

这不是因为语言政策本身,而是因为将英语作为学校教学媒介语、未能雇用或培训足够精通英语的教师,以及未能提高考试成绩。

再次,此章从历史、经济、制度和政策多个方面分析了卡塔尔高等教育体系的发展。卡塔尔独立后不久准备开设第一所高等教育机构——教育学院,并开设男女独立的校区。石油经济的发展为国家积累了大量的财富,使得政府有能力投入巨资发展与国际机构的关系,或在本国设立大学分校。在卡塔尔几乎所有高等教育机构中,英语作为通用语言和教学语言占主导地位。高等教育体系的国际化为卡塔尔国民提供了许多优势,特别是给卡塔尔妇女提供了在本土向外国顶尖大学教授学习的机会。但是教育国际化的一个消极方面是,它可能导致文化的侵蚀以及身份和语言的丧失,有人说这似乎是英语和阿拉伯语之间的二元对立。

最后,此章总结了卡塔尔教育改革所带来的正面与负面影响,同时表达了对改革的肯定。作者对卡塔尔英语教育的未来发展趋势做出预测,认为卡塔尔政府不断努力改善学校系统,集中力量进行教师教育改革是一个谨慎但正确的做法。

"第十二章 沙特阿拉伯英语教育政策:趋势、问题和挑战"作者是沙特阿拉伯学者奥斯曼·Z.巴纳维(Osman Z. Barnawi)和沙杰德乌拉·阿尔-豪萨维(Sajjadullah Al-Hawsawi)。

第一,此章批判性地探讨了当前沙特阿拉伯(简称"沙特")英语教育政策和实践中面临的问题和挑战。作者表明,虽然目前沙特采用的语言教育政策主要是由教育国际化和商业化的力量推动的,但必须根据当地知识条件和紧迫性制订一项战略计划。否则,这些政策变化不仅会危及阿拉伯古典和民族文化特性,而且会危及沙特的国家利益。

第二,此章介绍了沙特英语教学在公共教育系统即小学、中学和高等教育系统的政策方针。研究显示在中小学阶段,沙特将英语作为外语的主要理由要么模棱两可,要么政策不明确。在高等教育中关于英语教学的政策,一方面在希望保留阿拉伯语和全球化的压力之间左右为难,另一方面在争取更多地接触国际交流、科学信息、贸易、政治、商业等方面的愿望之间左右为难。总的来说,沙特政府希望在不同教育水平上教授英语的最初理由含糊不清,然后它急剧转向获得科学知识,确保知识和经济为国家发展服务。英语教育已成为全国公共和高等教育政策的核心业务。

第三,此章介绍了沙特语境中的英语作为外语教学与学习的概况和面临的挑战。有研究显示,传统语言教学现象在公立学校的英语课堂中仍然很普遍,即教师主要通过音频和语法翻译的形式教学。尽管政府在英语教学中投入了大量的资源,多项研究发现,即使经过多年学习,学生的英语成绩进步缓慢。这表明在沙特语境中,学生的英语能力总体状况不容乐观。高等教育方面,在全国开办的所有技术学院,目前正在采用国际课程,向国际合作的政策/实践迈进,英语在其大多数方案中被视为教学媒介语。然而,高等教育的这种迅速国际化局面引起了与国家文化特性有关的几个重要问题。沙特当前面临的问题和挑战来自三个方面:教育政策文件的结构和内容缺乏一致性导致各地英语课程、政策和做法不断变化;缺乏一个评估学生各阶段英语学习的框架;政府内部自由派和保守派对于英语教育政策的不同意见。

第四,此章指出,沙特的英语教育政策和实践需要进行认知转变,并找出当前公共和高等教育中英语政策和做法的交集,即"教育的国际化和民族文化认同"。只有这样,英语教育政策才能提升大众的英语素养,满足宗教需求以及实现国家日益增长的经济和社会需求。

"第十三章 教育中断:出自瓦砾中的叙利亚英语教育政策——叙利亚语言教育政策"作者是土耳其独立研究员拉比亚·霍斯(Rabia Hos)和哈利尔·易卜拉欣·齐纳尔巴斯(Halil Ibrahim Cinarbas)。此章概述了叙利亚总的社会、政治和族裔背景,以及所采取的英语教育政策的历史与现状。

首先,此章介绍叙利亚所处的关键地理位置、来自不同种族背景的民众及其使用的不同语言,说明自叙利亚独立以来,一直饱受政变所带来的社会动荡的影响。在这种背景下,本由独立所带来的教育状况的改善,也因持续的内战局势受到了重创。可以说,解决当前国家冲突是重建其教育的前提。

其次,此章着重讨论英语教育政策及其对社会、经济和政治的影响。叙利亚的教育在其历史的各个阶段由于受外部影响,表现出明显的多变性。它由一开始作为外国操纵其内政和教育的工具,演变为提升人民对独立的认识和建立民主的力量。自2002年叙利亚教育改革后,外语教育政策被修改为英语取代法语成为语言政策的核心,并且从一年级开始教授。虽然英语还没有获得官方语言的地位,但它为普通人所带来的工具性价值已经超过了其他外语。

最后,此章又从历史、政治和社会的角度简略回顾了叙利亚语言教育政策的历史,并从加强教师素养、加大对教育的资金与资源投入等方面提出建议。

"第十四章 土耳其英语教育政策"作者是土耳其学者亚塞明·柯克戈兹(Yasemin Kirkgoz)。

作者从全球角度出发,参照土耳其正在进行的重大教育改革,探讨了该国的外语教育政策和规划。该研究采用卡普兰(Kaplan)和巴尔德奥夫(Baldauf)在1997年、2003年制定的"六点教育语言规划框架"(six-point language-in-education planning framework),研究数据来源于实证研究、教育政策和相关官方文件。

首先,此章介绍了"六点教育语言规划框架"具体关注的是哪六个方面的问题。其侧重于介绍在土耳其的地缘政治背景下,英语与其他外语教育政策和规划的发展历程,土耳其在教育系统中引入英语的动机,以及相关实施者设定的语言和非语言目标。为了应对全球化和提高全球竞争力,土耳其重视教育改革,使该国能够迅速适应世界发展。

其次,此章着重分析了土耳其三次英语课程改革。其中1997年进行的第一次英语课程改革提高了教师教学质量,增加了中小学的英语方法课程和教学实践时间。2005年的第二次英语课程改革主要侧重中小学英语课程中教师教学方式的创新。2013年的第三次英语课程改革则体现在降低英语教学年龄和改变教育模式,由此增加了英语教学时间,更新了英语教科书。

再次,此章分析了土耳其政府为应对全球化所做的努力,并以一所大学为例说明高等教育机构如何在微观层面应对全球化的影响。

最后,此章认为,为了顺应更广泛的国际化教育发展,土耳其实行外语教育改革是必要的。尽管政策与实践之间存在脱节,但土耳其的各级组织机构及教师、其他教育工作者在实施这些改革的过程中发挥了重要作用。

"第十五章 突尼斯的英语教育政策、革命后突尼斯的语言政策问题"作者是阿拉伯联合酋长国学者萨米拉·布卡迪(Samira Boukadi)和英国学者萨拉赫·特罗蒂(Salah Troudi)。

此章介绍了自1994年以来，突尼斯在教育领域经历的关于语言政策和制度的各种变化，探讨了英语教育在学校和社会发展中面临的问题。

首先，此章介绍近些年随着全球化的发展，在本土加强英语教学的呼声越来越高，长期以来一直被视为外语的英语在学校逐渐超越阿拉伯语和法语。同时，强调政府在实施新的语言政策和规划之前，必须做研究，考虑民族语言和文化需求，在阿拉伯语、法语和英语之间应保持平衡。

其次，此章从历史、社会、文化、经济、政治和教育方面讨论了突尼斯目前的语言状况。历史的原因以及受殖民时期的影响，如今突尼斯人除了使用作为母语和官方语言的阿拉伯语，也会说法语和英语，有些人还会讲德语、西班牙语和意大利语等语言。1988年，突尼斯相关语言政策突出了阿拉伯语的民族性，从而出现了阿拉伯语和法语持续多年的竞争。受历史和文化影响，法语作为第二外语，而英语是第一外语。近年来，突尼斯不同部门对英语的需求不断增加。今天，英语是突尼斯所有学生的必修课。然而，有学者指出英语的普及也是造成世界各地母语悲剧性流失的众多因素之一。

最后，此章对政府在不同政治和文化部门积极制定新语言政策表达了肯定，同时认为政府仍需更多地将英语学习的实际要求纳入政治议程，并加强英语教育变革与研究。

"第十六章　民族自豪感与新学校模式：阿拉伯联合酋长国阿布扎比英语语言教育"作者是阿拉伯联合酋长国学者菲奥纳·S.贝克（Fiona S. Baker）。

此章介绍了阿拉伯联合酋长国（简称"阿联酋"）的英语语言历史，以及有关英语教学和双语教学（阿拉伯语和英语）政策的地位与现状。其中，迪拜酋长国和阿联酋北部培养双语国民的未来学校（Future Schools）被简略提及，重点介绍了阿布扎比酋长国及其新学校模式。

首先，此章讨论推动阿联酋语言政策和阿布扎比酋长国实施新学校模式决策的影响因素，主要体现在其加速融入全球化的愿景和对外派劳动人口的依赖。然而由于历史问题、标准阿拉伯语的复杂度和缺乏政府明确与彻底的语言政策，英语教育在阿联酋起步迟缓。直到2000年，阿联酋教育和青年部发布了一份有关全面改革教育的文件，英语在学校中的地位才逐渐在阿联酋政府的政策中得以明确。

其次，此章分析了个人与机构在双语教育改革中发挥的作用。为了实现2030年的经济愿景，阿布扎比教育委员会于2005年开始为期10年的战略教育改革，比如，建立私立公立学校伙伴关系作为新学校模式课程的基础、引进英语教育工作者、推出和引入新的评估学生的框架等。在政策的扶持下，阿布扎比的公立学校英语水平迅速提高。但英语导致的语言障碍有时在理解课程和教学方面造成了不可忽视的问题。

最后，此章着眼于双语教育的关键问题——对阿拉伯语丧失的担忧进行了简要分析。作者认为，在实施新学校模式课程的过程中，应仔细监控和评估其带来的各方面影响，并且进行持续的研究。

三、简评

这本书提供了研究中东和北非英语教育政策的独特视角，对这些地区的语言教育政策与实践进行了较为全面的描述和分析，为平衡政策实施中不同利益相关者的需求提出了宝贵的见解。

此书各章由不同学者基于实证研究撰写，先对中东和北非一些国家的英语教育政策进行总体描述，然后详细介绍当地英语教育政策在各级教育体系、教学课程、教师培训等方面的实际应用情况。书中各章分析了中东和北非一些国家加强或削弱英语教育的政治、经济、社会、文化和技术等因素，对当地英语教育政策现状和发展趋势进行了评估，指出其优势和不足，并提出建议。

此书是语言政策领域的一部综合性学术著作，可为语言研究人员、政策制定者、教师等提供有效参考，同时有助于吸引更多学者从事相关研究，推进前沿课题的发展。

《语言政策与教育中的政治因素》(第三版)述评[①]

陈 冲[*]

一、引言

《语言政策与教育中的政治因素》(第三版)(*Language Policy and Political Issues in Education*, Third Edition)由特蕾莎·麦卡蒂(Teresa McCarty)教授和斯蒂芬·梅(Stephen May)教授主编,于2017年由施普林格(Springer)出版。该书是《语言与教育百科全书》系列丛书中的一本,其对全球化时代的语言教学至关重要。

二、内容简介

第一部分:社会、历史与背景

第一章是伯纳德·斯博斯基撰写的题为《教育语言政策:实践、意识形态与

[①] 本文系上海政法学院2021年校级科研项目"思政课程背景下的多模态《大学英语》教学探索——以上海政法学院为例"研究成果。

[*] 陈冲,上海政法学院语言文化学院(国际交流学院)。

管理》的论文。这一章涉及两个新发展的领域：教育语言学和语言管理。此章开辟了相关学科来探讨教育中的语言政策：社会语言学研究语言使用模式的理论和技术；心理语言学研究一般的学习条件，特别是语言学习；教育语言学研究语言教学的理论和实践。语言教育领域是语言管理的一个典型例子，因为它旨在优化学生的语言实践。同时，语言管理是语言学与教育相关的一个分支领域。

第二章是詹姆森·托勒弗森撰写的题为《教育语言规划》的论文。教育语言规划是指在学校中影响语言的结构、功能和习得的一系列决定。教育语言规划的发展主要分为两个时期：一是对语言规划在"现代化"和"发展"中的作用的关注，二是对权力和意识形态的批判性分析。该章强调了教育语言规划领域的先驱为语言维护和转换、双语教育以及一系列相关主题的工作奠定了基础。随后的发展将注意力转向了语言和意识形态、"标准"和"非标准"变体之间的紧张关系、全球化和英语的传播、语言的保持/振兴以及双语教育。

第三章是斯蒂芬·梅撰写的题为《语言教育、多元化和公民权》的论文。此章分别从多元的困境、民族国家组织和语言的作用、个人和集体权利、多元主义的反对者和支持者、问题困难和未来的发展方向等方面进行介绍。此章还探讨了现代民族国家中少数民族语言权利的问题。在这个多样化的时代，民族国家的辩证法变得更加突出。

第四章是克里斯蒂娜·希金斯和巴尔·克里希纳·夏尔马撰写的题为《语言教育与全球化》的论文。此章分别从语言教育的空间重构、流动的社会语言学与新语言汇编、语言教育中的新自由主义等方面进行介绍。此章考察了由于流动性、跨国主义和新自由主义程度的增加，现代社会如何鼓励新的语言教育方法。随着许多社会现象变得非传统化，语言、文化和地方之间的关系变得更加复杂。此外，当地语言教育者和学习者表达了对地方的强烈依恋，认为地方是面对全球化的自我保护和地方认识论的一种手段。

第五章是布伦丹·H.奥康纳和诺玛·冈萨雷斯撰写的题为《语言教育与文化》的论文。本章回顾了语言教育和文化思想的早期、主要和最近发展情况，并确定了未来研究和实践的方向。过去，语言教育往往以原住民和移民为对象，作为消除被认为"不受欢迎"的文化习俗和削弱文化或族裔特征的纽带的一种方式。以同化主义政治议程为前提的语言教育方法导致了少数群体中广泛的语言和文化缺失。这项研究还探讨了受自上而下的限制性语言政策影响的学校和少数民族语言社区如何开展文化上可持续的语言教育。

第六章是阿德里安·布莱克利奇和安吉拉·克里斯撰写的题为《语言教育与多语言主义》的论文。这章回顾了多语种学生语言教育的发展。多语言主义已经从将语言理解为独立的、有界限的实体，转向了一种将说话者而不是代码置于中心的交际观点。他们总结了四种语言教育类型：外语教育、第二语言教育、双语教育和多语/异语教育。

第七章是本尼迪克特·罗利特和布莱恩·W.金撰写的题为《语言教育、性别与性取向》的论文。这一章中概述了过去几十年来有关语言教育和性别的理论和研究。在这些研究中，性别差异在某些情况下解释了教师更多地关注男性学生，而男性学生主导了课堂讨论，边缘化和压制了女性学生。在后面的章节中，我们将重点关注与全球经济和语言教育相关的内容，特别是社会阶层、性别和性取向的交叉点。

第八章是詹姆斯·柯林斯和本·兰普顿撰写的题为《语言、课堂与教育》的论文。这章将阶级视为不平等的基本来源和标志。语言的使用是社会不平等和由此产生的偏见的一个高度敏感的指数。在这章中，作者研究了发达国家和发展中国家的阶级、种族和语言等级之间的相互作用，还讨论了教育的两面：语言多样性的环境和语言等级被合法化的制度。无论是寻求阶级解释还是种族/民族，语言和教育不平等的研究主要有两种方法：一种更多地指向社会存在，另一种更多地指向社会意识。

第九章是弗朗索瓦·格林撰写的题为《语言教育经济学》的论文。这章介绍了语言的经济学方法，重点是在第二语言/外语教育中的应用。这导致了对效率和公平的共同强调。在实践中，这些利益可能会根据社会经济地位、母语、居住地区、教育系统中的流动等进行不同的定义，语言教育经济学的大部分内容致力于估算个人在第二语言或外语技能方面的私人投资回报率。

第二部分：少数群体的权利和法律

第一章是托弗·斯库特纳布·坎加斯撰写的题为《教育中的语言人权》的论

文。在这章中，作者总结了支持语言人权作为关键人权的观点。在分析中，一个主要问题是，即使少数族裔被授予以自己的语言为主要教育媒介语创办私立学校的权利，正如我们所看到的，个别州没有法律强制执行的义务来资助任何相关项目。随着少数民族语言被构建成一种自愿的社区贫民区形式，国际移民管理人员持续的双语/多语化限制了他们个人融入国家社会的可能性，也限制了他们成功获得占主导地位的(国家)语言的可能性。

第二章是费尔南多·德瓦伦斯和艾尔比埃塔·库兹博斯卡撰写的题为《国际法和少数民族语言教育》的论文。虽然许多活动家、语言学家、教育家和其他人经常提到"语言权"或"以自己的语言接受教育的权利"，但国际上纯粹的法律观点并不直截了当。在国际法中适用受教育权尤其是不歧视的情况表明，正在进一步澄清这些权利对少数民族语言教育的影响和意义，而且需要一段时间才能更充分地了解国际法在这方面发挥的作用。

第三章是特蕾莎·麦卡蒂和瑟拉夫·科罗内尔·莫利纳撰写的题为《原住民语言教育规划和政策》的论文。对于原住民来说，语言的复兴、语言转变的逆转是语言规划和政策的关键目标。这章从描述世界各地原住民社区多语言使用的事实上的前殖民者的语言政策开始，讨论旨在根除原住民语言和生活方式的主要政策，这些政策最近才开始通过地方、国家和国际干预得到纠正。

第三部分：理论、教学和实践

第一章是阿拉斯泰尔·潘尼库克撰写的题为《批判英语语言学与教育》的论文。批判性应用语言学是一种将当地语言条件与更广泛的社会形态联系起来的语言使用和教育方法。这些领域在明确的批判性标签下运作，包括批判性话语分析、批判性识字、批判性教学法或批判性语言测试，以及在相关的批判原则上运作但没有相同标签的领域，如女权主义或反种主义教育学，包括围绕"批评"一词的含义进行的斗争、超越"批评"的工作的必要性，以及其对大多数世界的适用性问题。

第二章是希拉里·詹克斯、丽贝卡·罗杰斯、凯瑟琳·奥丹尼尔斯撰写的题为《课堂上的语言与力量》的论文。关注语言和权力教学的语言教学法通过"批判性读写能力"这一术语集中体现出来。本章追溯了语言学的发展,这些发展涉及识字教育中的知识、权力和身份认同问题。在讨论了影响批判性识字实践的分配制度之后,本章回顾了目前跨越地点、学科、背景和教育水平的学术研究。最后,在讨论语言和权力教学的未来方向时,本章讨论了公平和准入问题以及维持教师工作所需的强大的本地和全球网络。

第三章是多丽丝·S.瓦里纳撰写的题为《英语教学的政治性》的论文。此章所讨论的工作有助于英语教师批判性地理解与英语教学相关的过程、政策和实践的社会、政治、思想、历史和经济因素。语言意识形态和语言学习在许多语境中显著影响着英语教学的政策、实践、环境和结果。伴随英语教学计划的帝国主义倾向对第二语言的学习产生了不利影响,也抑制了旨在保持母语和读写能力的计划。最后,在这一章中,作者敦促英语教师、应用语言学家和教育研究人员继续提高我们对英语教学中复杂动态的集体知识和批判性理解,以便代表个人、家庭和社会进行宣传。

第四章是凯特·门肯和奥菲莉亚·加奇亚撰写的题为《教室和学校的语言政策》的论文。学校是实施语言政策的重要场所。20世纪80年代,语言教育政策在更广泛的语言政策领域获得认可后发展迅速。其强调个人在语言政策实施中的作用,跨越国家、机构和人际层面,并将教育工作者置于核心位置,界定他们在语言政策中是必不可少的,承认教育工作者处于语言政策过程的中心,因为他们被要求在课堂上解释和执行政策。

第五章是罗恩·达文和邦尼·诺顿撰写的题为《21世纪的语言、身份和投资》的论文。这章追溯了国际上对语言教育研究的投资情况,包括亚洲和欧洲的期刊特刊,并论述了该构想的起源以及最新发展,将投资定位于身份、资本和意识形态的交叉点。为了应对不断变化的环境,学习者和教师在日益数字化的世界中灵活地跨越时间和空间的限制。此章最后讨论了未来的投资研究方向,给出了身份、资本和意识形态的概念,以及这些研究如何影响语言教育政策。

第六章是特伦斯·G.威利撰写的题为《促进传承语、社区语言和美洲原住民语言发展的政策考虑》的论文。这一章主要介绍美国的传承语和社区语言政策。它详细介绍了菲什曼在20世纪60年代开创性研究这一课题的起源,并指出了随后的发展。此章指出,由于美国以英语为主导,并受到大量移民带来的外语影响，以及关注传承语、社区语言面临的挑战，这往往不利于对原住民语言政策的关注。

第四部分：语言政策中的关键问题

第一章是琳恩·辛顿撰写的题为《语言濒危与振兴》的论文。许多学者认为，到 21 世纪末，世界上一半或更多的语言都有灭绝的危险。语言濒危在很大程度上是政府通过压制性教育、法律和政策压制的结果。在美国和其他地方，少数族裔社区一直在努力恢复他们的语言，在许多情况下受到政府政策自由化的鼓励和帮助。学习濒危语言必须包括在日常生活中开始使用语言的方法，这反过来可能需要发展新的词汇。

第二章是伯纳黛特·奥洛克、琼·普乔拉尔和约翰·沃尔什撰写的题为《新使用者的语言教育》的论文。这一章考察了"新说话者"这一范畴在不同语境中的出现，以及关于这一现象的学术争论。它特别关注成为一种少数民族语言的新使用者所涉及的过程。"新说话者"指的是那些在家庭之外习得少数民族语言的人，他们通过教育系统或作为成人学习者，在语言复兴的背景下学习这门语言。在英语占主导地位的少数语言环境中，新使用者和传统使用者之间也有相似之处。

第三章是迪亚戈·帕瑞丝和洛伦娜·古铁雷斯撰写的题为《教育中的青年语言》的论文。在这一章中，追溯了关于青年语言和文化的研究轨迹，重点评价了 21 世纪初期的研究，以及青年语言和教育公平交叉领域的研究和实践的未来。综述采用了当代美国和全球的研究，记录了具体化和数字空间、嘻哈文化、移民、拉丁裔/非裔、原住民、黑人和交叉青年社区的青年语言和读写能力。最终，我们提供了一种评估和前进的方式，将青年机构、人口统计和社会变革结合在研究、身份认同和行动主义的交叉点上。

第四章是路易斯恩里克·洛佩兹撰写的题为《非殖民化和双语/跨文化教育》的论文。在几乎所有拉丁美洲政治独立 200 周年即将到来之际，由于原住民的复兴，人们对从西方知识中解放出来、对认识论和意识形态的问题日益关切。非殖民化的概念不能脱离原住民争取自决的斗争和要求重新定位他们所了解和感受的主流方式。因此,语言教育和教育本身不能忽视以现代化、发展和进步的名义对原住民所做出的否定、隐形、种族主义、歧视和一切社会不公。

第五章是肯德尔·A.金和林恩·莱特·福格撰写的题为《家庭语言政策》的论文。家庭语言政策通常被定义为在家庭内部和家庭成员之间使用语言的明确和公开的计划。家庭语言政策提供了一个框架,用于研究儿童看护人的互动、父母的语言意识形态,并最终研究儿童语言发展。这一章回顾了该领域的早期发展,包括双语儿童发展的第一批研究,然后描述了迄今为止对家庭语言政策的一些主要研究贡献,最后讨论了该领域面临的挑战和未来的发展方向。

第五部分:语言政策的区域视角

第一章是古斯·埃克斯特撰写的题为《新欧洲的语言政策与教育》的论文。在这一章中,新欧洲的语言群被描述为英语是通用语、民族或官方语言,地区少数民族语言和移民少数民族语言的层次递降。此章中提到促进语言学习和多语种的主要欧洲机构是设在布鲁塞尔的欧盟和设在斯特拉斯堡的欧洲委员会,并讨论了欧洲委员会的三项主要倡议:《欧洲区域或少数民族语言宪章》《欧洲语言共同参考框架》和欧洲语言组合。其讨论的问题和困难涉及多种语言和语言多样性有时会影响政策议程,欧洲议会通信和决议缺乏法律约束力,以及不愿意在国家政策层面推广欧盟委员会拟议的三种语言方案。

第二章是比尔·鲍灵和塔玛拉·博尔戈亚科娃撰写的题为《俄罗斯的语言政策与教育》的论文。这一章讨论了俄罗斯联邦非同寻常的政治、种族和语言多样性,并通过沙皇俄国、苏联、俄罗斯等不同历史时期的国家结构和法律,描绘了语言和教育政策的戏剧性变化。语言同化对苏联人民的大多数语言构成了真正的威胁,成为1991年苏联解体的原因之一。俄罗斯民族政策的根本变化,特别是关于以少数民族语言作为教学语言的教育,成为激烈辩论的主题。

第三章是莉娜·胡斯撰写的题为《语言教育政策以及斯堪的纳维亚半岛和芬兰最北部的原住民和少数民族语言》的论文。挪威、瑞典和芬兰这三个北欧国家在针对其最北部原住民和少数民族的语言政策方面有着非常相似的历史。今天,挪威、瑞典和芬兰的官方语言习得规划包括明确保护和促进原住民语言与少数民族语言,这些语言被视为这些国家民族遗产的一部分。

第四章是韦恩·E.赖特和托马斯·里肯托撰写的题为《美国的语言政策与教育》的论文。在这章的第一部分,简要描述了从美国建国初期到20世纪中期的语言政策和方法。1991年的《国家安全教育法》设立了一个项目,旨在培养更广泛、更合格的美国公民,让他们掌握确定的"关键需求"语言的外语技能。缺乏连贯(明确)的国家语言政策在一定程度上反映了关于教育的作用特别是语言在社会中的作用的更广泛的社会分歧。

第五章是唐娜·帕特里克撰写的题为《加拿大的语言政策与教育》的论文。加拿大是一个移民国家,有着丰富的语言和文化多样性,这反映在其原住民民族、法国和英国的后裔群体中,我们将看到,教育政策和实践不仅与1969年制定的官方语言政策密切相关,该政策使加拿大的法语和英语这两种前殖民者的语言合法化,但也涉及政府压制原住民语言的政策以及与官方语言培训和移民"传统"语言有关的政策。追溯这些政策在21世纪早期的发展轨迹,我们可以看到语言政治、政策和教育方面的各种发展,这些发展在地方、地区范围内都出现过,并在全国范围内形成了一个动态的语言景观。

第六章是卢尔德·莱昂撰写的题为《墨西哥原住民的语言政策与教育》的论文。这章概述了从殖民时期到现在,墨西哥的原住民语言政策和教育所经历的社会、制度、政治和意识形态过程。其审查了民族国家对墨西哥种族和语言多样性的挑战,为协调原住民民族融合而采用的主要模式和方案。该章接着追溯了不同教育方法的继承,从直接方法到双语、双文化和跨文化的逐渐融合,评估了10年来为响应扎帕蒂斯莫原住民的需求而制定的政府教育方案的有效性。最后,这章讨论了扎帕蒂斯莫之前原住民语言教育政策的范式转变。

第七章是玛琳·哈伯德和尼古拉斯·利默里克撰写的题为《安第斯山脉地区的语言政策与教育》的论文。这章描述了安第斯中部地区目前正式的跨文化双语教育项目,重点介绍了上述每个民族国家的区域趋势和跨文化双语项目的发展。在这三个国家,正规教育是义务教育,他们妥协提供跨文化双语教育,并在法律上支持当地语言、身份和文化。这章还讨论了一些最近的转型,旨在为该地区的原住民提供包容性教育。尽管在教育方面有良好的条件,但政策和做法之间存在着巨大的差距,常常导致原住民继续西化。

第八章是约瑟夫·罗·比安科和伊维特·斯劳特撰写的题为《澳大利亚的语言政策与教育》的论文。澳大利亚的语言政策历史反映了该国复杂的语言人口结构以及多种政策需求和利益。这章概述了澳大利亚语言政策的历史、政治和教育影响,包括在解决原住民和社区语言需求方面取得的成就,以及在教育系统中更广泛地支持第二语言习得。

第九章是周明朗撰写的题为《中国的语言政策与教育》的论文。作者指出,全球化和国家建设是长期以来制约中国的语言政策与教育的两大因素。语文教育一直是中国国家建设的重要方面。不断发展的国家建设模式从根本上决定了中国的语言教育政策。

第十章是基摩·科索奈恩撰写的题为《东南亚国家的语言政策与教育》的论文。由于明显的语言多样性,东南亚国家试图在国家语言、地方语言和国际语言之间找到平衡,特别是英语。因此,东南亚国家所选择的语言政策和语言教育实践在整个地区有很大差异。东南亚国家的语言政策和教育系统历来强调各自的官方语言和国家语言。在教育中优先使用不同的语言代表了国家认同、全球化、经济发展以及多元主义和文化遗产(地方语言)等方面的利益冲突。

第十一章是藤田左芊代和约翰·C.马赫尔撰写的题为《日本的语言政策与教育》的论文。日本政府看到了新的社会现象在21世纪出现:人口老龄化、文化多样化,以及日本作为一个"单一语言"国家的持续现代主义。在国家语言政策中,日本政府采用了标准语言。韩语是日本学习人数增长最快的外语。聋人手语活动近年来在日本愈演愈烈。日本政府还建立了巴西语言维护学校。语言和文化混杂、非本质主义和"都市化"是日本新兴的社会语言学主题。

第十二章是阿吉特·K.莫汉蒂和米纳蒂·潘达撰写的题为《印度次大陆的语言政策与教育》的论文。印度次大陆是一个语言高度多样化的区域,次大陆的多语种和教育政策与实践中的语言受到双重划分的语言等级关系的影响:一种是英语和主要民族/地区语言,另一种是主要语言和原住民部落少数民族语言。在印度次大陆的语言政策和教育实践中,英语是与主要民族/地区语言一起被推广的语言。

第十三章是莱凯蒂·马卡莱拉撰写的题为《非洲南部国家的语言政策与教育》的论文。尽管非洲南部国家已摆脱殖民统治,取得独立,但其语言政策和实践仍然与前殖民者所实行的语言政策和实践相似。在这一章中,作者探讨了这种社会语言张力,提供了一个单语偏见的概要,它跨越了当前更广泛的政策规定,并展示了过去殖民时期的语言流动状态和语言影响。综上所述,作者主张对多种语言进行重新定位,以反映非洲人文主义价值体系中存在依赖关系的文化结构和地方认识论。

第十四章是阿尔·奥尔撰写的题为《中东和北非的语言政策与教育》的论文。中东和北非的语言政策与教育是一套复杂的规范、信念和实践,深深扎根于该地区的历史中。语言少数群体、多种语言和语言教育等问题,对该地区的语言政策构成重大挑战。这章在讨论了该领域目前的问题之后,又讨论了该领域正在进行的工作和今后的方向,具体讨论了某些地区的政治不稳定问题以及在语言意识形态经常发生冲突的情况下研究和改进语言政策的挑战。

三、简评

该书具有如下特点:

(一)多样性和差异性。这本书在探讨语言政策、语言教育、双语教育等热点的同时,剖析了语言与教育在理论研究和语言实践中的新现象,例如该书系统地从区域视角分析了多个国家和地区的语言政策与教育,深入分析特定的主题领域,包含了来自世界上非英语国家和非西方国家的贡献。此外,作者试图将这些融入整体,而不是作为特殊个案。该书充分展现了该领域学科知识、语言和背景的多样性、差异性。

(二)实用性和实时性。这本书的各部分都收录了结构相似、颇具前沿性的学术论文。每章作者都是著名的语言政策学者,他们以批判的眼光看问题,积极探索解决方案,为更公平的政策构建带来了新的可能性。正是在这种可能性与约束之间的紧张空间中,语言政策——官方的和非官方的,公开的和隐蔽的——得以形成,并具有了社会意义。读者可以在某一部分查看该类目下的全方面分析,包括该主题的前期发展、主要贡献、正在进行的工作、存在的困难和问题、未来的发展方向,以及《语言与教育百科全书》系列丛书中的相关文章为我们提供了一个多方位的窗口,以了解这些空间在微观和宏观政策层面上的运作,因此具有很大的方便性和实用性。该书收录的论文在内容上实时更新,例如一些研究已经超越了语言课堂,研究性别和身份地位是如何调节学习者在第二语言学习中的投资和作用的。此外该领域的语言教育研究者从性取向方面分析了如何投资语言学习,它巩固、反映和扩展了语言教育领域的关键问题。语言政策的焦点转向了更动态的、以过程为导向的观点,这与相应的批判性社会文化"转向"相一致。这显示了多元、混合和异语读写实践是如何在当地当时社会文化背景下出现的,具有实时性。

(三)研究方法的多样性。这本书收录的论文在研究方法上丰富多样,具体体现在:(1)数据分析法。在《俄罗斯的语言政策与教育》一文中,作者通过收集和分析相关数据,列举了俄罗斯联邦成员和具有国家语言地位的每种语言的运作情况。此外,作者通过比较"非俄语教学机构"和"俄语教学机构"的数据,分析了在实现多元语言政策的过程中,俄罗斯联邦形成了一种独特的功能主导语言组合,其中俄语和(民族)共和国语言是具有区域意义的功能主导语言:① 单组模式:一种主导语言(俄语);② 两组模式:两种主导语言(俄语、一种共和国语言);③ 三组模式:三种主导语言(俄语、两种共和国语言);④ 多组模式:多种主导语言;⑤ 差异化模式:(行政)州的语言政策,少数民族的语言。(2)对比研究法。在不同的社会、政治、文化和地区背景下,语言政策起到了什么作用?在官方和非官方的政策话语中,政策主题(社区、地方等)是如何建构的?通过该方法,探索政治和教育问题如何影响美洲、非洲和亚洲的原住民、英国和欧盟少数民族语言的"新使用者"以及快速扩张的"超多元"城市中心的跨国、跨语言和跨文化社区。(3)查找文献法。在《加拿大的语言政策与教育》一文中,作者通过查找1867年颁布的《英属北美法案》等,分析了法语、英语、原住民和新来者的关系。法语和英语在加拿大的语言政策和教育历史中的稳固地位植根于英法和原住民殖民关系的历史。

(四)跨学科性和权威性。语言规划和政策既是研究的领域,也是社会实践的场所。作为一项学术调查,语言规划和政策(垂直距离)是高度跨学科的,其弥合知识传统在社会语言学、教育、应用语言学、人类学等领域的分歧。这本书体现了跨学科性,考察了广泛的文化、语言、经济、地理、社会、政治领域的关键语言规划和政策问题,反映了从事语言和教育学术分析人员的国际性和跨学科性,证实了该领域的成熟度和凝聚力,并强调了在其职责范围内解决问题的重要性。该书的国际性和跨学科性继续在编辑咨询委员会更广泛的主题和审查专业知识上得到体现。该书不仅是一项重要的学术成就,依赖于所有贡献者的学术专长和良好意愿,而且处于语言和教育领域的前沿。它是一个参考,为世界各地的大学和学术机构的图书馆服务,为那些工作在应用语言学和社会语言学领域的学者和读者提供重要的参考。

《成功的家庭语言政策:父母、儿童和教育者的互动》述评

洪令凯[*]

一、引言

《成功的家庭语言政策:父母、儿童和教育者的互动》(*Successful Family Language Policy: Parents, Children and Educators in Interaction*)由米拉·施瓦茨(Mila Schwartz)教授和安娜·弗斯奇克(Anna Verschik)教授主编。该书的出版印证了人们对家庭语言政策(Family Language Policy,FLP)(又称"家庭语言管理")领域的兴趣高涨。利用金(King)等人对该领域的定义,即"关于如何在家庭中管理、学习和协商语言的研究的综合概述"(King,Fogle,Logan Terry,2008)[①],施瓦茨和弗斯奇克在该书中汇编了这一研究领域的诸多学术成果。根据斯波尔斯基(Spolsky)[②]对语言政策/管理的三方定义,该书所收录的学术成果包括对三个方面的分析:家庭成员语言使用和互动顺序(语言实践)、关于语言(语言信仰)的谈话、保持或发展特定语言技能的策略(语言管理策略)。

---

[*] 洪令凯,上海政法学院语言文化学院(国际交流学院)讲师,研究方向:语言学及应用语言学。
[①] K. A. King, L. W. Fogle and A. Logan Terry, "Family Language Policy," *Language and Linguistics Compass*, Vol. 2, No. 5, 2008.
[②] B. Spolsky, *Language Management*, Cambridge: Cambridge University Press, 2009.

事实上，施瓦茨和弗斯奇克扩展了金等人的定义，以反映该领域的最新发展。书中部分章节包含了论述"家庭内部"管理、学习和协商以及外部影响因素交叉领域的内容。第一部分着重于家庭和学校之间的互动，评估父母对双语教育计划的动机以及补充班在支持双语发展中的作用。第二部分强调了我们应意识到，儿童成长过程中的谈话对形成家庭语言政策和双语者身份、经验的影响。第三部分的研究成果在描述儿童成长过程中对家庭语言政策进行协调时，考虑了外部影响因素。因此，有关这一现象的多种观点被纳入了此书，也回应了儿童、父母、教育者经历所产生的影响。这些学术成果的共同目标是回答该领域关键和常被提及的问题：什么使一些家庭能够成功地实现双语或多语目标，而什么不能？全书共三大部分十二章，下面先概述各部分主旨，再分章介绍，最后予以简评。

二、内容简介

"第一章　成功的家庭语言政策：父母、儿童和教育者的互动"为开篇导入部分，首先，作者概述了家庭语言政策研究中的主要理论框架，包括菲什曼（Fisherman）的逆向语言转换模型、语言生态理论、群体社会化理论、斯波尔斯基的语言策略模型等。其次，作者介绍了家庭语言政策研究方法的多样性和创新性。最后，作者分析了这些理论的贡献。

第一部分题为"与主流教育和双语教育互动的家庭语言思想、实践和管理"，主要讨论三种教育场景。因此，它并不符合家庭语言政策的定义，而是与双语教育领域有重叠部分。

"第二章　家长为孩子选择希伯来语—阿拉伯语双语幼儿园"重点介绍在以色列选择希伯来语—阿拉伯语双语幼儿园的家长的社会文化和语言概况，以及这一选择背后的动机及其结果。对希伯来语—阿拉伯语双语幼儿园的关注是独一无二的，因为这种双语教育的主要目标是促进两个相互冲突的文化民族之间的相互理解与和平。世界各地对双语教育的需求正在稳步增长，这一现象正在成为一种趋势。在这项研究中，作者借用了斯波尔斯基的家庭语言政策模型。

该模型主要包括三个组成部分：家庭语言意识形态(关于语言发展的目标、计划、意图和信念)、家庭语言实践(家庭内部语言交流)和家庭语言管理(调节语言发展的方式)。参与的犹太人和阿拉伯人都是受过教育的年轻人,社会经济地位中等。他们表达了这样一种观点,儿童在形成两个群体中普遍存在的刻板印象之前,在早期接受共同教育非常重要。两个群体都对各自的文化表现出很高的自我认同感。在这些双语环境中,父母能够保持对自己文化的忠诚,同时了解群体外的文化。两个群体都表达了对"全球文化"的归属感。在解释他们选择幼儿园的动机时,两个群体都认为员工素质(教师的专业水平、教学方法和策略)比孩子的幸福感(群体中的孩子数量、物质设施和环境)或基于语言的动机(使用希伯来语和阿拉伯语进行教学)更重要。此外,两个群体都认为自己的便利性(如幼儿园的可及性、成本和幼儿园工作时间)最不重要。在采访中,家长们也强调了他们随时准备为这些幼儿园调整时间表和家庭预算。两个群体都表示,幼儿园对他们的生活方式,朋友的选择甚至是在社会交往中关注哪种语言等小决定,以及对他们的孩子的社会文化和语言发展都有重大影响。我们还可以得出结论,在幼儿时期引入这种体验是至关重要的,因为幼儿园提供了一个特定的环境,激发家长的积极参与和互动。

"第三章　家庭背景在早期双语教育中的作用：芬兰语—俄语双语教育经验"介绍了该研究的主要目的是揭示芬兰早期芬兰语—俄语双语教育的家庭背景。研究的问题是：在芬兰,谁把孩子送到芬兰语—俄语双语幼儿园,以及选择的原因是什么？他们认为这种教育在哪些方面是有效的？该研究模型包括三组主要变量：芬兰早期双语教育的总体社会文化背景、家庭背景、家长对儿童早期双语教育某些成果的陈述。研究设计基于比较芬兰和俄罗斯父母的社会文化背景、语言概况、家庭语言政策以及他们孩子早期双语教育的一些成果。以父母自填问卷为基础,该问卷是在此项目框架内为以前的研究而开发和使用的。然而,该研究的一个重要的定性部分的数据来自家长对问卷末尾的开放式问题的评论和建议。在这一部分中,参与者被要求就幼儿双语教育问题写下自己的观点。俄罗斯家长比芬兰家长更重视与语言相关的动机和员工素质,而在家长对自己和孩子便利性的重要程度评价上没有差异。在俄罗斯家长中,75%的人提到他们"有俄罗斯血统的亲戚",这一事实影响了他们对子女双语教育的选择。这一动机对于37%的芬兰家长选择双语教育也很重要。关于在多语种和单语种家庭中使用不同语言的问题是多方面的。代表少数民族语言和多数民族语言的父母的态度存在显著差异,他们对积极双语的期望先与强势语言优势有关,后与弱势语言优势有关。识字本应先从较强的语言开始,似乎不可能在这些相互矛盾的偏好之间达成一致,但根据研究中家长的说法,双语教育开展顺利。

上述两章详细介绍了一个共同研究项目的结果,该项目着重研究单一语言家庭的父母选择双语教育方案的动机,他们来自以色列希伯来语—阿拉伯语双语幼儿园,芬兰单一语言地区的芬兰语—俄语双语幼儿园。有两种不同的情况:讲主要社会语言的人试图让他们的孩子在一门外语中处于领先地位,而那些保持母语的人则希望他们的孩子能够同时掌握主要社会语言。在以色列的背景之下,施瓦茨、莫因(Moin)和克莱利(Klayle)进一步探讨了群体间相互理解和容忍的目标,以此作为儿童学习双语的驱动因素。

"第四章 英国儿童在家庭、社区和学校环境中学习多种语言"探讨移民人群在英国一所学校的语言学习情况。这里的研究结果来自对5个家庭的12名儿童进行的相关案例研究。2012年6—7月,教师兼研究人员访问了儿童之家、主流学校和周六班,收集了数据。这些数据来自采访、学校文件、儿童作品、照片、观察等。这章展示了主流学校和家庭背景的部分数据,这些数据反映了参与者在不同背景下的观点,由此作者认为其揭示了在"更长时间尺度"中的变化和连续性。康特(Conteh)、里亚萨特(Riasat)和贝格姆(Begum)列举了被研究学校的代表对提供家庭语言支持方面的困难所给出的原因。教师受到他们工作的评估制度限制,即必须提高学生的英语技能以达到课程目标,这被认为是主要原因。作者强调了利用家庭—学校—社区"知识基金"的互补课程在支持双语身份建构过程中的价值,呼吁在这些领域之间建立更大的联系,进一步研究如何实现家庭、社区和学校之间成功的伙伴关系。比如,让初任教师从理论上理解语言和多种语言在学习中的作用,以及课堂上语言多样性的丰富潜力;或是学校领导层对个人经验的重要性的认识,对语言多样性和儿童身份的重视。

第二部分的标题提到了家庭内外行动者和影响的多样性:家庭语言政策作为一种合资社会投资。第二部分的各章侧重于移民父母或其子女的经历,同时考虑到他们所处的社会政治背景。第五章和第七章分别考察了在澳大利亚和爱沙尼亚塔林的异族通婚夫妇(由一位使用社会语言和一位使用非社会语言的移民组成)抚养孩子的案例。

"第五章　爱、语言和孩子：在异族通婚关系中抚养双语孩子的母亲的成功与压力"把语言学习视为在生态语言系统中发生的一个社会过程，并考虑社会和政治因素是如何与个体交互作用，从而影响这样的混合语言家庭在移民早期的语言选择。因此，在这种混合语言家庭中，儿童的双语能力可以采取许多不同的形式，从同时使用双语到以后学习英语或将传统语言作为第二语言。了解一些处于异族通婚关系的移民如何成功地与他们的子女保持他们的传统语言，尽管在他们定居的最初几年的条件非常具有挑战性，这有助于我们了解如何能够更好地支持处于类似情况下的其他人。耶茨(Yates)和特拉斯奇克(Terraschke)报告了全国调查第二阶段的质性数据，包括对13名移民父母的访谈，并探讨了各种可能的因素，这些因素或许可以解释他们在传递移民父亲或母亲的母语方面的相对成功度。他们得出结论，在这些因素中，重要的是家庭内外对母语价值的认定，以及与家中是否有母语流利的年龄较大的孩子有关。这似乎不仅影响到其他兄弟姐妹的语言使用，也影响到母亲在家中使用母语的积极性和成功程度。支持这些家庭双语的努力不仅应着眼于帮助他们理解语言学习本身的过程，还应着眼于帮助他们解决语言如何融入其家庭以及当地和整个社区的语言生态的问题。这就需要理解他们的传统语言除了可能带来的经济优势，还能为父母和孩子带来非常特殊的情感和实践功能。这突出了一个事实，即所有取得成功的父母都是那些使用母语占多数的人，即他们原籍国的官方语言。

"第六章　社会政治形势变化中的家庭语言政策和管理：在立陶宛的俄罗斯人和俄语使用者"介绍在立陶宛讲俄语人群的情况。拉蒙尼娜(Ramonienė)试图对调查结果给出定性的解释，结果表明越来越多的立陶宛人和讲俄语的立陶宛人使用立陶宛语。通过访谈分析，拉蒙尼娜解释了说俄语的人对双语态度的明显变化，以及更加愿意送孩子上双语学校。对立陶宛一些城市地区语言行为的研究表明，该国社会政治局势的变化影响了非名义族裔群体的社会和语言行为。最显著的变化与立陶宛语熟练程度的提高以及在公共和私人领域使用有名无实的语言有关。因此，立陶宛语在家中使用，特别是在与年轻一代、子女和孙辈的互动中使用。将儿童送到讲立陶宛语而不是俄语学校的趋势也表明了社会和语言适应的趋势。以俄语为母语的人保留了他们的母语,并且在家里和有时在公共生活中经常使用母语,这一事实应被视为家庭管理成功的标志。欣赏自己的母语,愿意教孩子俄语,同时保留俄罗斯文化和身份,这表明立陶宛境内人数正在减少的俄罗斯族裔将继续保留其民族特征和语言。诚然,由于该国大多数人讲俄语,俄语的维持变得容易了。俄语是苏联最重要的语言,今天仍然是立陶宛所有人口中第二广为人知和使用的语言,仅次于立陶宛语。在这方面,立陶宛与其他欧洲国家截然不同,在世界范围内也非常独特。在立陶宛的俄罗斯人和讲俄语的人愿意在双语环境中继续学习俄语并教育他们的孩子,这表明了一种积极的社会态度,这可能会确保成功的语言政策和家庭管理。这种语言意识形态有助于维护社会政治稳定,并使立陶宛公民在民族自尊和多民族共存方面感到满意。

"第七章 强化根基:爱沙尼亚塔林成功的多语通婚家庭(有青少年)的语言政策和经验"寻求解答的研究问题包括:

1. 家庭语言政策背后的理论基础和意识形态是什么?在任何阶段是否受到有关儿童双语的文献(大众或学术)的影响?

2. 什么构成家庭中的非社会语言教育?如何鼓励这种教育?

3. 家长遇到了哪些挑战?

4. 爱沙尼亚语和非爱沙尼亚语在家庭中的地位是什么?它们是如何使用的?

5. 爱沙尼亚语和非爱沙尼亚语在青少年中的未来前景如何?

6. 青少年使用多种语言在多大程度上是家庭语言政策而不是社会语言背景的结果?

研究人员调查了居住在多民族、多语言城市塔林及其附近的11个异族通婚家庭的语言政策。每个家庭的户主是一对夫妇,夫妻俩其中一人为爱沙尼亚裔,另一人为非爱沙尼亚裔。其中有10个家庭成功地养育了至少一名青少年,他们至少掌握了两种家庭语言,包括爱沙尼亚语。在半结构化访谈中,参与者被要求讨论家庭语言政策的形成和应用,分享他们的经验并展望未来。多伊尔(Doyle)报告了所有11个案例研究都是成功的,发现父母对他们的孩子在两种语言方面的发展非常满意,并且不必为鼓励使用"非爱沙尼亚语"而费劲。爱沙尼亚语作为一种中等语言的地位,加上塔林的多种语言特性,是促进双语发展的重要动力因素,这也表明了有关语言的相对地位的关键作用。

"第八章 从儿童的角度看家庭语言政策:双语的空间和时间"中福格尔(Fogle)着重探讨了来自美国南部的自我认同为双语者的青少年的看法。她特别提到社会地位的概念化在青少年建构自己的双语身份中是多么重要。这些青少年很少明确意识到父母在童年时期制定的家庭语言政策,而是将他们的叙述集中于自己在家庭之外的社会经验上。青少年在事后反思自己的经历时所提供的长期视角,使他们能够说出他们认为在构建双语身份和种族身份方面最重要的东西(作者观察到两者往往是相互关联的)。鉴于这些发现,福格尔认为家庭语言政策研究应该在以下两个方面采取以儿童为中心的方法。

第一,家庭语言政策的研究需要从长远的角度来研究儿童期的变化。此研究的参与者知道他们的语言能力随着时间的推移会消长,而且能力的构建往往与访谈中讨论的环境的语言生态有关。参与者可以根据当前的需要和环境限制选择双语的程度,也可以被视为一种语言的合法使用者,或不基于他们周围人的语言归属。迄今为止,大多数关于家庭语言政策的研究都集中在一个年龄组或范围内(即幼儿期),这只代表了儿童双语发展的一个短暂时期。根据当前研究的结果,不同年龄的儿童需被纳入家庭语言政策研究。

第二,家庭语言政策需要进一步探讨的方面是地理位置在家庭语言政策和双语能力建设中的作用。研究的参与者指出,他们的语言发展轨迹受到不同国家或地区地理迁移的影响。语言意识形态不仅可以使传统语言成为公共场景中差异的标志,还可以使其更贴近家庭,并可能缩小到仪式性或文化性的具体功能(如道歉)。调研访谈中,语言意识形态也与种族和民族差异的假设相交织,参与者感知到的说或不说另一种语言的能力往往受到其他人对种族身份归属的影响。因此,尽管此研究中的访谈证实了南方丰富的多语言社区,如阿拉巴马州和密西西比州的渔业社区或得克萨斯州的西班牙语区,但社会压力(至少对儿童而言)在某些地区掩盖或隐藏了语言多样性。

第三部分关注父母与子女在共用语言和识字实践中的互动模式,重点讨论了家庭成员之间的互动,反映家庭语言政策处在不断协商和变化之中。儿童在影响家庭语言实践方面的作用是显而易见的,因为真实互动的例子表明,为了应对不同的挑战,儿童偏离了既定的实践和计划。

"第九章 双模双语家庭:聋哑父母与听力正常儿童沟通实践中的协商"是双语和双模语言实践(口语和手语)研究的一个入门介绍,包括聋哑父母和听力正常的孩子,以及对正常家庭的研究。皮泽(Pizer)观察到,尽管这16个父母为聋人的家庭在语言使用模式上存在差异,但他们的家庭语言政策似乎都以类似的语言意识形态为导向,即重视家庭成员之间不受阻碍的交流,而不是特定的语言、流利双语的理念或聋人、听力社区的批准。为这一意识形态服务的家庭语言政策在这些家庭中相对成功,因为这些家庭的父母和子女之间的沟通都很明确。唯一不用手语的听力正常孩子(受访者的兄弟姐妹)的父母能够理解他们的口头信息,但父母可能更愿意用手语。在这些家庭中,亲子沟通的普遍成功是相对于其他地方和其他手语被高度污名化的时代的重大进步。即使在21世纪的美国,在美国标准手语享有较高声誉的背景下,这些家庭中的听力正常儿童也面临着英语口语的压力,包括同龄人的语言使用、听力和聋哑社会身份之间的显著差异、更高效而不需要获得交谈对象视觉关注的交流方式。这些压力可能导致这些孩子通常会用口语和他们听力正常的兄弟姐妹交流,即使这种选择可能会将他们的父母排除在谈话之外。对于聋哑父母的孩子来说,完全流利地用美国标准手语交流可能不是一个现实的目标。但是,这一点并不能被认为是家庭语言政策的失败,至少在被采访的成年人的家庭中是这样。也许是出于对自己童年经历的反应,许多聋哑父母在实现不受阻碍的亲子沟通之外,似乎对实施严格的家庭语言政策犹豫不决。在这些无法确定是否沟通顺畅的家庭中,能达到所有家庭成员之间畅通无阻的交流的策略应该被认为是成功的。

"第十章 话语统一,实践多样:双语家庭的'一人一语'政策"旨在理解和描述在芬兰的芬兰语地区的三个不同的瑞典语——芬兰语双语家庭的成员如何共同构建语言政策。父母有不同的第一语言,但在不同程度上都是双语者。在收集数据时,这些家庭有3—4岁的孩子,据报道,他们是按照"一人一语"政策以双语抚养长大的。研究目的主要不是了解该儿童的双语结果与"一人一语"政策应用之间的关系,而是分析家庭成员如何解释、支持和实施他们的政策。更具体地说,是确定这三个家庭共同构建的家庭语言政策的共性,以及它们之间的差异。

此研究中用于解释和激励互动顺序的父母话语为家庭语言政策的形成提供

了证据,表明家庭语言政策是清晰、明确和公开的语言计划以及无意识和无计划的实践的结果。因此,我们主张重新定义家庭语言政策,包括在家庭中关于语言分配不太明确和不太公开的决定。尽管这些家庭已做出明确的决定,例如,希望当地设立讲瑞典语的日托中心,并在未来设立一所讲瑞典语的学校,以提高儿童使用瑞典语的熟练程度。但"一人一语"政策据称是自然地出现,没有任何明确或有意识的决策。金和福格尔(2006)[1]的研究侧重于试图为子女实现附加双语能力的家庭,在许多情况下要求父母积极使用和教授非母语的语言。而该研究涉及的家庭目标是培养孩子同步双语能力,即父母或多或少地与孩子用母语交流。因此,根据家长们的说法,这并不是真正选择说某种语言,而是一种自然的行为。有意思的是,这些父母认为在双语环境下抚养孩子是很自然的,尽管他们自己都只在一种语言环境中长大。另一方面,可能因为他们用自己的语言养育孩子,所以他们认为这是"自然的"。父母们并没有在一个运用"一人一语"政策实现同步双语能力的家庭中长大的亲身经历。"一人一语"政策可以被视为是基于单语规范的,目的是让一个人只说一种语言。事实上,有四位父母是在单语家庭和环境中长大的,尽管其中两位父母要么是双语父母,要么是母语为另一种语言的父母,但孩子们只使用一种语言。这三个家庭的情况是双赢的:父母可以做他们最擅长的事情,即与孩子一起使用母语,同时他们希望实现他们明确认为对孩子有利的事情,即同时使用双语。关联分析的另一个结果表明家庭语言政策是处于不断变化中的。当前的家庭语言政策是由家长从历史、语言生态和社会语言学角度制定的,他们明确表示,随着时间的推移,该政策的性质发生了变化。对于调整家庭语言政策的原因,给出了一些里程碑式的解释,例如父母如何见面、孩子何时何地出生、在不同的国家或地区之间搬家、孩子或配偶的语言发展和熟练程度、新工作、开始日托等,家庭成员之间的语言使用原则是务实的,并且在互动时会根据社会语言、情境和人际因素灵活调整。因此,家庭语言政策的性质是非静态的,对此应进行研究。

对父母和孩子之间互动的录音分析表明,互动顺序是相互构建和协商的。

---

[1] K. A. King and L. W. Fogle, "Bilingual Parenting as Good Parenting: Parents' Perspectives on Family Language Policy for Additive Bilingualism," *International Journal of Bilingual Education and Bilingualism*, Vol. 9, No. 6, 2006.

研究者认为,关于父母如何制定家庭语言政策,还需要做进一步的研究。此外,尽管有大量关于单语和双语学龄前儿童元语言意识的研究,但我们对学龄前儿童作为家庭语言政策共同建构者的作用还知之甚少。这是一个重要领域,仍有许多问题有待探讨,也可能需要方法上的重新考量和创新。如果要研究儿童的作用,我们需要新的方法,例如准实验方法,以便了解儿童的语言和双语概念以及语言选择的原则。回报可能是巨大的,因为通过这种方式,我们可以开始将孩子视为其双语发展以及家庭、机构和社区语言政策发展的积极参与者。

"第十一章 '快乐语言':促进和平衡多种语言发展的家庭项目"也提出了灵活定义成功的观点。该研究关注研究者自己的四个孩子从出生到现在的语言发展,他们都是俄语和希伯来语双语使用者。该章描述了在具有挑战性的环境中用双语抚养孩子的常见心理和情感困难,以及父母有时需要调整自己的理想和计划,以适应孩子的个体需要或个性不同的孩子。在这个罕见的四个孩子的家庭中,我们可以看到很长一段时间内,父母都在不断适应和调整。因为父母都是语言学家和语言教师,这为家庭语言政策研究增加了一个新的维度,即让家长成为家庭中语言或至少是某些语言技能的实际教师。该研究结合了三种不同的定性方法,即人种学观察、记录自然言语和行动研究。在家庭语言政策领域,这是首次尝试回顾和分析如此庞大且异构的定性数据语料库。由于该研究侧重于家庭语言政策,所以没有根据收集的数据对儿童的语言发展进行全面详细的分析。随着语料库的逐步壮大,许多其他有趣的主题值得进一步研究,如:兄弟姐妹互动、双语幽默、识字能力的获得、家庭语言数据的分析以及其他主题。

"第十二章 协商家庭语言政策:做家庭作业"对亲子互动进行了深入分析,揭示了与孩子协商家庭作业的不同方法的效果。该研究试图解决以下问题:(1)新加坡英汉双语家庭在语言实践策略的显性和隐性方面的家庭语言政策范围是什么?(2)父母和孩子如何通过各种话语手段协商他们的语言实践?研究对象为三个英汉双语家庭。运用民族志调查工具,试图揭示父母和孩子是如何通过围绕家庭作业的家庭话语策略,共同协商和创造家庭/语言价值观和信念的。数据收集包括参与者观察、非正式对话和访谈。通过语篇分析,描述了家庭语言政策的共建过程以及家庭语言政策在日常家庭生活中是如何相互作用并实现的。从比较的视角考察了三个英汉双语家庭成员之间发生的三次广泛交流,扩充了有关家庭语言政策的文献,重点关注了父母话语策略,对家庭语言政策"不尽如人意"的家庭中发生的隐性和非反思性的父母语言输入做了说明,获取了一系列反映不同家长意识形态的家庭语言政策,为家庭语言政策的研究做出了贡献。

研究表明,家庭对话是一个复杂的政策操纵和冲突的网络,反映了父母对语言和语言以外的信念。尽管这三个家庭生活在相同的社会政治环境中,具有相似的社会语言环境,但他们制定的家庭语言政策在家庭默认的语言实践、父母使用的话语策略以及家庭作业互动中表达的父母思想方面都有显著差异。母亲采用的不同语言策略表明,为了成功地培养双语儿童,父母不仅需要有意识地观察孩子的语言行为,还需要采取有意识的反思行动,提供定性的语言输入。在这个语言竞争全球化的时代,少数民族语言很容易被更强大的语言所取代,从而导致语言的丧失和去多样性。父母需要意识到双语/多种语言所带来的文化价值和认知价值,以便使语言多样性成为现实,而不仅仅是愿景。正如这三个案例所表明的,父母对认知和社会文化价值的了解,以及父母对子女的信念和期望,对于建立坚定的家庭语言政策至关重要。然而,正如许多移民家庭和该研究中的某些家庭所表明的,信念并不一定能带来成功的家庭语言政策。包含定量和定性语言输入的面对面互动才是双语发展的源泉。家庭环境作为一个关键领域,可以让我们深入了解父母如何让孩子养成语言习惯和文化习惯,从而实现成功的家庭语言政策。此研究确定了三种方法:高度组织的家庭语言政策、非反思性适应和自由放任的家庭语言政策,只有第一种方法给予了必要的支持,以维持新加坡双语家庭中的汉语和英语平衡。

三、简评

这本书概述了家庭语言政策研究中的主要理论框架,并介绍了家庭语言政策领域的多种研究方法,例如访谈、观察、日记、录音、录像等,其中第一章、第二章、第五章和第六章中的叙述将案例研究置于更广泛的社会语言学现实中,提供了典型的细节和语境分析。作者收集的数据范围从不同家庭成员的语言使用到观察互动和语境中的话语。这些数据对于研究成功的家庭语言政策是必要的，但是一些方法上的共识和一个共同的理论框架将有助于进行跨背景比较，特别是在区分不同的情况方面。

家庭语言政策的成功程度取决于许多不同因素，包括家庭内部的语言实践和互动顺序，以及外部提供的语境、其社会政治背景和所涉及的不同语言能感知的地位、威望和规模。努力实现双语或多语目标的家庭经常遇到许多挑战，包括身份冲突、世俗压力、矛盾的语言和非语言相关的需求，以及来自国家层面的语言政策的潜在负面影响。为了评估不同类型的家庭如何在复杂的环境中成功地实现双语或多语目标，施瓦茨和弗斯奇克提出了如何定义成功的重要问题，即人们对成功概念的理解是否只限于儿童被视为达到双语平衡的情况，以及是否可以认为更灵活的方法更容易实现。无论成功与否，此书和家庭语言政策领域的其他研究者认为，抚养双语或多语儿童是越来越多父母有意识且明确的目标，它显然被认为是对儿童有利和可取的结果。希望应用相关的研究成果，更好地支持旨在实现这一目标的人们，并呼吁该领域的研究人员提供切实可行的建议，以便适用于不同的情况。此书是语境比较过程中的重要第一步，这将使某些语言问题得以解决。当然，为了得到众多语言问题的答案，家庭语言政策领域仍有许多进一步研究的空间。

《语言政策和语言习得规划》述评

刘 亮[*]

一、引言

《语言政策和语言习得规划》(Language Policy and Language Acquisition Planning)是《语言政策》系列丛书的第15卷。《语言政策》丛书主要关注一般语言政策、语言教育政策、语言政策的理论及性质等方面的实证研究。作为这套系列丛书的组成部分,《语言政策和语言习得规划》是由来自14个国家[①]的22位专家所撰写的学术文章组成。此书所收集的论文来自2015年在瑞典隆德举行的语言习得与语言政策研讨会上所发表的论文。全书除"序言"外,共分为三个部分:第一部分为"基础教育和中等教育",包括6篇文章;第二部分为"高等教育",包括4篇文章;第三部分为"结语",包括3篇文章。

第一部分和第二部分记录了从小学到高等教育的非正规和正规教育环境中的语言习得规划。不同的案例研究探讨了语言学习的时间和空间,还涉及语言主体、语言资源和预期态度。不同类型的语言,包括官方语言、通用语言、少数民族语言,会在语言政策和语言习得规划方面产生联系甚至冲突。此外,在学前教

---

[*] 刘亮,上海政法学院语言文化学院(国际交流学院)讲师,研究方向:社会语言学。
[①] 14个国家分别是:巴西、印度尼西亚、法国、加拿大、美国、日本、丹麦、捷克、瑞典、意大利、德国、挪威、澳大利亚、中国。

育和小学教育阶段的语言学习往往更多地关注语言社会化和维护家庭或地理区域的多语言性,而高等教育则越来越注重语言学习效度,以提高个人在劳动力市场上的能力和价值。在这种情况下,英语作为全球唯一的通用语言,也带来了很多的语言政策和语言习得问题。在第三部分,研究人员对语言习得规划提出了一些认识论和概念上的不同建议,表明该领域需要进一步深入研究。此书基于语言政策的视角,从语言习得规划的不同类型出发,目的是提出与语言教学和学习有关的语言规划的具体概念、经验和观点,并在不同的教育背景和水平下,试图解决当代语言政策和语言规划的主要问题。下面先概述各部分主旨,并分章进行介绍,最后予以简评。

二、内容简介

这本书的"序言"介绍了情境语言习得计划,追溯了语言习得规划的分类和发展,引用了罗伯特·L.库珀(Robert L. Cooper)对于语言规划的基本类型的划分,即语言习得规划、语料库规划和地位规划。自从库珀将语言习得规划作为语言规划的核心类型以来,语言习得规划工作就一直在不断发展进行中,并且已经成为正式和非正式环境中语言教学管理的核心。语言习得规划侧重于语言使用者以及他们如何获得在社会中所需的交际能力,语料库规划侧重于语言形式,而地位规划侧重于语言功能。库珀在《语言规划和社会变革》(*Language Planning and Social Change*)一书中强调,通过立法和制度手段进行语言规划是一项复杂的任务。例如,语言教育政策从制定到执行,其实际情况是经常遭到抵制,特别是当政府制定的政策与当地的社会语言环境、信仰和语言使用者的需求不一致甚至相悖时。作者认为语言习得规划应该是多方面的,涉及从心理到社会、从个体研究到群体研究、从静态到动态的不同层面,并且还要注意语言规划概念和方法论研究。

此书第一部分"基础教育和中等教育"的系列文章有一个共同点:重点关注促进幼儿语言学习的政策,从早期语言发展阶段(0—3岁)到小学教育阶段(6—11岁)和中学教育阶段(12—14岁)。研究也是多方面的,有的侧重于家长对于语言的观点和做法；有的探讨国家政策和政策制定者与家长、教育机构的关系；有的探讨政策制定者的理念与第二语言习得研究结果的关系，或者政策与教师的语言学习和知识储备之间的关系。另外，一些论文基于人种学研究，而其他论文的研究理念则是非常明确的：语言习得规划是作为一个研究领域的认识论基础而存在的。这些论文主要聚焦于外语习得、语言政策维护、多语制等。

刘璐(Lu Liu)在论文《"顺其自然"：美国西海岸1.5代中国移民家庭的家庭语言政策研究》中将以色列巴伊兰大学教授博纳德·斯波尔斯基(Bernard Spolsky)的语言政策框架作为理论指导，即语言实践、语言意识形态和语言管理，调查研究移居于美国西海岸一个中国移民家庭的语言政策。该研究属民族志性质，作者基于中、英文观察和访谈记录了父母为维护家庭传统语言（即中文普通话）所做的贡献。讲普通话的父母何时以及如何与他们两岁的孩子互动，父母传统语言的意识形态对家庭语言政策产生了很大的影响，表现为在家中使用普通话以维持其种族和民族身份的意愿。研究表明，移民家庭努力保持基于传统语言的家庭文化和情感，这些非正式的语言规划活动和过程对儿童的认知发展、种族和民族身份的构建以及学业轨迹都有深刻的影响。这篇论文填补了教育语言学研究中的关于移民家庭语言政策的空白，架起了外语教学与语言习得这一新兴领域的桥梁。它也有助于作为社会文化实践领域的家庭语言政策研究，阐明了移民家庭如何保持传统语言和民族语言身份，以及这些家庭语言实践如何有利于他们子女的社会认知和情感发展。

海伦娜·欧泽瑞斯克(Helena Özörencik)和马格达莱纳·安东尼娅·赫罗马德威达(Magdalena Antonia Hromadová)在论文《在实施和创造之间：多语家庭背景下的儿童母亲与捷克共和国的语言习得政策》中分析了布拉格多语家庭中母亲的话语资源和叙事策略，研究了捷克共和国国家语言习得政策所维持的语言习得管理周期，以及在使用和传播多种语言的家庭中母亲是如何进行语言主题导向的。虽然捷克共和国是一个单语国家，但在研究中出现的跨国家庭则代表了多种语言和种族背景，如英语、希腊语、塞尔维亚语、斯洛伐克语、西班牙语和土耳其语。此文指出，母亲的叙事再现了捷克社会单语制的自我认知情况，一方面，母亲们通过宏观层面上制定的语言学习规划来对她们的一些活动进行叙述；另一方面，她们中的一部分人通过语言习得的具体实施，证明了在语言习得管理周期中,她们不仅仅是扮演实施者的角色。相反,她们通过积极地重塑自己的角色和发展自己对国家语言政策的态度来设计自己的语言习得政策。

埃洛伊塞·开普洛-埃伯索尔德(Eloise Caporal-Ebersold)的论文《法国多语种托儿所中的语言政策:语言政策如何与语言习得信念相关联?》基于法国对幼儿教育与关爱的官方语言政策"一种专业,一种语言",重点研究早期儿童(0—3岁)教育的语言政策,研究对象是斯特拉斯堡具有悠久传统的英法双语托儿所。此文旨在探讨父母的语言政策选择、专业人士的语言实践以及他们之间的语言习得关系。作者以博纳德·斯波尔斯基的语言政策概念为指导,仔细研究了托儿所的公开语言政策、实践语言政策和感知语言政策。课题研究历时9个多月,运用了人类学案例研究方法,收集了大量的数据,包括110小时以上的录音访谈、语言使用观察、照片和实地记录等。研究表明,案例中的显性语言政策,以及家长和专业人士在幼儿教育与关爱环境中的隐性语言选择是由他们对语言的坚持度,或者说语言习得信念决定的。最后,此文说明了即使幼儿教育与语言学习的情况不同,语言的意识形态也是无处不在的。

普普特·阿菲爱哈尼(Puput Arfiandhani)和萨博汗·蔡恩(Subhan Zein)在论文《利用第二语言习得的发现来指导教育语言政策:以印度尼西亚早期英语教学为例》中研究了语言教育中普遍存在的一个共识:语言学习越早开始越好,这是许多地区教育政策中反复出现的主题。他们将重点放在了印度尼西亚教育政策的背景上,利用实证研究揭示了当地对语言的认知是如何影响低年级语言教育的。此外,还从第二语言习得和语言政策与规划的角度探讨了关于印度尼西亚早期英语教学的争论。研究表明,第二语言习得对于语言政策决策者在制定语言教育政策方面,尤其是政策的实施对于低年龄段的影响程度几乎是可以忽略不计的。文章认为,未来的印度尼西亚语言教育政策应考虑到学生、社会、经济和政治等方面的需求,同时借鉴第二语言习得原则,为第二语言的发展制定相关课程体系。

安娜·克瑞斯蒂娜·内维斯(Ana Cristina Neves)在论文《葡萄牙语作为一门附加语言:在年轻学习者中使用的领域》中关注的是小学语言教育中的葡萄牙语教学。研究的目标人群居住在佛得角共和国、瑞士联邦和中国澳门特区。在佛得角共和国,葡萄牙语是官方语言,民族语言为克里奥尔语;在瑞士联邦,葡萄牙语是作为传承语言(Heritage Language)[①]而存在的,是在较为正式的场合使用,包括课堂教学;在中国澳门特区,葡萄牙语是作为外语使用的,它的使用仅限于在课堂上与老师的互动,以及葡萄牙语科目的家庭作业。其通过研究葡萄牙语在三个不同的和特定语境的维度及使用情况,确定语言政策在多大程度上促进了年轻学习者的语言使用和语言选择。同时,为了解在这三种社会语言语境中制定政策的不同层次,该项目向591名学生发放了调查问卷,其中考虑了适合年轻学习者的三个选定的语言使用领域,即个人、公共和教育领域。研究结果显示,基于上述语言使用的三个领域有三种不同的模型:外语的II模型、传统语言的V模型和第二语言的X模型。最后,作者表明语言使用的领域不一定与语言决策的宏观层面规定的内容直接相关。

佩吉·米勒(Peggy Mueller)和阿依达·沃奎依(Aida Walqui)在论文《美国的语言教育政策和实践:努力扩大所有教师对语言发展和学习的理解》中以加强美国学校多语种背景下的语言和学科素养教育发展政策为背景,记录了芝加哥市的语言识字教育实践项目。该项目将芝加哥市的大学教育工作者、专业开发人员和学区教育负责人聚集在一起,以便记录和分享他们在英语作为第二语言的背景下的实践和经验。另外,该项目也证实了在所有核心学科的教学计划、实施和评估方面需要进行重大转变的迫切性,从而及时地反映出关于语言发展和学习之间的不断变化的真实情况。研究表明,需要围绕语言在学习中的核心地位,对所有教师进行能力建设,以促进在教学实践中的有效转变,目的是支持发展新的语言政策和解决在实践中遇到的问题,从而更好地支持美国学校中的英语语言学习者和其他学生。

在此书第二部分"高等教育"的系列文章中普遍采用了案例研究方法,即用案例研究调查高等教育中的语言习得和语言规划问题,并积极讨论了英语作为优势语言在世界范围内的影响。长期以来,国际化意味着学习英语就够用了,这意味着削减了其他语种的教学资源和学习意愿。有些国家和地区为应对英语的强势化,也推出了相应的语言规划措施。在过去的半个世纪里,语言多样性发生了看似矛盾却实际存在的微妙变化。一方面,随着英语作为优势语言的迅速扩

[①] 传承语言,简称"传承语",也叫遗产语言,是指儿童时期在家庭中学会的非当地主导语言的语言。

张,对弱势语言的生存产生了相当大的威胁。以少数族裔语言为代表试图逆转或减缓这一进程,继续通过自身的语言维护民族身份;另一方面,也有很多国家和地区对语言权利较为关注,对同时使用两种或多种语言表现出更大的宽容性和接受性。以上两个对立面不但引起了对于语言政策和规划研究的本质问题的探讨,而且引发了包括语言教育政策等相关问题的研究,继而成为该研究领域的焦点。

安妮·霍尔曼(Anne Holmen)的论文《塑造丹麦多语言大学的语言政策:捍卫者和变革的推动者》基于教育中的语言视角,重点讨论在制定和实施新的语言策略时所涉及的不同组织层次,以及这些层次之间的联系和影响。在过去的十多年间,许多非英语国家的欧洲大学都制定了新的语言政策,以提高其国际形象。自2008年以来,哥本哈根大学一直遵循着双语并行的语言策略,旨在英语和丹麦语之间取得平衡。近期,针对丹麦国内和国际劳动力市场需求,哥本哈根大学发布了一项新的语言策略——"为更多学生提供更多语言",引入包括法语和德语在内的几种与学术项目相关的其他语言,鼓励并资助学生学习其他的语言课程。从制度上看,这是提高课程质量和确保国际地位的一种政策方式。当然,并不是所有的语言或语言技能都会对研究产生积极效果。因此,为了决定在实际规划中应该推行哪些语言和语言技能,需要仔细地对不同的参与人群进行需求分析,包括学生、教师、学者和研究委员会成员。这些不同参与者往往会受到自己所处的教学和学习环境的影响,例如,在重点课程和传统课程方面,就存在着个人偏好的情况。

是枝裕和(Hirokazu Nukuto)在论文《全球化、外语习得规划与课堂实践——日本大学英语课程中跨国集团互动的案例研究》中通过案例研究,探讨了与全球化相关的外语教育政策背景下,日本的大学以英语为第二语言习得的多元文化语言课堂上的实践和经验。随着全球化的发展,日本的大学正在考虑如何教育学生在国际环境中发挥作用。长期以来,英语一直是日本的主要外语,它被视为通往世界的桥梁和工具。此论文研究使用的数据是作者通过2014年在日本一所大学的托福考试辅导课程中的人种学实地调查而收集的。研究结果表明了作者的三个主要观点:首先,在全球化背景下,与社会变革相对应的外语教育规划过程,学习者试图通过"理想情境"获得目标语言,以成为全球通用语言的使用者。其次,学习者不仅需要掌握一门新的语言,还需要掌握跨文化交际能力,以确保他们在课堂内外都取得优异的成绩。最后,研究表明了一种特殊的语言习得规划应该适用于全球化时代下的日本。

基里娅·菲涅迪(Kyria Finardi)和勒娜特·安臣周(Renata Archanjo)在论文《科学无国界、英语无国界和语言无国界项目在巴西语言政策和权利中的反作用》中对巴西政府资助的国际化项目"科学无国界"及其分支"英语无国界"的影响和效果进行了批判性分析。此文回顾了巴西的语言政策和权利,讨论了政府资助的国际化项目"科学无国界""英语无国界"和"语言无国界"之间的联系和相互作用。"科学无国界"项目是巴西有史以来对理工科(Science,Technology,Engineering,Mathematics,STEM,即科学、技术、工程和数学)领域在高等教育层面所做的最大投资。作者指出,"英语无国界"项目证明了英语在巴西相对于其他语言的重要地位,尽管多语言主义在这些项目计划中还没有得到较为合理的对待,但是确实促进和影响了巴西的语言政策和权利。另外,教育政策的变化也会影响语言习得政策,尤其是针对这些项目中解决多语言的使用和推广问题。

凯米拉·福尔克·若尼·尼森(Camilla Falck Rønne Nissen)在论文《现实中的语言政策——哥本哈根大学两门英语课程的语言使用研究》中指出,由于高等教育的国际化,非英语国家的大学英语教学课程数量不断增加,一方面要积极招收国际学生,另一方面是让本国学生在全球就业市场上更具吸引力。丹麦的语言政策制定者认为国际化有可能为特定的语言方案增加有效的附加价值。在实践中,国际化意味着英语是作为外语学习的首选语言,但与此同时,丹麦学术界也有着不同的观点,希望继续发展包括丹麦语在内的北欧语言。因此,哥本哈根大学语言政策实施的原则是多种语言并行使用,英语和丹麦语就代表了两种用于学术目的的理想语言。此文通过对哥本哈根大学两门英语课程的语言使用研究发现,参与者选择语言是基于交际效率而不是语言政策。一组以丹麦语为母语的学生在社交和专业上使用英语和丹麦语,另一组国际学生仅使用英语,这为课堂教学和班级社交制造了一些障碍,也涉及了关于国际学生或交换生的社会孤立问题研究。

此书第三部分"结语"的系列论文主要是对作为公共政策研究领域的语言习

得规划的批判性反思。语言习得规划长期以来被认为是一种多维现象,也就是说与语言政策和语言规划相关的范围都包括在内。除关注语言本身之外,还包括种族或种族权力关系、不同的政治制度、语言意识形态、社区语言的社会化、社区和学校利益相关者(学生、家长、教师和行政人员)之间的关系、人际交往和个人发展等。

戴安·拉森-弗里曼(Diane Larsen-Freeman)在论文《共鸣:复杂性理论视角下的第二语言发展和语言规划与政策》中探讨了与复杂性理论及其对第二语言发展和语言规划与政策有影响的五条理论:呈现性、相互关联的层次和时间尺度、非线性、动态性、背景依赖性,这足以说明语言教育中多重因素交织在一起的复杂情况。研究表明,复杂系统的特质和第二语言发展、语言规划与政策之间的联系,必须由更深层次的语言意识来构建,即第二语言学习者、教育者、规划者、政策制定者都在同一个语言情境中合作,制定好应对偶然性和适应性的对策,有效利用好语言习得规划的方式,更好地充当第二语言习得和语言规划与政策领域之间的桥梁。

马克·菲蒂斯(Mark Fettes)和法蒂玛·马博德·卡罗莫泽尼恩(Fatemeh Mahbod Karamouzian)在论文《教育中的包容性:语言政策和研究的挑战》中指出,对于有大量移民的国家来说,融合是需要面临的一个关键性问题。尤其是在多元化主导下的欧洲国家,教育中的包容性日益成为当代语言习得规划发展的一个重要因素,但在实施方面往往面临着严峻的挑战。此论文指出,欧洲的教育政策正有意转向对全纳教育的关注,这意味着要确保所有学生在主流课堂上接受有效教育的规定。事实上,在全纳教育政策及其研究框架与语言政策和教学研究之间存在着相当大的差距。此论文不但探究了其中的主要原因,还探讨了参与全纳教育对学校的教学实践、教师教育项目产生的影响,以及第二语言习得和语言政策的学术思想在实践中的可操作性问题。结合第二语言习得原则,作者认为全纳教育需要重新思考以下几个方面:核心研究领域的语言环境、参与者的语言行为、全纳教育的政策目标,以及为语言多样性的管理提供有效信息。

弗吉尼亚·米勒·盖瑟科尔(Virginia Mueller Gathercole)在论文《双语儿童的语言发展:事实、真相和虚构》中调查了一系列影响双语儿童语言发展的因素。作者认为,在教育、言语和语言治疗以及语言政策方面的循证实践,需要深刻理解这些因素相互之间的共同作用,从而确定双语儿童和成人语言发展模式。通过研究,作者得出了三点结论:第一,儿童同时学习两种语言具有时效性和便利性。在评估儿童的语言和认知能力时,虽然一开始不同儿童的表现可能存在差异,但只要儿童继续接触两种语言,各组之间最终会出现平衡。很明显,儿童有能力同时学习一种以上语言,其既不会感到困惑,也不会对其中任何一种语言造成长期的负面影响。第二,比较双语或多语儿童与单语儿童在语言学习和语言成就方面的表现,可以看出前者达到甚至是超过了后者。有明确的证据表明在某些领域(例如阅读),与一种语言有关的知识可以延续到另外一种语言。正因如此,一些双语教育专家一直积极提倡在课堂上使用跨语言法的教学实践,以便促进儿童在学习两种语言的过程中,知识的主动转移和构建。第三,对促成语言发展模式的一系列因素缺乏了解。每个孩子的语言经历都是不同的,每个孩子的语言表现都是上述所有因素的产物。因此,任何涉及双语儿童的应用领域的语言实践都应该考虑多方面的因素。

三、简评

从此书的主要内容、研究主题、重要观点来看,主要在以下方面具有研究和借鉴意义:

首先,此书的内容涉及多层面的语言政策制定者和执行者,以及具体的实施情况和执行情况,包括政府机构、大学及大学团体、教育机构、基金会等。

其次,此书着重关注了与语言政策有关的经验性研究,其中包括了语言教育政策。以欧洲国家为例,讨论了达到语言政策预期效果所需的教学时数、语言教师的选择和培训、互联网的语言影响等。

再次,此书的研究主题涉及语言政策的理论及性质的多个方面,包括语言政策的法律基础、社会认同在语言政策发展中的作用、政治意识形态对语言政策的影响、经济因素在语言政策中的作用、语言政策作为社会变化的反映结果等。

最后,此书包含的系列文章讨论并提出了关于语言政策和规划研究的几个重要观点。

（1）单语主义和多语主义不同的话语价值。占主导地位、代表国家语言身份的双语或者多语主义已被证明比少数族裔语言更容易得到国家和社会的支持。多语制与更广泛的社会、政治和经济因素有关。此外，语言习得规划经历了从单语到多语的多次范式转变。根据来自不同地区的研究，清楚地证明了语言习得规划的话语性质：具有优先权的语言的话语价值是由语言外部的社会和政治因素通过语境构建的。尤其是在进入21世纪后，全球化是当前人类历史发展的必然趋势，人们对多语制的看法发生了根本性的变化，双语制或者多语制越来越被理解为是一种结合了个人认知、社会地位和经济资产的制度产物，而单语制则被视为语言习得规划需要面临和解决的问题。因此，发展语言技能就是对个人人力资本的投资，是对未来利益的预期。

（2）语言秩序和语言习得规划的关系。这个重要观点引用了美国马里兰大学语言学家弗朗西斯·M.霍特（Francis M. Hult）的研究结果：语言等级或语言秩序随着时间的推移而变化，因此是一个国家或地区的政治、法律、社会、经济、人口、环境变化的结果。语言秩序不是一个全球性的和绝对的标准体系，而是在特定的地理环境下的语言习得规划。虽然它们之间存在一些共同的特征，但是在所有的教育层次，特别是在高等教育中发展多语能力的语言习得规划方面，各国的反应和所采取的方式是不同的。

（3）语言习得规划是语言教学和管理的核心。进入21世纪后，由于复杂的人口和社会经济情况，以及语言文化与宗教、种族身份认同相互交织的实际情况，语言习得规划的制定往往是多方面的、复杂的。尽管如此，从根本上来看，语言习得规划是指有组织地努力促进语言学习，是正式和非正式环境中语言教学管理的核心。美国爱荷华大学戴维·卡斯尔斯·约翰逊（David Cassels Johnson）教授也认为，语言教学已经成为语言政策和规划研究的一个核心元素，在注重语言习得规划方向和方法论的基础上，以及在不同的教育背景和水平下，当下的语言规划和政策问题在一定程度上是可以得到解决的。

（4）语言习得的场所问题。语言政策和规划研究越来越多地显示出学习者在各种场所如家庭、学校、培训机构等的积极作用。但由于其社会和政策需求的重要性，教育机构仍然是语言习得的重要场所。

当然，此书也存在不足之处。一是关于语言政策和规划研究所涉及的国家和地区有限,主要集中在欧美发达国家,不能完整地反映出其他地区的实际情况。二是尽管很多国家和地区将多语制作为一种语言教育政策来推广,但实际情况是多语制往往会带来语言平等、民主参与度和基本人权的相关问题。一个很明显的例子就是,随着全球经济一体化的发展,英语已经逐渐成为一种跨越国界、民族和文化的全球性优势语言。在今天的语言市场上,英语在世界各地都得到了强势推广,这样就挤占了其他的语言资源,这是当代语言习得规划研究中一个特别突出的主题。

总之,此书是语言政策和语言习得规划的一部实用著作,对社会语言学、教育和应用语言学、语言规划学、社会学、政治学和比较教育学等学科的研究具有参考价值。

《家庭语言政策：在家庭中保护濒危的语言》述评

陆月华[*]

一、引言

20世纪90年代以来，西方语言政策与规划研究逐渐突破宏大叙事，开始转向微观视角，家庭作为语言具体应用领域的规划日渐得到重视。凯茜·史密斯-克里斯马斯（Cassie Smith-Christmas）于2016年出版的专著《家庭语言政策：在家庭中保护濒危的语言》（*Family Language Policy: Maintaining an Endangered Language in the Home*）成为家庭语言政策领域重要的研究成果之一。该书以苏格兰斯凯岛中的坎贝尔一家为研究对象，描述了坎贝尔家族几代人传承盖尔语所经历的挑战和面临的困境。该个案研究为如何在原住民社区语言环境中保持少数族裔的祖传语言提供了借鉴。全书共分为六章，下文先对各章内容进行介绍，然后对此书做简要述评。

---

[*] 陆月华，上海政法学院语言文化学院（国际交流学院）副教授，研究方向：语言学、英语教学。

二、内容简介

"第1章 什么是家庭语言政策?"追溯了家庭语言政策研究的起源,指出家庭语言政策研究的典型语言环境:父母讲不同语言的家庭、移民社区和少数族裔原住民社区。在家庭语言政策的框架下,一个核心问题是:为何一些孩子比其他孩子习得和使用更多的弱势语言?研究人员把孩子在家庭中的经历作为分析的中心,从数量和质量两方面考察语言输入对于阐明上述问题的重要性。一般来说,语言输入的数量越多、质量越高,孩子对弱势语言的掌握程度就越高。此外,不同的语言环境会影响孩子对弱势语言的习得。作者指出,与其他语境相比,对少数族裔原住民语言及其大家庭的研究甚少。此章最后简要论述了该研究中调查的苏格兰盖尔语这一少数族裔语言是如何经历重大转变的。尽管发生了这种转变,但近年来也为该语言的复兴做出了巨大努力。

"第2章 研究方法"介绍了作者通过观察、访谈和录音的方式,对苏格兰斯凯岛中的坎贝尔一家三代人语言使用的状况进行了8年的民族志研究。作者分别于2009年和2014年深入坎贝尔家里,观察并记录该家庭中第一、二代成员与第三代成员交流时的语言使用状况,建立了两个自然口语语料库。在分析中,作者采用定量和定性相结合的方法,考察家庭成员语言的使用及变化。同时,作者还描述了在语料收集、内容选取和转写过程中遇到的挑战和困难,并提出一个按时间顺序的方法论,研究这个家庭的语言政策是如何随着时间的推移而改变的。

"第3章 家庭语言政策的历时研究"全面介绍了坎贝尔家族三代人在2009—2014年间的语言使用状况,探讨该家族"以盖尔语为中心"的这一显性家庭语言政策的制定、发展和演变过程。研究发现,无论是在代际层面,还是在相同代际不同年龄层面,家庭内部均出现了语言转用的现象。第一代的娜娜(Nana)是盖尔语的忠实支持者,她以盖尔语为中心的家庭语言政策在自己的孩子身上取得了成功;坎贝尔的第二代兄弟姐妹[谢默斯(Seumas)和梅丽(Mairi)]从小就讲盖尔语,尽管他们现在不经常使用这种语言。具有讽刺意味的是,以盖尔语为中心的第三代家庭语言政策的主要推动力源自第一代的多利纳

(Dolina)对自己女儿佩吉(Peigi)的以英语为中心的要求。在许多情况下，坎贝尔第三代家庭成员和第二代一样，每个孩子对盖尔语的使用都有所减少，这一点在 2014 年的语料库中得到了验证。与 2009 年的数据相比，坎贝尔家族各成员盖尔语的使用率皆有所下降；英语作为强势语言，其使用则呈上升态势，语言转用难以逆转。然而，使用盖尔语的人数减少并不是一成不变的，前两代成员幼时所经历的家庭语言政策影响了他们的语言意识，而这些意识又进一步影响他们对家庭语言政策的制定。概言之，此章强调了三代人对历时性语言使用的几点观察：首先，语言转用是沿着代际维度发生的；其次，就年龄差异而言，语言转换在同一代人当中也时有发生；最后，两个语料库显示，盖尔语的总体使用有所减少。

"第 4 章　在微观层面上构建和消解家庭语言政策"讨论了以盖尔语为中心的家庭语言政策如何被创造出来，又是如何在微观层面上被消解的。此章分为十个小节，内容分别为："坚持立场"的语言选择方法、双重语言的能动性、鼓励在以儿童为中心的环境中使用盖尔语、盖尔语在故事时间互动中的使用、家庭语言政策是如何消解的、微观层面上的"语言转用"、试图扭转语言转用、孩子对家庭中反向语言转用尝试的认知、熟练程度问题、反身性和反向语言转换的挑战。作者指出，娜娜和佩吉建立了以盖尔语为中心的家庭语言政策，保持了"双重语言"，也通过使用盖尔语明确以孩子为中心的互动。然而，尽管双语是一种维持策略，该策略的实施却意外消解了以盖尔语为中心的家庭语言政策。因为家庭中的语言转用具有反身性，也就是说，第二代家庭成员的语言转用会导致第三代家庭成员的语言转换，然后这种转用进一步反身加强已经存在的转用。例如，由于孩子们往往用英语回答大人的问题，这使得大人不愿意对第三代使用盖尔语。研究表明，要扭转家庭语言的转变，不仅需要在第三代人身上使用更多的盖尔语，从本质上讲还需要改变成年人相互交谈时的语言习惯。此章还强调，尽管娜娜和佩吉付出了相当大的努力，她们似乎是唯一能够与第三代人保持使用盖尔语的家庭成员，但这种做法实际上是消解过程的关键，因为这意味着娜娜和佩吉无法与第三代人协商更多以单语为中心的策略。概括来讲，此章展示了由于家庭动态的、错综复杂的相互作用和语言转用的进展，让年轻一代保持使用少数族裔语言的任务变得异常艰难。

"第 5 章　权威、团结和语言"探讨了在家庭以及更广泛的社会文化语境共同作用下形成的语言的权威和团结的二元对立关系。这种二分法不仅源于语言使用的环境,如学校,还源于讲这种语言的人,比如家族中的权威人物或社区里的长者。此外,还和使用该语言的方式有关。作者认为,在家庭和更广泛的社会文化语境中,盖尔语往往代表着权威,而英语则意味着团结。盖尔语与权威主要有四个方面的关联。首先,家庭中具有权威地位的长辈偏爱使用盖尔语,比如第一代的娜娜;其次,父母训诫孩子时往往使用盖尔语,这个从语料库里可以找到例证;再次,学校要求老师和学生在课堂上进行互动时必须使用盖尔语;最后,某些场合禁止使用盖尔语。另一方面,英语在家庭第二代和第三代当中使用频率较高,无论是在家里,还是在学校课后活动中,使用英语能够拉近使用者之间的距离,成为"团结"的符号。这些现实是语言转换和非刻意的语言维持的结果。家庭和社区之间的自反关联为盖尔语创造了消极的情感配价,为英语创造了积极的情感配价。这种语言的权威和团结的二元对立关系也是儿童早期和持续偏好英语的另一个促成因素。

"第 6 章　结论"对前面各章进行了总结,并对全书内容进行了归纳,指出了研究的局限性,并对家庭语言政策进行了预测。作者指出,少数族裔语言的存在与缺失的二元对立是解释该语言低使用率的关键。尽管坎贝尔家族里的孩子比那些父母讲不同语言的孩子和移民社区儿童具有习得盖尔语的优势,但是他们使用盖尔语的频率仍然较低,这不仅因为少数族裔语言的存在与缺失的二元对立会阻碍语言保持,而且和孩子本身的主观能动性以及外部社会文化语境有很大关系。因此,以盖尔语为中心的家庭语言政策前景不容乐观。作者指出,在该书中,他把孩子们的经历作为可观察的现实,这项关于家庭语言政策及其语言转换关系的研究的重点在于家庭,尤其是作者和坎贝尔家族的孩子们相处的那几年,她采用的是儿童的视角,而不是苏格兰语言转变的更广泛的社会文化视角。因此,该课题还有很大的研究空间。

三、简评

(一) 主要特征

细致周详的论述以及恰如其分的案例解读使这本书具有很强的可读性。该书的研究表现出以下几个显著特征。

第一,使用了民族志的研究方法。民族志研究方法的使用源于20世纪60年代末期和70年代早期,目前在国际语言教育研究领域颇为流行。在家庭语言政策领域,民族志方法目前被视为重要且有效的研究方法之一。"家庭语言政策研究由于其独特的场域,有其隐私和封闭的一面,因此家庭内的隐性语言政策不容易被发现。民族志方法则可以通过深入家庭内部进行长期、细致、近距离的观察和研究很好地解决这一问题。"[1]此书的作者正是通过民族志的方法解决了这一问题。她首先通过登报的形式寻找研究对象,确定了研究对象后,通过电话和邮件与他们保持联系,并多次短期拜访该家庭,与他们建立起朋友关系。在语料收集期间,作者几次深入研究者家庭,与他们共同生活,观察并记录家庭成员之间的日常语言交流,建立了语料库。在进行语料分析时,作者基于对该家庭的了解和熟悉,能够甄别语料中真实和虚假的成分,选用相对真实的部分进行分析。这样,作者实现了由"陌生的研究者"到"朋友"的身份转变,基本摆脱了民族志研究中"观察者困境"的影响。

第二,注重探究影响语言实践的因素。斯波尔斯基(Spolsky)区分了语言政策相互关联的三个组成部分:语言意识、语言实践和语言管理。语言意识是"语言及语言使用的信仰"[2],语言实践是"在语言社团中常规的和可预期的语言行为"[3],语言管理指"某人或者某组织具有或者声称的在一定范围内形成语言实践或者语言信仰而做的明确的和可观察到的努力"[4]。语言意识由语言实践得出,反过来作用于语言实践,语言管理可以改变语言意识,语言实践提供语言环境和语言管理的工具,同时也是语言管理的目标[5]。作者在长达八年的研究中,不时将其研究成果向部分家庭成员进行展示,分享自己的研究心得。2014年的语料显示,部分家庭成员因受其影响,提升了在家庭中使用盖尔语的意识,在与第三代家庭成员进行交流时有意识地提高了盖尔语的使用频率。这种干预行为本应避免,但作者巧妙地化困境为优势,由此进一步观察家庭成员的语言实践,

---

[1] 李英姿:《家庭语言政策研究的理论和方法》,《语言战略研究》2018年第1期。
[2][3] B. Spolsky, *Language Policy*, Cambridge: Cambridge University Press, 2004.
[4] B. Spolsky, *Language Management*, Cambridge: Cambridge University Press, 2009.
[5] 李英姿:《〈多语言世界的家庭语言政策——机遇、挑战与效应〉述评》,《语言战略研究》2019年第2期。

探究语言意识和语言实践之间的关系。此外,作者积极探索影响家庭语言实践的因素。除了家长的语言意识和教育方式,学校、工作场所的语言环境也会对家庭语言使用产生影响。作者发现,坎贝尔家族中的第二代成员幼时在父母的影响下主要使用盖尔语,但是上了学后学校的英语环境使他们不得不用英语和老师同学交流,工作之后更多的场合需要他们使用英语。尽管他们认同盖尔语的社会文化价值,但长期的语言使用习惯使他们在与自己的孩子交流时选用英语,这在一定程度上不利于以"盖尔语为中心"家庭语言政策的实施。由此,作者得出结论:家庭语言政策的实施绝不能独立于社会文化语言环境。

第三,此研究拓宽了家庭语言管理客体的边界。如前所述,语言意识、语言实践和语言管理是斯波尔斯基创建的三重理论框架,它对家庭语言政策的研究具有很强的解释力。简单来讲,语言管理就是指用以干扰或影响语言实践所采取的具体行为措施。充当家庭语言管理者的通常是父母或者其他具有权威的家长(如书中提到的第一代成员娜娜),他们希望通过语言管理影响孩子的语言实践。语言管理不但指试图改变别人,也包括改变自己,父母(家长)在管理孩子语言实践的同时,也是自己语言实践的管理者,家长对自身的语言管理和对孩子的语言管理同等重要[①]。此书将家长纳入了语言管理客体的范畴,因为父母也是非常重要的语言学习者,也是家庭语言规划的重要客体[②]。弱势语言能否在第三代家庭成员中传承下去,不仅取决于家长与孩子间的语言使用情况,还取决于家长间的语言使用情况。作者向我们呈现了第二代家庭成员(如谢默斯、梅丽和佩吉等)之间语言使用的情况。虽然属于同一家族,但由于各自的童年语言经历、教育背景和性格爱好各不相同,他们对使用盖尔语的意识和习惯也不尽相同。作者指出,要想在家庭内部保持他们民族的弱势语言,则必须对家庭所有成员进行语言管理,也就是说,所有家庭成员在家庭内部都必须使用自己的民族语言。

第四,关注到孩子的主观能动性。以前很多家庭语言政策的研究将孩子视为被动的语言政策的接受者,他们的语言实践是由父母的语言意识和语言管理决定的。此书的案例研究显示,孩子有自己的选择和判断,并不完全被动地接受

[①②] 李德鹏:《我国家庭语言规划的基本要素分析》,《云南师范大学学报(哲学社会科学版)》2018年第6期。

父母或其他家长的语言管理。例如,第三代家庭成员戴维在四岁之前跟祖母娜娜学的是盖尔语,在家里一直说盖尔语,但是上学之后,因为同学们基本讲英语,他便转为使用英语,从而疏离盖尔语,甚至对盖尔语持消极态度。但是,在一些场合下,尤其是当他想从家人那里获取什么时,他就会使用盖尔语。成年后,他意识到了盖尔语的文化价值,又经常使用盖尔语和家人交流。这些事实说明,家庭语言政策不是从父母到孩子的自上而下的命令,而是父母和孩子之间的对话,是不断变化的动态共建过程。从儿童着眼的研究路径拓宽了家庭语言政策研究的范围,也有助于从更多角度理解家庭语言政策[1]。

(二) 不足和启示

当然,这本书也存在着一些不足。家庭语言政策的研究结论通常是在某种特定的环境下得出的,所以研究结论往往缺乏普遍性。此书是对苏格兰斯凯岛上的坎贝尔一家所讲的盖尔语进行的跟踪个案研究,其研究结果不可避免地带有局限性。该研究虽然在一定程度上揭示了在家庭中保持少数族裔的弱势语言在语言转用背景下面临的困境,但仍然需要更多大规模的数据,并结合话语分析、人口统计学等其他方法对研究结果加以佐证。此书对少数族裔原住民社区语言环境没有进行深入描述。"没有脱离社区而存在的家庭,没有家庭是孤岛。因此,家庭语言规划应该放在言语社区中研究,以考察所在言语社区对家庭语言规划的影响。"[2]少数族裔原住民社区是家庭语言政策研究的典型语言环境之一,但是此书对盖尔语所处的社区环境没有进行深层次的描述,只是简单提及了在该社区存在的语言转用现象,对该社区与家庭的言语互动过程以及该过程对语言使用、语言保持与语言转用产生的影响论述甚少。如果作者能全面充分地提供该原住民社区的社会语言信息,盖尔语的语言保持和语言转用方面的一些比较模糊的结论就能得到比较合理的解释。

这本书的研究也给我们带来一些启示。西方的家庭语言政策研究基本上是

---

[1] 李英姿:《〈多语言世界的家庭语言政策——机遇、挑战与效应〉述评》,《语言战略研究》2019年第2期。

[2] 王晓梅:《家庭语言规划应该放在言语社区中研究》,《语言战略研究》2019年第2期。

从关注移民家庭的语言文化开始的。此书作者将家庭语言政策研究涉及的环境概括为三种类型：第一种是父母一方是移民，另一方是本国人，各有自己的民族语言；第二种是移民社区，父母都是外来移民；第三种是少数族裔社区。目前西方业界对前两种的研究成果比较丰硕，而对少数族裔社区研究相对较少。而在中国，语言政策与语言规划研究起步较晚，发展时间不长，多数的研究关注自上而下的宏观语言政策，对作为社会最小单位的家庭关注还远远不够。中国是多民族国家，近年来随着城市化和全球化的进程，城市移民数量惊人，国际移民也逐渐增多，这为我们进行家庭语言政策研究提供了条件。此外，中国在 20 世纪 80 年代开始实施的计划生育政策以及现在的"二孩""三孩"政策，也为家庭语言政策提供了素材。针对生育政策的变化以及由此带来的人口结构变化，对家庭语言政策开展高质量的实证研究，有助于扩充家庭语言政策研究的内容、对象、路径等，有助于构建中国家庭语言政策与规划研究的理论体系，具有深远的理论和现实意义。我们期待更多这样的研究成果出现。

《家庭语言政策：儿童视角》述评

燕守宝[*]

一、引言

《家庭语言政策：儿童视角》(*Family Language Policy: Children's Perspectives*)由索尼娅·威尔逊(Sonia Wilson)著，于2020年由帕尔格雷夫·麦克米伦出版社出版。该书通过案例研究了英国法英双语家庭的语言政策，分析了家庭语言政策对儿童的双语体验以及与父母关系的可能影响，指出儿童在双语环境中成长的情感体验须被视为家庭语言政策是否成功的关键指标。除简短的前言外，该书共五章。本文先介绍各章节内容，然后做简要评价。

二、内容简介

"第一章 传承语者、家庭语言政策和情感挑战"共五节，首先介绍多语家庭成员互动并建立语言模式的社会语言学背景。其次，该章描述和分析家庭语言政策的概念，并综述了传统家庭语言政策研究的重点，即通过特殊的家长策略促

---

[*] 燕守宝，上海政法学院语言文化学院(国际交流学院)讲师，研究方向：语言规划、语料库。

进儿童双语的发展。最后,该章强调家庭语言政策对儿童在双语环境中成长的情感体验产生影响。

"第一节　跨国、通婚和多语家庭"指出跨国、通婚现象造成的跨语言、跨文化家庭背景下,三种类型家庭面临的挑战。该研究考察第三种结构,也就是使用少数族裔语言的法裔和使用主体语言的英国父母构建的家庭。作者强调书中案例的研究对象是传统的核心家庭结构。

"第二节　家庭语言政策:概念和研究领域"把家庭语言政策定义为在家庭内部和家庭成员之间对语言和读写实践的显性和隐性规划。作者梳理了家庭语言教育的早期发展,认为2004年这一概念才通过斯波尔斯基(Spolsky)[1]的三要素模型(语言实践、语言管理和语言观念)正式化。三要素模型是作者研究的理论基础,作者基于三要素梳理了研究成果,指出语言实践的迫切问题是对成功双语概念的讨论,以及语言实践中是否要纳入主体语言和超语(translanguaging)。语言管理指父母采取的各种策略影响着家庭中的语言实践。该节重点介绍了张晓兰(X. L. Curdt-Christiansen)[2]提出的三种类型(高度组织定期监控型、非反思性父母适应型和自由放任型)以及兰萨(Lanza)[3]提出的五种类型(最小掌控、表达猜测策略、成人重复、不打断策略和成人语码切换)。研究表明,父母的语言管理在于对超语行为的接受程度。作者梳理了对"一人一语法"[4]的研究,指出该策略会加重母亲的压力,这种基于严格遵守语言一致性的理念难以实现,因此超语不应被视为父母缺少管教,而应对其持更积极的态度。

"第三节　父母语言理念"中作者描述了第一代跨国人群对少数族裔语言的价值认知以及对在特定社会中使用多种语言的社会效用的看法。作者继而探讨了家长对多语和传承语价值的认知,明确了双语学习的目的和观点(尽早引入、语言分离和语言期待)。此外,作者分析了家庭语言政策和育儿观念的关系:有

---

[1]　B. Spolsky, *Language Policy*, Cambridge: Cambridge University Press, 2004.
[2]　X. L. Curdt-Christiansen, "Negotiating Family Language Policy: Doing Homework," in M. Schwartz and A. Verschik (eds.), *Successful Family Language Policy: Parents, Children and Educators in Interaction*, Dordrecht: Springer Science & Business Media, 2013.
[3]　E. Lanza, "Multilingualism in the Family," in P. Auer and L. Wei (eds.), *Handbook of Multilingualism and Multilingual Communication*, Berlin: Mouton de Gruyter, 2007.
[4]　E. Lanza, *Language Mixing in Infant Bilingualism: A Sociolinguistic Perspective*, Oxford: Clarendon Press, 1997.

强影响信念的父母认为,通过他们的语言管理影响孩子的语言发展,努力控制孩子的语言使用或禁止某些语言行为;有弱影响信念的父母没有试图通过任何特定的策略来影响孩子的语言使用,家庭外部影响会加强,最终导致语言转换。

"第四节 作为传承语者的成长"中作者区分了少数族裔语言和传承语,揭示了双语儿童的情感、心理和关系体验,指出未来的研究应把重点放在双语者的生活语言体验上。作者还研究了双语儿童的语言态度。语言态度是对不同语言的认知评价或情感反应。对传承语积极的态度来自与家庭联系的愿望和强烈的民族认同感,而父母强烈的情感依恋和儿童对此的消极态度可能会导致家庭内部冲突。作者认为有必要仔细区分语言态度和语言偏好。语言态度反映了一个人对某种语言的感受和看法,是情感性的。语言偏好又称语言选择,与环境和特定的言语活动有关。作者指出,许多年轻的传承语者使用这种语言时容易感到某种程度的焦虑,仅有的少量研究表明焦虑可能会对儿童的自尊产生负面影响,导致他们感到与传承语社群疏远并产生抗拒。作者指出,语言、文化和身份之间的内在关系通常意味着家庭语言政策可能会放大语言接触情境所产生的情感挑战。

"第五节 家庭语言政策和情感挑战"梳理了家庭语言政策与身份认同的研究,探讨了家庭语言政策和情感挑战的关系,认为多样的文化认同和对少数族裔语言与文化的不同处理方法共存造成多语种家庭特有的情感挑战。作者用德·豪沃(De Houwer)[①]的"和谐双语发展"概念来定义和探讨"福祉"。个人语言偏好造成的反复冲突可能对跨国家庭的幸福产生负面影响。这对传承语者的成长带来了显著的挑战,而家庭语言政策本身可能成为家庭冲突的根源,必须确定和讨论其挑战。作者介绍了传承语认同的概念框架,描述家庭成员的实用、情感动机,并认为跨国体验的复杂性和独特性要求对挑战进行更深入的调查。

作者指出最近的研究重点转移到了跨国家庭双语体验的整体方法上,提出儿童的主观体验是决定家庭语言政策成功与否的基本标准。该研究总体目标是为这一新的研究方向做出贡献,提出进行综合的、动态的、包括父母和孩子观点的家庭语言政策调研,从而解决研究文献缺乏儿童观点的问题。该研究的目的

---

① A. De Houwer, "Harmonious Bilingual Development: Young Families' Well-being in Language Contact Situations," *International Journal of Bilingualism*, Vol.19, No.2, 2013.

有两个：第一，了解双语儿童对外语学习的认知；第二，了解家庭语言政策对儿童在双语环境中成长经历的影响。

"第二章　多语家庭中的深入案例研究"共六节，介绍研究的起因、方法、工具和对象。作者指出家庭语言政策研究的一个问题，即大部分数据都是通过对传承语者的父母进行研究得出的。为了把关注点转到儿童视角上，作者选择了定性方法，倾听儿童的声音，帮助他们表达自己的想法和双语体验，提出重要的是采取综合法对儿童的家庭环境和感受有更透彻和真实的了解。方法论上作者采用了多案例研究的方法，包括深入和全面的调查，揭示参与者自己看不见的一些隐含想法和动机。作者选择在每个案例研究中使用定性工具，包括半结构化面对面访谈、电子邮件访谈、家庭互动的记录观察和语言自画像。选择六个家庭是为了代表多种家庭语言政策以及一定程度的地域多样性。

"第一节　家长访谈"分为三个部分：第一部分要求提供家庭语言实践的全部细节；第二部分侧重于家长的语言管理、采取的策略以及对孩子法语熟练程度的期望；第三部分是参与者回答语言观念的问题。参与此研究项目的英国父母都是讲英语的单语者，因此多数人觉得自己无法讨论双语育儿。作者通过电子邮件发送面试问题，旨在了解英国父母对双语的态度，对子女双语发展的参与程度，以及对配偶/伴侣教授传承语方式的看法。

"第二节　与儿童做研究"介绍调查儿童观点的两种主要方法：具有视觉刺激的面对面半结构化访谈和语言自画像。作者使用性别匹配角色的图片作为刺激，让孩子们参与其中，讲述自己的语言实践和态度，还为那些难以用文字描述自己情绪的孩子们提供了正面、中性和负面的面部表情。另一个创新方法是对兄弟姐妹联合采访，比较他们的观点。语言自画像是一种创造性的研究工具，深入了解在家庭、双语和文化身份之间的独特互动。第二次采访时，儿童们上交创作的语言自画像，并口头描述和解释。作者对此录音后转换成文字，然后进行主题分析，以确定共同主题。

"第三节　家庭互动的观察和记录"中作者对自然状态下的互动进行调查，记录家庭语言实践，捕捉参与者没有讲述的群体动态。作者在观察过程中做笔记，并记录任何有趣的非语言行为，包括眼神交流和语调。此外，作者提出了2个场景供选择：家庭用餐和辅导子女作业。4个家庭选了前一个场景，2个家庭选了后一个场景。

"第四节 数据分析"中，首先，作者利用 Nvivo 11 软件，通过主题分析对全部访谈和语言自画像进行分析。其次，作者以家庭语言政策的三要素模型为分析框架，识别并报告每个参与家庭的语言实践、管理和观念。最后，作者利用话语分析的一些要素来检查观察到的家庭互动。

"第五节 研究参与者和场所"，作者通过对全国54所法语补习学校中的22所进行匿名互联网调查，邀请6个家庭参与案例研究。这些家庭分布在3个地区：2个家庭在伦敦，2个家庭在英格兰东南部，还有2个家庭在中西部。研究涉及8名儿童（6—17岁），包括2对兄弟姐妹。

"第六节 研究的普遍性和局限性"指出该研究的局限性：（1）参与者来自英国较富裕家庭，是英语水平良好的中上层个体。（2）研究样本较小，因此并不代表所有的跨国通婚家庭。研究传统的核心家庭结构，可能无法代表其他家庭环境，如同性结合或收养家庭。

"第三章 家庭教育政策的儿童体验：英国法语传承语者的6个案例研究"共六节，从家庭的语言实践、语言管理风格和方法、语言意识形态、父母对子女语言态度的看法、子女对少数族裔语言和父母语言管理风格的态度等方面逐个描述。每个案例研究报告都基于访谈数据。姓名用了化名，但包含与真名相同的音节，以尽可能接近真实描述。

"第一节 案例研究A：伊莲娜（9岁）和安托万（16岁）"介绍了家庭背景：伊莲娜和安托万出生在英国；父亲艾伦是英国人；母亲蕾切尔是法国人，她在英国生活了25年。

家庭语言实践。父亲只使用英语，母亲和孩子只用法语，孩子之间大多说英语。蕾切尔声称她从不或很少混用法语和英语，安托万不混用而伊莲娜经常混用，蕾切尔觉得很有趣。

语言管理方法。蕾切尔严格执行"一人一语"策略。她对子女只说法语，还让子女与她交谈时用法语。总的来说，孩子们面临着一种高度结构化和可控的语言管理方法。

观察到的语言实践和管理。家庭成员之间的录音交流与访谈中讲述的做法一致。记录还显示英语在餐桌上占据主导地位，尽管蕾切尔多次尝试将对话带回法语。

少数族裔父母的语言观念。蕾切尔认为培养双语儿童困难但有益,认为只有自己讲法语不足以培养孩子积极使用法语的能力,因此她强迫孩子使用,认为超语行为是智力懒惰。她对子女法语水平的期望值很高。

非法裔父母的双语育儿法。艾伦完全支持蕾切尔的目标,他认为家庭语言管理政策严格但值得。

父母对孩子语言态度的认识。艾伦认为子女对法国文化和语言持积极态度,蕾切尔一直在努力确保自己的语言管理风格不会受到负面影响。

伊莲娜和安托万对传承语和家长语言管理的态度。子女对母亲在家里推广法语的努力持消极态度,但对补习学校都持相当积极的态度。两人的语言自画像表明都认同自己是半个法国人。

"第二节 案例研究 B:埃里克(11 岁)和埃拉(13 岁)"介绍了家庭背景:埃里克和埃拉出生在英国,母亲凡妮莎是法国人,父亲卡尔是印裔英国人。

家庭语言实践。凡妮莎倾向于对孩子们讲法语,在公共场所混用法语和英语。父亲在一旁时,他们都说英语。

语言管理方法。凡妮莎的语言管理方法灵活、包容,介于兰萨的"不打断策略"和"成人代码转换"之间。她不明确要求子女用法语,但在从补习学校回家的车里说法语。

观察到的语言实践和管理。语言实践与描述一致,凡妮莎大多说法语,有时混用英语。凡妮莎不打断谈话进行纠正,除非儿子特别要求,并试图尽量减少埃拉对弟弟法语的批评。

少数族裔父母的语言观念。凡妮莎认为自己灵活的方法是必要的,应鼓励交流,有时可以牺牲语法和词汇的正确性,认为超语行为是一种自然的做法。她对子女的法语流利程度感到满意,尽管语法有错误、词汇量有限。

非法裔父母的双语育儿法。卡尔支持双语育儿,但不觉得对语言发展负有责任,认为在家里说双语是顺利而自然的。

父母对孩子语言态度的认识。父母都认为尽管埃里克不喜欢法国学校,但不视之为负面态度,而是个性差异。凡妮莎认为子女将传承语与母亲形象联系在一起,灵活的语言管理方法有助于培养积极态度。

埃里克和埃拉对传承语和家长语言管理的态度。他们都对自己的法语技能和不足有着现实的认识。埃里克对使用法语充满信心，但对上法语学校态度消极。埃拉对犯错误感到焦虑，但喜欢说法语，甚至决定提高自己的法语技能。埃拉的语言自画像突出了两种语言之间的紧密联系以及她与亲友的密切关系，埃里克则强调两种语言熟练程度的差异。

"第三节 案例研究C：阿伦·伯特兰德（6岁）"介绍了家庭背景：阿伦是参与者中年龄最小的，出生在英国；父亲帕特里克是法国人；母亲劳拉是英国人，她是中学全职法语教师。

家庭语言实践。家庭对话多用法语，劳拉偶尔会对孩子们说英语。孩子们一起玩时倾向于用英语。

语言管理方法。帕特里克实施只使用少数族裔语言的规则，亦即"温室"法。他采用了各种语言管理策略：首先经常使用"最少理解"法[①]，假装不理解孩子用英语表达的内容；其次是忽略用英语提出的任何评论或要求；最后也会采用更严格的方法，如明确要求或提高嗓门迫使孩子改用法语，如无效则斥责或惩罚。采用奖惩相结合的方式，对超语零容忍，系统地纠正语言错误。"温室"法也适用于读写实践。帕特里克认为法语补习学校是重要的补充。

观察到的语言实践和管理。父母都不说英语，阿伦和父母只说法语。劳拉的方法更有耐心，并试图为孩子们提供线索。阿伦通常遵守父母的语言规则，而妹妹似乎对单语环境不太适应。

少数族裔父母的语言观念。地道是帕特里克语言思想的核心，对超语看法积极，与其语言分离法不一致。他似乎意识到语言管理的僵化，但认为严格的双语育儿法是必要的，期待子女成为平衡的双语者，达到父亲的母语水平。

非法裔父母的双语育儿法。劳拉总体上支持配偶的语言理念和方法但更灵活，认同他的语言期望。

父母对孩子语言态度的认识。帕特里克认为阿伦对传承语持绝对积极的态度，对会说法语感到特别自豪。劳拉认为虽然阿伦有时觉得父亲太严格，但是对自己好，不认为家庭语言政策对孩子的体验和态度有重大影响。

[①] E. Lanza, *Language Mixing in Infant Bilingualism: A Sociolinguistic Perspective*, Oxford: Clarendon Press, 1997.

阿伦对传承语和家长语言管理的态度。阿伦说喜欢在家说法语并为此感到自豪,似乎态度积极,但采访中的其他因素表明并非如此。双语学习似乎让他在经历一个艰难的过程,这可能源于父亲严格的语言规则。他也经历一定程度的焦虑,可能是父亲的高期望引起的。阿伦显然对父亲的语言管理风格持负面态度,但不会表现为行动。语言自画像表明他发现很难辨别和分离对每种语言的体验,表明英语仍然在家中存在。

"第四节　案例 D：约翰·惠勒(6 岁)"介绍了家庭背景：约翰出生在英国,父亲加雷斯是英国人,母亲玛蒂尔德是法国人。

家庭语言实践。玛蒂尔德主要说法语,加雷斯大部分时间说英语。约翰的语言选择因环境和情绪状态而异。玛蒂尔德频繁混用两种语言,约翰则极少。

语言管理方法。玛蒂尔德采取两种主要的话语策略："成人重复"法和"不打断"法①。采用温和的纠错方法,优先考虑语言产出而非语言正确性。补习学校是其语言管理计划的重要组成部分。

观察到的语言实践和管理。玛蒂尔德主要讲法语,偶有混用,加雷斯有意多用法语。约翰混用两种语言,但用法语表达相对简单的句子,而用英语表达更复杂的句子。观察到的策略和纠错与语言实践部分的叙述一致。

少数族裔父母的语言观念。玛蒂尔德认为语言是大脑中的自主系统,与流行的单语言双语教学法是一致的,但赞成宽松的语言政策,包括对超语的高度容忍,灵活性是自然愉快体验的关键。玛蒂尔德满意约翰的法语熟练程度,主要目标是让约翰接触法语,而不是达到某种语言目标。

非法裔父母的双语育儿法。加雷斯完全同意妻子的双语育儿方式,认为约翰的双语发展至关重要,努力为其提供机会。

父母对孩子语言态度的认识。玛蒂尔德认为约翰持积极态度,灵活的双语教学方法促进了交流。加雷斯认为约翰的态度是中性的。

约翰对传承语和家长语言管理的态度。约翰总体持积极态度。约翰喜欢说法语并设想双语为未来成年生活的一部分。语言自画像表明他意识到自己传承语的不足,但对这一现实似乎满意。

---

① E. Lanza, *Language Mixing in Infant Bilingualism: A Sociolinguistic Perspective*, Oxford: Clarendon Press, 1997.

"第五节　案例 E：马克·沃森(10 岁)"介绍了家庭背景：马克是独生子，也是一个航空迷；母亲瓦莱丽是一名大学图书馆员；父亲西奥是英国人，法语水平有限。

家庭语言实践。遵循严格"一人一语"模式——瓦莱丽只对马克说法语，西奥则坚持说英语。马克和母亲都不喜欢混用少数族裔语言和主体语言。

语言管理方法。瓦莱丽采取严格的语言分离法，对超语零容忍，并努力创造法语单语互动的空间，宣称理想的语言政策是"温室"法，视法语读写为其语言管理的重要组成部分。马克经常大声朗读法语，练习阅读和写作技巧。

观察到的语言实践和管理。即便用传承语讨论英语作业尤其是英语语法很有挑战性，马克和瓦莱丽在整个互动过程中都只说法语，习惯于严格遵守语言分离原则。

少数族裔父母的语言观念。瓦莱丽对双语一贯积极。鉴于西奥不太会说法语，瓦莱丽采用"一人一语"的方法，但她理想的语言政策是纯少数族裔语言的策略。她认为超语是自然过程，但完全不容忍语言混用。她期望很高，不仅要达到平衡的双语能力，还努力实现平衡的双文化能力，并视西奥为理想的法语单语家庭环境的障碍。

非法裔父母的双语育儿法。采用"一人一语"的方法是他们的共同决定，但西奥认为自己家庭语言政策的参与程度很低。

父母对孩子语言态度的认识。瓦莱丽认为马克对传承语和文化的态度是积极的，家庭语言政策有助于加强与儿子的关系。西奥的认识略有差别。

马克对传承语和家长语言管理的态度。马克喜欢说法语，不喜欢混用语言，但没有任何语言偏好。马克没有明确批评父母的语言管理方法，但他理想的家庭语言政策包括说法语、英语以及可以让孩子自由地选择所喜欢的语言。马克的语言自画像反映了母亲建立清晰的语言分离的坚定决心和自己对半英半法语言模式的认同。

"第六节　案例研究 F：奥罗拉·豪尔(8 岁)"介绍了家庭背景：奥罗拉和 4 岁的妹妹克拉拉出生在英国；母亲克洛埃是法国人，英语理解能力很强；父亲乔治是英国人，能够听懂妻子和孩子之间的大部分法语沟通。

家庭语言实践。互动遵循"一人一语"模式。克洛埃和女儿是平行模式或双语互动：孩子多使用主体语言，而父母使用少数族裔语言。

语言管理方法。克洛埃和丈夫采用"一人一语"的方法，比如通过肢体语言表明她说的主体语言不是针对女儿，让孩子自由选择适合自己表达的语言。他们认为上补习学校、去法国度假是练习传承语的机会。

观察到的语言实践和管理。语言实践与所述一致。克洛埃和女儿说话时只用法语，克洛埃和其他人说英语，整个互动过程女儿没有用法语。

少数族裔父母的语言观念。克洛埃视超语为一种自然现象，语言分离是双语育儿的一个关键，另一个基本要素是儿童的语言选择自由。她相信孩子听力会很强，但不期待将来会说法语。

非法裔父母的双语育儿法。乔治在语言管理计划中没有选择和投入，但同意妻子的方法。

父母对孩子语言态度的认识。克洛埃认为女儿对语言持积极态度但一直存在一些焦虑，相信随着女儿变得更自信，会提高法语的表达技能。乔治表示认同。

奥罗拉对传承语和家长语言管理的态度。总体上奥罗拉对传承语和文化持积极态度，喜欢母亲对她说法语。与法国亲戚交流时，她有一些焦虑。奥罗拉感激母亲对她使用英语和超语的宽容。她的语言自画像反映了复杂而微妙的双语体验，表明语言水平与其文化身份密切相关，也表明她意识到自己每种语言的熟练程度，并对其很敏感。

"第四章 通过家庭语言政策促进和谐双语发展"共四节，对六个案例进行主题分析，研究儿童期双语学习的语言态度和偏好的作用，强调年轻传承语者双语体验的整体性和个体性，最后讨论了特定家庭语言政策对儿童的影响。

"第一节 与儿童探讨家庭语言政策"指出参与者中绝大部分主体语言父母认为子女的双语经历是自然的，认为子女意识不到父母的语言策略，而法语父母承认从未问过子女的感受。鉴于父母对子女的看法大部分是基于猜测和观察，而孩子对双语学习经历的叙述与家长的感觉经常矛盾，孩子负面的感受往往不被父母注意到，父母有必要和子女讨论家庭语言政策。作者指出父母应考虑语言、文化和身份认同的复杂关系。作者认为语言与情感的关系增加了家庭语言政策的复杂性，而父母忙于日常事务可能意识不到这一点。

"第二节　儿童语言态度与语言偏好"指出八个孩子都很高兴会讲双语,但很难解释对传承语和双语学习明显好感的原因。作者认为由于法语作为外语被列入英国学校课程中,在英国社会法语普遍受到肯定。作者还强调研究应区分语言好感和语言偏好,大部分孩子仍然偏好使用英语,因为处于英语环境下,英语流利程度更高。两者并存表明孩子们没有意识到两种语言是独立的、相互竞争的,而将接受双语作为一种整体现象。

"第三节　作为整体和个体经历的儿童期双语学习"为了解双语环境中成长的年轻传承语者提供了非常需要的洞察。孩子们的双语经历是通过半结构化的采访和语言自画像来实现的。作者指出儿童对超语行为的评论表明他们认为这种做法是自然和不言而喻的。父母创造单语环境的任何努力,似乎违反了儿童的直觉,直觉上还是根据语境做出明智的语言选择。一些孩子认为,为了尊重单语对话者,语言分离是必要的。有些儿童拒绝或无视语言分离规则,表明他们认为双语是一种整体的、流动的现象,这在语言自画像中表现得也很明显。儿童双语体验的独特性是这项研究的显著方面。研究数据揭示尽管父母的语言管理和观念可能会对孩子的双语体验产生很大影响,但每个孩子独特的个人经历决定了他们对父母语言输入的接受和反应。案例研究还显示不同的双语育儿法可能会产生类似的结果,而类似的语言管理方法可能导致儿童产生不同的反应。这强烈地表明任何尝试预测特定语言管理风格的语言文化成果可能是不切实际的、无益的。虽然一些家长努力塑造子女的语言习惯,但孩子似乎保持一定程度的独立和自由,没有复制父母的说话模式。

"第四节　把少数族裔语言强加给儿童的影响"指出案例研究清晰地揭示了严格的语言管理可能产生的影响。研究表明,儿童缺乏语言选择自由会导致与家长沟通减少。研究还表明,儿童并不经常对父母的语言管理方法表示不满,或对使用传承语沟通感到不舒服,这可以解释父母似乎没有意识到他们的语言管理方法对子女的幸福感与亲子沟通的无声影响。参与此研究项目的儿童和家长对双语和少数族裔语言都表现出积极的态度,然而并不是所有的家庭都能和谐地体验双语。父母对孩子语言选择的反应以及产生冲突的制裁,阻碍双语和谐发展。此外,六个案例研究表明,用自己选择的语言自由表达的年轻人会更舒服,会和说少数族裔语言的父母分享感受。总体上,以儿童为中心的语言管理方式并允许孩子自由选择语言,更接近实现双语育儿快乐语言法的理念。

"第五章　结论"总结了核心论点并反思研究的意义。研究的主要动机是了解迄今被忽视的学龄双语儿童的观点,引起人们关注家庭语言政策的情感影响。作者认为家庭语言政策可能会对儿童以及整个跨国家庭产生深远的情感影响。因此,采取温和宽容的家庭语言政策方式似乎更能鼓励第二代传承语者对传承语和文化长期的归属感和依恋度。

作者认为在童年的关键期儿童的感受和幸福感同样重要,因此有必要反思严格的语言规则的结果。研究表明,父母在发展传承语的愿望和孩子独特的语言能力与文化认同之间取得平衡至关重要。强烈建议将双语视为一种语言整体和流动现象,而不是对儿童实行语言分离的语言政策。父母的家庭语言政策和孩子的双语体验之间的差距可能会对跨国家庭及个体成员产生深远的情感影响。

作者指出这些发现具有重要意义,建议家长接受家庭的跨国性,接受可以通过他们的语言选择和超语实践来建构和表达儿童的混合性身份认同。研究结论是双语儿童更赞同灵活的家庭语言管理,培养他们保持和使用传承语的愿望。包容、灵活的语言实践可能是关键因素,使少数族裔父母体验到双语育儿是一个积极愉快的过程。

该研究对儿童双语发展和家庭语言政策实施也有一定的启示,有助于把家庭语言政策研究的焦点从实现儿童最佳传承语能力,转移到理解多语言家庭的生活体验。作者认为必须将儿童的愉快经历和家庭幸福视为家庭语言政策成功必不可少的要素,远比儿童的双语发展水平重要。此外,有着相似的社会语言背景的人,却有独特的超语方法,这验证了双语者的经历应该语境化的观点。

该研究还发现儿童不仅能够准确地描述自己的语言实践,还能讲述自己对家长语言规划的感受。创造性研究工具的使用在鼓励他们分享感受上起到关键作用,证明学龄期传承语者有能力反思自己使用多种语言和外语学习上的个人经历。因此,未来的家庭语言政策研究有必要设计和运用适合年龄的研究工具,纳入年轻传承语者的观点,以更真实地了解跨国家庭的语言挑战和机遇。

家庭语言政策超越了语言发展,与家庭和个人福祉、亲子关系和文化认同密切相关。家庭语言政策不能再是纯粹由家长设计和实施,儿童仅仅是接受,现在有必要围绕最初的问题重新集中讨论家庭语言政策保护传承语的动机,即跨国家庭儿童的福祉。

三、简评

这本书探讨了双语家庭的语言政策问题,通过六个案例研究法英双语环境中父母和子女的经历,探讨儿童和家长对双语的看法以及家庭语言政策的影响,从而得出父母的家庭语言管理对儿童的感受和健康以及整个家庭幸福有深远影响。此项研究的结论对其他语言背景的跨国家庭具有借鉴意义。

该书具有独创性。虽然近年来出版了许多关于双语育儿的父母指南,但很少注意儿童的观点和感受以及家庭语言政策对双语家庭成员关系可能产生的影响。作者敦促对以熟练程度为导向的双语成功标准进行反思,通过创造性的研究方法强调应优先考虑儿童的感受,开辟了家庭语言政策研究的新方向。

此书也有不足之处。一是研究的样本数量不足,家庭背景不具有广泛的代表性;二是幸福具有主观性和个体性,以幸福作为评判家庭语言政策成功的指标难以量化,需要进一步深入研究。

总之,这本书对家庭语言政策和规划研究以及跨国家庭儿童双语能力培养具有参考价值。我国的跨国家庭越来越多,而国内相关研究仍处于早期阶段,期待这本书吸引更多学者从事相关课题研究。

《语言教育政策的全球视角》述评

陈 栩[*]

一、引言

《语言教育政策的全球视角》(Global Perspective on Language Education Policies)是美国马里兰大学教育学荣誉教授乔·安·克兰德尔(Jo Ann Crandall)和美国明德学院对外英语教学/对外教育专业的应用语言学教授凯瑟琳·M.贝利(Kathleen M. Bailey)在国际英语教育研究基金会的资助下于2018年联合编辑出版的论文集。这本论文集是14位国际英语教育研究基金会博士学位论文获得者和该基金会设立的詹姆斯·E.阿拉蒂斯(James E. Alatis)奖项前2位获奖者在教育背景下的语言政策和规划研究成果。此论文集中的实证研究使用了定性法来收集和分析数据,其出版将有助于适当的语言教育政策的形成和实施,使读者认识到全世界本土语言和文化的重要性,以及英语作为一种国际语言的重要性。该书正文部分将16位作者的研究论文按照主题分为四个部分,下面先概述各部分内容,再做简要评价。

---

[*] 陈栩,上海政法学院语言文化学院(国际交流学院)讲师,研究方向:翻译、英语语言教育。

二、内容简介

除前言、导言外,该书按主题划分为四个部分:

第一部分(第一至四篇论文)着重论述教师如何成为"事实上的语言规划者和政策制定者"。

第一篇论文题为《母语教育何去何从?——巴基斯坦乡村小学语言政策的人种学研究》。巴基斯坦独立后,其受殖民统治时期的外语仍占据主导地位,当地人掌握外语的熟练程度与他们的学习、就业等密切相关。然而有研究表明,过早的第二语言或外语教学有可能会抑制孩子的创造力乃至认知发展,因此小学阶段的母语教育被普遍视为确保学习的合理选择。作者阿齐兹·U.卡恩(Aziz U. Khan)在此文中采用了人种叙事式研究方法,探讨了两名教师是如何看待和实施最近在巴基斯坦西北部一所乡村小学引入的以学习者母语(普什图语)为教学语言的教育语言政策。

巴基斯坦是世界上政府拨款投入教育很少的国家(每年占不到2%的国民生产总值),导致其教育系统高度分散、各自为政。教师作为课堂实践者,可以被看作语言政策实施的主体之一。作者通过叙事调查和民族志的结合使用,对教师的背景进行翔实描述,并明确他们在所有的背景和可变性中的实践。作者选择了位于巴基斯坦开伯尔-普赫图赫瓦省的三所乡村小学作为调研以及数据采集对象,此外还收集了调研对象的日记、课堂笔记和政策文件作为数据采集的一部分。

作者发现调研对象普遍对母语怀有极大的热爱和自豪感,然而他们怀疑其母语的工具性价值,这对将其母语作为教学语言的政策产生了不利影响。通过实地调研,作者观察到,当地母语普什图语的使用非常普遍,但仅限于课堂管理。教师们使用母语来显示权威、管理学生以及发出指令,但是以教学为目的使用普什图语却并不多见,这说明教师的语言实践在很大程度上不符合宏观政策规定。所以,作者希望宏观政策规划者认识到仅仅引进一种语言或改变教学手段是不够的,需要考虑该地区的整体语言生态。

第二篇论文题为《语言政策中交际语言教学的中介反应——以越南小学英语教师为例》。作者达克·曼·利（Duc Manh Le）以越南小学英语教师为研究对象，从教师的角度调研考察了他们是如何应对越南新的语言政策的。

作者选择六位越南小学英语教师为研究对象，选择标准包括教学经验、专业培训经验、对此项研究的承诺等，通过四个月的半结构化访谈来进行定性描述。作者使用的数据分析程序遵循了萨尔达纳（Saldaña）2015年关于定性编码过程的指南，分主题进行对比。

通过对定性描述进行分析，作者发现了四个亟待解决的问题：教师缺乏专业支持、教学内容超载、教学资源有限、课堂环境受限。作者在调研过程中发现教师作为语言政策的"中介/代理人"，为了履行职责，积极地从各方寻求解决方案以应对政府强制实施的语言政策所带来的挑战。同时作者指出，教师作为语言政策的"中介/代理人"，受制于微观政治（学生、校长和教师的动机），是短暂而脆弱的，这限制了教师能在多大程度上行使其作为"中介/代理人"来应对政策的能力。

作者认为，从政策层面来看，政府应该让教师参与到语言政策制定的过程当中，而不是强令其实施语言政策，并且有必要赋予教师权力，为其提供足够的专业支持和资源，因为他们是将语言政策真正落实到课堂的有能力的"中介/代理人"。从教学层面来看，想要促进教师"中介/代理人"的有效运作，就必须解放教师，从专业培训、管理、资源等方面给予足够的支持，为他们提供发挥主观能动性的空间。

第三篇论文题为《巴西外语政策及其在大学英语课程中的应用研究——教师对多语制的看法》。巴西作为一个多种族多文化国家，尽管国民日常交流语言是葡萄牙语，但如同很多非英语国家，在商界和学术界最受欢迎的语言是英语。值得注意的一个现象是，尽管巴西人在学校里学了约七年英语，但是很多巴西人仍然无法用英语进行基本的会话交流。作者安杰莉卡·加兰特（Angelica Galante）在文中通过调查巴西大学英语教师如何看待多语制在实践中的应用，探讨了巴西外语政策与多语制概念的契合程度。

作者采用了半结构式访谈法调查了八位大学英语教师对自己的教学法的看法，以及这种教学法是否包含了语言和文化多样性的元素。随后作者使用了定性研究数据分析程序对采访数据进行了编码和分组,排除了与研究主题无关的数据。作者通过调研分析发现,多语制教育政策虽然目的是促进学习目标语言以外的新语言和新文化,以及培养文化同理心,许多语言教师理念上也认同多语制对语言学习是有益的,并提出对语言和文化的批判性分析对于培养学生适应多元化的国家和全球环境至关重要。但是在多语教学的实践中,教师们却由于对其他语言和文化认知有限、缺乏充分的准备等问题无力应对不断变化的多语挑战,于是在教学中干脆忽视或不考虑语言多样性这一要素。

基于以上调研,作者提出有必要在语言政策中纳入有关语言支配、权力等内容。此外,在语言教科书里应该摆脱单一语言或单一文化的取向,增加多语言的内容,这样才能更好地帮助非母语英语教师并满足语言和文化多样性学习者的需求。

第四篇论文题为《美国的女性难民把自己书写进新的社区空间》。美国目前拥有难民超过6 000万人,其中女性难民可能要承担多重家庭责任,这就限制了她们进入课堂学习英语。由此诞生的家庭扫盲项目试图通过提供育儿、交通和灵活的日程安排来促进妇女接受教育。然而,此项目因突出强调儿童教育和"母亲扫盲教育"的性别话语而受到批评。哈奇森(Hutchison)提出将女性重新定位为学习中心的参与式教学法有可能弥补这一缺陷。于是作者妮科尔·佩蒂特(Nicole Pettitt)开展了对一位教师在为难民妇女开设的英语课堂上采用参与式教学法的实践调研。

该研究是在美国东南部的一个难民教育中心开展的,作者的数据收集分为两个阶段。第一阶段(2014年10月—2015年5月),在主要调研对象乔伊的课堂上进行参与者观察并进行半结构化录音采访;第二阶段(2015年9月—2016年10月)对乔伊和三名重点学生进行额外半结构化访谈。随后对第一阶段收集的数据采用了中介语篇分析。在乔伊课堂里相关教材中故事的创作遵循了公式化却不失灵活性的五步结构,作者借助焦点事件的数据对每一步进行了简要描述和演示。最后通过分析,作者提出了三种有价值的实践模式:一是将社区作为学习的语境,以课堂生成的故事为中心,有助于将课堂知识和识字实践融入与特定时间和地点相关的丰富且具体的体验中;二是教师作为中介在其课堂上塑造教材文本的创作中发挥了重要作用,也将这些女性定位为基于自身经验的课堂文本的合法共同创作者;三是鼓励学习者用英语之外的其他语言写作,鼓励学习者与孩子一起使用母语/社区语言等。

作者认为向母语非英语的难民提供英语教育的从业者应该效仿乔伊的做法,将课程和教学建立在当地空间的体验上,"让学校和社区之间的墙更具通透性"。作者希望这些从业者能够超越其论文提供的数据,探讨学校与周围社区空间(包括非英语主导的空间)之间的多向关系。在未来的研究中,研究人员可以与这些从业者和学习者合作,在研究语言景观或双语/多语社区语言和识字实践的研究中放大学习者的声音。

第二部分(第五至八篇论文)论述了日本、尼泊尔和美国采用或调整的与多语种和助教有关的教育语言政策。

第五篇论文题为《大学语言规划中的政策借用:日本写作中心的案例》。作者奥田知世(Tomoyo Okuda)分析了大学和教育者有选择地借用和调整教育政策与实践以满足国家和地方需求的方式。作者对跨国家政策借用的研究分析了"政治理性、权力动力以及在不同背景下转移教育制度、模式和概念的后果……这不仅是采取更好的教育实践的问题,还涉及更深层次的政治和经济利益与动机",并试图解答"日本大学如何证明写作中心在其教育计划中的价值?"这一问题。

作者在此章中,通过分析政府文件、大学写作中心网页和研究文章(实证研究和地方报告),确定了写作中心理念在日本被借用的原因,以及写作中心在日本"激增"的原因。通过分析,作者发现了三种常见的写作中心,为不同的客户提供不同的服务:日本学生日语写作咨询、日本学生英语写作咨询、面向国际学生的日语写作咨询。母语为日语的人可以在日语写作或英语写作方面获得帮助,国际学生可以在日语写作方面获得支持。作者指出,这些中心的普及不仅是因为政府在工作场所推广英语和双语的政策,还因为"教育工作者对西方教育学的兴趣……(和选择性的)借用……以符合日本高等教育议程"。这三种写作中心与日本政府的教育目标紧密相连。写作中心不仅关注日语写作,还关注其促进主动学习(一个借鉴西方教育哲学的概念)和学术社会化的潜力。此外,写作中心已成为日本大学国际化的一种方式。

第六篇论文题为《经济市场、多语精英和尼泊尔学校的语言政策》。汉语在尼泊尔越来越受重视的主要原因在于全球化背景下的经济发展,特别是跨国商业和国际投资。作者巴尔·克里希纳·夏尔马(Bal Krishna Sharma)旨在探讨尼泊尔学生学习汉语的动机以及拥有多语种储备学生的优势。

随着尼泊尔和中国来往人数的攀升,汉语在尼泊尔的重要性也随之提高。总的来说,汉语对尼泊尔学生的精英培养计划和未来经济提升起到不可忽视的作用。作者访问了尼泊尔的两所私立学校的校长、项目协调人和汉语学习者,对学生使用效率较高的焦点小组访谈,收集参与者的观点,最后用归纳法来分析访问数据中的问题。

访问结果表明,汉语被认为是经济效益的蓄水池,所以汉语教育政策能吸引更多家长的目光,从而提高学校汉语教学的财政收益。同样地,社会也将汉语视作对尼泊尔国家和个人的经济有影响的语言,汉语是投资、商业、旅游等国际方面的资源,这对培养精英人才计划起到保障作用。但同时,英语是全球经济流通的工具语言,汉语并不能取代英语,没有英语教学的单外语汉语教学是不足的。所以,尼泊尔的社会环境给尼泊尔语、英语和汉语多语种教育政策带来了许多可期待性。

第七篇论文题为《语言多样性与国际包容性的政治——美国高校国际助教整合面临的挑战》。近几十年来,美国各大高校自我标榜为国际性学校,并录取外国学员。在美国,国际助教是指来自美国以外的研究生,他们可以承担部分教学任务来赚取一些津贴。但是,学生通常认为国际助教是非英语母语者,缺乏必要的英语能力。作者尼古拉斯·克洛斯·萨布蒂雷卢(Nicholas Close Subtirelu)主要探讨了国际助教在校受到的一系列挑战。

虽然国际助教的存在是国际化的象征,也可以帮助学生培养跨语言交流能力,但是学生通常不会自愿与国际助教进行交流。作者采访了管理人员、国际助教和其他学生,并观察了国际助教讲授的课程,再兼用归纳和迭代性的分析方法和比较分析法,寻找并解释国际助教所遇到的困难和挑战。

首先,从研究数据可证,虽然部分学生愿意尝试提高与国际助教沟通的兴趣,但是仍有许多学生认为,与其这样不如将时间用在真实的学习上。这反映出学校在培养跨语言交流方面缺乏制度支撑。其次,学校对国际助教的英语水平除了标准化考试,还进行额外的测试,要求其必须有出色的英语水平。最后,学校还为国际助教在执行教学任务时提供支持。可见,学校为了解决学生与国际助教的交流问题,及时实施相关策略,尽管策略的内容和方式还需精进,但毫无疑问这项工作是必要的。

第八篇论文题为《日本正式实施的语言助理教师聘用政策》。在日本交流与教学计划中,官方政策要求语言助理教师具有语言教师资格或者具有强烈的参加外语教学的动机。作者横山高弘(Takahiro Yokoyama)在此文中主要讨论了日本交流与教学计划的实施情况,探讨了语言助理教师的教育背景是否足以支持其在日本课堂上授课。

作者在此文中还分析了101名参加日本交流与教学计划的语言助理教师的数据以及他们自我报告的日语水平,因为有研究表明,自评能力和标准化测试的说服力相同。

调查结果表明,样本中的语言助理教师中85%没有获得本地教学资格、79%没有获得对外英语教学认证,甚至其中84%为非教育专业。所以,样本中的语言助理教师大多是证明了自己有着强烈的参加外语教学的动机得以入选。但是,相比之下如此主观的决定因素如何评判仍有待考证。虽然正式招聘中强调了语言教学资格的重要性,但实际选拔中并未严格实施。造成这样的误差有可能是因为教育部和外交部对日本交流与教学计划的目标不同。此外,对于语言助理教师的日语水平,调查结果可以体现出中级及以上水平则可以入选。在这个方面,正式招聘与当地的实施似乎达成了一致。这有可能是因为语言助理教师与学生或者其他利益相关者之间的沟通问题提高了对其日语水平的要求,在招募过程中日语能力成为重要因素。尽管如此,语言助理教师是否能够单独授课或者从助理教师转为主要教师还有待研究,至少那时"强烈的动机"不应是准入标准之一。

第三部分(第九至十二篇论文)主要研究教师、学生、家长、国家政策和媒体等不同利益相关者对教育语言政策和规划的态度和实践。

第九篇论文题为《东帝汶高等教育的政策性与实践性:发展相关学科讲师的经验与教训》。特伦特·纽曼(Trent Newman)主要围绕东帝汶高等教育发展相关学科的讲师如何构想其多语种学生所需的学术和专业交流技能而展开。所谓的"发展相关学科"是指东帝汶政府在国家战略发展计划中确定的三个战略性产业部门：农业、石油和旅游业、社区发展研究。在东帝汶，德顿语、葡萄牙语、英语和印尼语构成了复杂的语言背景，这是由于东帝汶曾受葡萄牙和印度尼西亚殖民统治。东帝汶的语言政策和规划随着社会背景的变化而变化。

作者采用焦点小组、访谈和被动课堂观察三种方法，分别从大型公立大学、大型私人技术学院、小型私营农业研究所三种高等教育机构征聘不同学科的参与者，以收集丰富的数据。其后，作者通过内容分析和话语分析相结合，运用马丁·琼斯(Martin Jones)2007年所说的"批判性解释方法"来研究，得出多语种可以作为交际能力的资产的结论，并体现了制度安排对语言教学的影响。

讲师倾向于测试学生的理解能力和相应的写作能力，因此可能注重传授"内容"而非"语言"。学生对一门学科的掌握程度与其自身语言能力有着密切联系，同时通过教师和学生关系来体现。此外，东帝汶的教学体制也助推了问题的延续。在语言课程上，讲师将多种语言平行安排，但是分离的单语并不能适应多语种课堂。也就是说，学生和讲师多语种储备的灵活性受到现实的制约。

第十篇论文题为《美国K-12语境下教师语言教育政策的缺失》。萨拉·布拉登(Sarah Braden)和玛丽·安·克里斯蒂森(Mary Ann Christison)两人以九年级学生语言社会化研究为例，说明在科学、技术、工程和数学专业知识的发展过程中，教师存在没有及时认识到英语学习者的语言需求并及时做出回应的问题。此章分析了三次九年级物理实验中的语言实践，用布拉登2016年提出的方式将参与学生分为科学专家、好学生和好助手三种。

为了帮助英语学习者与教师建立联系的同时学习科学和语言内容，作者重点关注参与者中的一名英语学习者。作者用200多小时全班和小组讨论的录音、录像，建立了19小时课堂互动的语料库，运用了过程分析法分析英语学习者在参加科学实验中经历的社会化途径。

三次实验中，该英语学习者主要充当好助手的角色，听从同龄人的建议，在他们需要的时候提供帮助。由于教师没有提供明确的实验分工，学生依托已有的知识进行协作，导致学生开始实验前业已存在的社会等级的再生产。实验结果表明，语言社会化在学生与学科建立联系方面发挥作用，而教师在引导学生语言社会化的途径中起到重大作用。但是，教师对此缺乏认识，其仅仅注重课堂语言的使用方式是不够的，教师需意识到语言在影响学生科学相关的身份方面所起的作用。

第十一篇论文题为《威斯康星州双语沉浸式教学的语言和公平性受到质疑》。近几十年来,双语教育以双语课程的形式在美国流行起来,而有一部分人则认为,双语教学项目可能会延续社会不平等现象。他们认为,双语沉浸式教学是为了以英语为母语的白人设立的,学习西班牙语是增加白人就业机会的一种手段。苏拉·哈曼(Laura Hamman)主要从当地的政策、媒体和访谈数据等探讨双语沉浸式教学的实施与潜力,并围绕双语的意识形态展开研究。

作者回顾了威斯康星州的政策、相关报道,采访了项目的主要执行者,并就调查结果进行讨论。鲁伊斯(Ruiz)在1984年提出了语言规划的三个方向:语言作为问题、语言作为资源和语言作为权利。这三个方向同时促成了威斯康星州的双语教育。

第一,关于双语问题,威斯康星州法规中反映出兰伯特双语教育的减法观点。最终目标为达到一定的英语水平,而母语可以忽略相关教学。第二,关于双语资源,地方媒体与国家的立场相反,把双语当作能够带来经济利益的资源,并表示其有着建立世界一流学校体系的潜力。第三,关于双语权利,普遍观点认为实现社会公正是创办双语教育学校的重要原因,确保学生"有权"接受双语教育。总的来说,美国的双语项目真实存在,这些课程与历史、政治话语交织,形成了教育政策中的语言。

第十二篇论文题为《语言政策的媒体话语与艾奥瓦州"新"拉美裔侨民》。媒体语言具有反映和折射意识形态的能力。克里斯莎·斯蒂芬斯(Crissa Stephens)从媒体话语的视角,分析艾奥瓦州西自由市双语教育项目。这是因为新闻媒体是了解当地意识形态的重要途径,而且媒体在调解社会回归自身方面发挥了重要作用。

作者主要通过艾奥瓦州的政策文件、报纸、一个西自由市双语广播节目的记录和在该地区网站上发表的信息获得研究数据,而在语言政策的多层次概念中,这些来源代表了不同层次的政策。

数据表明,媒体报道倾向于正面报道,大力支持双语教育。媒体认为,双语和双文化可以带来成功,而且双语课程能够让讲英语和讲西班牙语的人走得更近。同时,研究过程中不难发现,媒体报道的语言风格显著,很大一部分是由直接引语构成的。直接引述有助于当地人了解双语教育，毕竟其很少在其他渠道出现。总的来说，西方双语教育的媒体话语与该州的官方英语政策立场不同，但具体的主张仍需进一步分析。

第四部分（第十三至十六篇论文）主要论述学校、家庭和社会对身份的认同及其对语言适用的影响和重要性。

第十三篇论文题为《不同文化和语言的学生对家庭语言政策的看法和在美国课后项目中对身份的认知》。文化和语言多样性的学生是指在非单语环境中成长、具有不同文化和语言的学生。家庭和学校是影响学生语言使用的重要成分，该章作者王宇驰（Yu-Chi Wang）主要研究他们与家庭语言政策的相互作用以及他们在学校内外如何定位其双语身份。

作者的数据来源主要是书友会录音录像、现场访谈和笔记、参与者个人故事，在分析过程中注重学生从语言衍生得到的实践和身份。研究结果说明，文化和语言多样性的学生能够清楚认识到自己的多重身份，家庭语言实践和学校语言实践都会影响学生的身份。

在家庭方面，移民父母通常对孩子的多语言发展持有积极的态度，他们更看中口语而非书面能力。但是当地语言更容易获得社会权力时，父母可能会不鼓励儿童使用母语。在学校方面，推行单语或许会扼杀其他语言的价值，而使得主流语言获得特权。所以，如卡明斯（Cummins）在2005年提出家庭和学校需要为文化和语言多样性的学生的多语身份提供空间，以便其在学校或社会上获得应有的认可。同时，教师可以用多元文化作为突破口，正确引导学生的语言塑造。

第十四篇论文题为《不列颠哥伦比亚省的数字素养、语言学习和教育政策》。数字素养不仅是一种技能，它还涉及兴趣和态度。随着科技的快速发展，数字媒体促进了语言的发展，包括语音信息、表情符号的流行等。教师和研究人员应当重构教育方法以满足数字时代的要求。在此文中，罗恩·达文（Ron Darvin）主要讨论了语言教育对数字技术的促进作用。

作者开展了以两名高中生为对象的案例研究，通过对家庭环境的观察、参与者及其父母的观点和参与者的作品、笔记等，获得一系列研究数据。比如，高中生艾顿（化名）有自己的电脑专用空间，甚至拥有信息和分析工具。而另一名高中生约翰(化名),家里的数字用品不如前者便利。

对比研究显示,虽然两者都对技术的使用有着强大的自信,但对于技术的用途认识却大相径庭。对于艾顿来说,电脑是学习金融和其他课程的工具,而对于约翰来说,电脑是游戏和娱乐的工具。当谈到学习语言来驾驭数字时,数字素养仍是基于基本的阅读和写作能力。由于数字媒介话语的更新,学习更复杂的语言和符号成为趋势。正如布尔迪厄(Bourdieu)在1986年所说,学习者需要培养一种"实践感",即如何在数字领域有效地使用语言。为了达成此目的,教师应当在数字和语言之间找到相似之处,构建发展框架。

第十五篇论文题为《巴拉圭变迁时代的小故事》。1992年前,巴拉圭禁止在教育中使用瓜拉尼语,即使瓜拉尼语是大多数巴拉圭人的主要语言。1992年巴拉圭迎来语言政策的重大变化,从那以后,学生在学习西班牙语的同时还需学习瓜拉尼语。作者凯瑟琳·S.莫蒂默(Katherine S. Mortimer)对城市和农村的两所公立学校进行研究,聚焦于讲瓜拉尼语的人在课堂实践和语言政策中的不同社会身份。

作者以近500小时的参与者观察、11个月的实地考察记录和教师与学生的访谈记录为基础,通过叙事分析来研究数据。用小故事进行叙述,有着其独特的张力,因为小故事有利于叙述者处理关于瓜拉尼语使用者的矛盾。

故事叙述展示了说瓜拉尼语的人所经历的尴尬、羞耻的处境,以及教师并没有按照语言政策充分讲授瓜拉尼语。可以得出,社会认同是语言政策实施的前提。如果说语言政策是大前提,那么社会认同则是小前提,在此文中才能得出贯彻落实西班牙语和瓜拉尼语双语语言政策的结论。如果要使语言政策成为更有效、更具有包容性的教育工具,就必须考虑社会、学校对该语言的认同感。

第十六篇论文题为《以牙买加为例:在讲克里奥尔语的环境中制定和实施语言教育政策的挑战》。牙买加曾是英国殖民地,虽然大多数人说克里奥尔语,但以英语为官方语言。而且,英语通常享有特权,克里奥尔语由于产生于奴隶制和剥削环境而被污名化,这也反映了语言和社会阶层的联系。肖德尔·尼罗(Shondel Nero)深入了解牙买加的教育体系和语言教育政策,以讨论牙买加独立后具有挑战性的语言政策的实施。

作者主要在牙买加三所公立学校进行采访和课堂观察,获得研究数据后进行定性分析和比较分析。调查结果显示,教师对克里奥尔语语言政策的理解和态度较为消极,通常用标准英语授课,仅仅在解释学生不懂的概念时才使用克里奥尔语。可见,克里奥尔语的地位很低。而教师的语言态度影响着教学实践,例如教师总是提醒学生用英语写作,当学生在课堂上说克里奥尔语时经常被"纠正"。所幸,牙买加独立后的语言态度和政策不断变化,特别是年轻一代已经接受甚至庆祝说克里奥尔语。可见,克里奥尔语环境下的语言政策在一定程度上得到了提升。

三、简评

语言让不同国家、不同种族的人民产生联系、相互沟通,与不同利益相关者(教师、学生、家长、媒体等)建立高效的沟通变得越来越重要。这本书秉持着语言能力是一项核心资产的观点,分别探讨了个人所做出的贡献、数字技术在语言教育中的应用、本地语言的保护、美国助教或日本语言助理教师为授课或单独授课做好准备以及在科学、技术、工程和数学领域下的语言教育政策的重要性。

回顾全球经典语言教育政策可以得出,良好的语言教育政策能够包容原住民语言,擅于认可和支持多语种学生的语言资源。李圣托(Ricento)和霍恩伯格(Hornberger)在1996年用洋葱来比喻语言教育政策的许多层面,外层是国家制定的政策、法律或法规,当政策等被解释和修改时就从一层移到另一层。内层是教师,他们是教育制度变革的核心。语言教育是持久的国家需求,正如美国艺术与科学院的相关报告指出,应当致力于为不同年龄、种族和社会背景的人提供尽可能多的语言。充分且有意义地参与21世纪的全球语言教育,无疑仍是一个巨大的挑战。

语言政策与规划研究方法

《语言政策的话语路径》述评

朱 雷[*]

一、引言

《语言政策的话语路径》(Discursive Approaches to Language Policy)由伊丽莎白·巴拉克斯(Elisabeth Barakos)和约翰·W. 昂格尔(Johann W. Unger)主编,该书于2016年由帕尔格雷夫·麦克米伦(Palgrave Macmillan)出版社出版。此书为论文集,由语言政策领域的多位著名学者撰写。第一部分为"理论基础",由戴维·D. 约翰逊(David D. Johnson)教授编写;第二部分为"方法论创新",由约翰·W. 昂格尔教授提供了跨学科的方法论框架;第三部分为"实证应用",由伊丽莎白·巴拉克斯负责,概括了各篇实证文章的精华;最后,由托马斯·李圣托(Thomas Ricento)的"批判性评论"收尾。语言政策不仅关涉语言及其使用者的意识形态,还需采用各种批判与话语分析手段。语言政策研究者不仅需要关注文本内容,而且需要关注特定话语和社会背景。

---

[*] 朱雷,博士,上海政法学院语言文化学院(国际交流学院)讲师,研究方向:语言政策、话语分析等。

二、内容简介

第一部分"理论基础"中,戴维·卡斯尔斯·约翰逊(David Cassels Johnson)认为语言政策与规划的理论比方法论发展快。第三次语言政策与规划研究浪潮关注语言意识形态如何同语言政策与规划过程相联系、如何采用实证方式平衡政策施行者的中介对权力的作用、宏观政策话语如何与微观互动联系等。第四次语言政策与规划研究浪潮关注微观语言政策与话语关系。实证研究扩大了语言政策范围,需要拷问研究者的伦理与立场,了解与"他者"的关系,并遵循纠正错误和回馈社区原则。

伊丽莎白·巴拉克斯在《语言政策与批评话语分析的联合路径》一文中认为语言政策会被视作一个过程,便于在结构与媒介间进行探索。语言政策研究和批评话语分析研究都以问题为导向,面临很多挑战:语言政策中行为者的多样性、政策创设和诠释的不同空间、行为者在空间获得代理权从而实现支配权等。语言政策自上而下的干涉转变成更为本地化的途径。该研究采用了当代国家理论、政策分析诠释、批评话语分析和媒介话语分析等理论,创设全面的时空分析框架。

约翰逊于2013年提出在第二次世界大战后学校语言政策由自上而下的行政主导转变为社会力量广泛参与。语言政策从倚重官方文本转变为非官方互动和每日话语。作者采用了杰索普(Jessop)的战略—关系途径来研究斯洛文尼亚的国家权力,指出国家不仅是行为者,还是各种潜在的结构力量。后实证的话语途径政策分析与新实证的话语途径政策分析相反。传统上,研究者专注时间和阶段的循环、日程设定、问题发现到政策实施等,无视内在参与者因素或行为者在政策循环的媒介作用。受众社团背景和实践不同,解读的视角也不同。作者做出了从底层视角研究政策实施的探索。政策话语与政策意义互构,拓展了各行为领域,比如管理、政策交流、媒体及其他方面。政策意义也体现在报纸、电视报道、公众听证会、学术文章、抗议和网络媒体中。时间维度体现在变化着的政治气候中的文本转换、科学和常识中。最新研究展示了这种复杂性,即观察基层实施者如何执行政策。流动性、中介和商业化丰富了传统社会关系，造就了后现代的不确定性，从而成为政策驱动力量。作者研究斯洛文尼亚的语言政策历史是以各派政治力量的博弈为研究背景，重新聚焦单语主义和民族主义中的政治力量变化。

罗恩·斯科伦（Ron Scollon）的《媒介话语分析》以文本为媒介，分析政治行为如何影响语言政策。不同社会行动者参与了政策文本的生产，有权势的行为者起到关键作用。空间维度关涉各种话题的再语境化的轨迹，以某种实践创造出另一个实践场所。所谓"批评转向"旨在批判社会不平等，促进社会发展。其两个轴是内容批评和过程批评。批评提高了透明度，而媒介话语分析的意义潜势就是在各种实时场景发生的。

凯瑟琳·S. 莫蒂默（Katherine S. Mortimer）在《语言政策作为元语用话语：聚焦语言政策和社会鉴别的交叉点》一文中提到，从1992年开始，巴拉圭的学校使用西班牙语和瓜拉尼语，而此前瓜拉尼语是被禁止使用的。社会变化、语言变化和语言政策在其中的作用都是复杂的，话语途径帮助我们理解这些过程。此文关注社会鉴别如何影响人们将政策付诸实践，以及语言政策如何影响人们在社会中鉴别对方身份。元语用话语和话语链使得社会鉴别前景化。社会文化语言学提出五个关键原则：身份源于交流；身份产生于不同的定位，即宏观和本地范畴；身份建构的机制，如指示和符号建构身份模型，并通过元语用话语流通；身份如何通过话语策略与其他身份置于某种联系中；所有身份皆具主观色彩，并涉及代理和结构。

通过元语用话语，以及由其组织的人群、语言和社会活动，语言意识形态就能够被感知。元语用模型可以在交流中再生产。在语境化和再语境化过程中，元语用包括身份的新符号，或产生新意义。通过复制和改良，意义从一个语境进入流通话语。之后，这些模型可能发生新的意义布局，改变广为存在的意义。对于意义生产而言，语言意识形态、身份模型及其中的关系都成为语境的一部分。相应地，语境也通过互动中的语言线索产生。语言政策文本和对话是关于话语的话语，与使用者、形式和语境有关，也是语言、任务、活动、情境类型的话语部分。比如，教育语言政策常描绘出受教育的人的性格特点，特定的语言会被描绘成教室与学校的理想话语交流形式。又如社会认可的语言形式如何与文化认可的群体及活动在教育场合下结合,这就是语言政策元语用的含义。为了管理理想类型的人群、语言和社会活动,语言政策需要规范出理想的典型身份。元语用话语的社会生活模型在时空中的各个话语链上流传,是研究语境中语言政策运动的实用方法,具体的人物、内容和方式将政策意义具体化。

巴拉圭1992年出台新的法律,诞生了民主政府和双语政策——西班牙语和瓜拉尼语,学生按照语言身份来学习相应语言。然而到了1994年,政策要求基于导师对学生的身份认定和所在地区决定该学哪种语言,导致很多师生拒绝学习瓜拉尼语。因为元语用标签给瓜拉尼语设定的是无知、贫穷、粗鲁、羞耻等形象。在每个言语事件中,元语用标签实现语境化,符号价值与社会身份是决策的原因。语言政策塑造了瓜拉尼语使用者的身份认定,促成教育实践和社会认证做出积极改变。

第二部分"方法论创新"中,约翰·W.昂格尔聚焦方法论框架和应用。其他广义上的"应用语言学"途径也影响了语言政策的话语路径发展,比如批评社会学和语言人类学。蕾切尔·劳顿(Rachele Lawton)认为采用沃达克(Wodak)的话语—历史方法的跨学科视角对语言政策研究有益。劳顿研究了美国"英语唯一"运动中各类"公共文本"和"私人文本",强调政策是多层次社会行为,在不同的数据集中需要采用不同的分析方法。劳顿将话语—历史方法作为主要方法论框架,认为政府总是通过立法不断赋予英语官方语言地位。而移民也总是要求保护他们的语言,这给英语的官方语言地位造成了威胁。梅(May)认为英语是统一力量,而多语主义破坏民族团结。克劳福德(Crawford)声称"英语唯一"运动看起来像语言民族主义,是对权利的剥夺。英语与其他语言在公共生活中的建构关系是该研究的框架。贝克(Baker)认为语言政策态度可以通过相关问卷调查来了解。具体操作上,研究者通过融入公共文本的意识形态创设问题,启发调查对象以获得回应。样本分为两组,分别为美国裔单语者、拉丁美洲裔双语者或西语使用者。是否支持"英语唯一"运动的问卷调查结果有时并不那么清晰,另外多语主义和单语主义均不占据显著优势。多途径研究的长处是能够跨越体裁和行动领域,点明意识形态对双方观点的建构,建立互文联系。多途径研究也遇到一些问题,难以建立因果关系,不易确定调查对象是否受到了公共文本观点的影响。

研究者还探讨了多声研究与批评话语分析结合途径。黄静(Jing Huang)采用巴赫金的多声与批评话语研究来探索语言意识形态,以及实施语言政策的话语。黄静研究分析了中国广州小学老师的采访数据,来观测老师如何贯彻国家语言政策。该分析框架对多语社会的语码转换和话语策略特别有效,此研究采用微信作为采访媒介。霍恩伯格(Hornberger)和约翰逊认为语言政策执行过程中会经历协商和操纵的过程。教师的课堂教育话语会对语言政策重新诠释和再语境化。国家和当地的语言意识形态的互动会反映在教师的课堂观点上。数字语境下教师的多声社会实践,通过话语分析手段展现出来,是此研究的重点。广州小学老师会采用普通话和粤语教学,虽然普通话是官方语言,私立学校有时会使用粤语。此研究通过微信采访两位本地老师,研究证实微信无须见面更能增进良好关系,但研究中需注意情感表达,如动图是表达情感的方式之一。微信观点与实际观点可能不同,研究者需要选取一个诠释视角来消弭其中的偏见。微信文字是书面的口语,难以区分普通话中的粤语。

　　研究教师观点能够反映出"隐藏的意识形态",这与"意识形态"的定义是密不可分的。此外,语码转换和语际翻译也反映了社会价值这些意识形态的内容。语言使用者做出语言资源的选择时,就迎合了特定力量实施和再生产出特定语言意识形态。社会行为者通过话语实践展示社会活动,产生出如何理解这些表征行为的想法。巴赫金认为每个具体的言语都是集中与分散、统一和拆分交汇的场所。"多声"强调了杂交、异质和语言的多样性,包含了语言的各种变体。布希(Busch)认为多声具有三层多样性:语言多样性、个人声音多样性和话语多样性。布莱克利奇(Blackledge)和克雷斯(Creese)关注了多声对权威声音的反抗,认为多声是融合语码转换和语际翻译,而不是区分它们的手段。因此,语言使用和语言行为,以及个人对上述方面的观点就成了研究的起点。研究采用了贝利(Bailey)的多声框架,语码转换作为微观层面的交际行为,将社会行为者的观念带入交往。语际翻译也被视为利用语言存量的正常交际模式,包含多模态模式。多种话语包含了多声的思想,指的是言语特定形式的共同出现,或与事件和空间相关的话语。话语主体则指正在谈论的各种话语,每种话语主体都包含一个以上观点、信念和意识形态,通过不同体裁和语言结构实现。多声等能反映出语言意识形态的竞争,展示国家语言政策和地方语言信念的张力,导致学校背景下两种语言意识形态共存。

第三部分"实证应用"中,伊丽莎白·巴拉克斯主要介绍实证方面的语言政策话语路径成就。西方与非西方的研究者们以问题为导向,在公民身份、教育、整合领域、身份政治和种族—民族方面的权力竞技场进行探索。克雷默(Kremer)和霍纳(Horner)做了关于卢森堡公民身份的半结构访谈,调查了卢森堡语的标准化地位和其他长期存在语言的交织关系。语言政策的合法性和竞争通过实证手段得到展示,在公民身份研究和语言政策方面做出了探索。琼-雅克·韦伯(Jean-Jacques Weber)对卢森堡学校制度的语言意识形态的匿名性和真实性之争进行研究。通过教育部语言政策文件的自我定位和自我建构,韦伯对语言身份和商品化的语言资本展开讨论,为教育公平和灵活的多语政策做出尝试。他探讨了意识形态的冲突是如何体现在语言政策文件中的。

弗兰克·冯·斯普伦德(Frank van Splunder)采用对比途径研究了比利时佛兰德和芬兰高等学校以英语为媒介语的教学。他认为英语教育已经渗透并影响到国语的语言身份。他用话语—历史方法剖析了本质主义、单语主义等驱动力量,对官方的双语和多语政策的冲击。弗拉巴彻(Flubacher)采取的是福柯谱系话语分析法和批评社会语言学方法,借助法律编写过程和专家访谈,追踪话语通过机构文本的出现、物质化和再生产过程。话语文本化和意识形态的激活成为话语融合的本质特征。她认为语言分析是社会斗争的场地,可以通过追踪话语来了解这些斗争是如何产生的。布鲁克·博兰德(Brook Bolander)分析了塔吉克斯坦的多语政策,英语语言政策在种族国家政策运动中成为中心。她采用民族志和"刻度"(scales)探索英语意识形态如何在话语实践中产生。博兰德采用语言人类学路径做话语分析,把语言政策看作"陈述事件",对历时研究较为看重。

话语与语言政策结合并非简单的拼接,或是静态的研究,很多领域的新理论和新方法都涌现出来,比如批评社会语言学、批评社会理论、语言人类学、批评话语分析和话语社会心理学等。可见,研究方法并非单一固定,而是有无限的可能。在语言政策研究方面,有的研究吸收了成熟的研究方式,比如肖哈密(Shohamy)将语言政策与主体经验、意识形态和实践进行对话。有些研究者把语言政策看作意识形态。研究者都关注了如何在多语政策环境下减少语言和社会不公平。乔安娜·克雷默（Joanna Kremer）和克里斯汀·霍纳（Kristine Horner）进行了移民模式和欧洲社会与文化多样性影响语言政策和公民身份的相关讨论。该研究聚焦了公民媒介话语，以及相应的语言和标准化公民测试背后的意识形态问题。当代语言政策研究受到了批评和反思潮流的影响。现有研究不仅把国家作为默认的分析单位，而且是对国家角色的变换和对民族—国家模式的质疑展开研究，打破了结构与代理的两分结构。昂格尔认为话语与社会实践在语言政策领域内的互构关系不再明显。李圣托回顾了语言政策研究的三个阶段。肖哈密鼓励探索政策与实践的界面，以及多种实践手段，并采用语言测试手段来维持社会规则。此部分研究不仅分析政策文件和主流媒体话语，而且将语言政策看作经验，分析社会活动者如何受政策影响，公民身份也成为研究对象。

琼-雅克·韦伯以卢森堡学校系统为个案研究语言政策的话语建构，内置意识形态和社会效果。作者研究了卢森堡语在社会和教育系统中的作用，发生了从纯正到匿名的转换。其分析基于伍拉德（Woolard）所做的一个区分，即语言权威是通过纯正或匿名建构的。作者关注政府在教育领域的官方立场以及矛盾之处，民众正常性经历的丧失，普遍担心卢森堡的国家身份和语言受到威胁。意识形态立场也愈加两极分化，一方面倡导并不存在的辉煌过去，将卢森堡语作为纯正的语言；另一方面为了创造出社会的正常感，将卢森堡语作为匿名的存在。作者选取教育部部长对于移民的中立立场观点，最终陷入意识形态的泥沼之中。作者分析了两份近期官方语言政策文件，主要是围绕卢森堡语在教育系统的地位展开的。第一份文件是指导教师使用卢森堡语教学的，第二份文件是宣传册，向教师介绍语言意识途径的。纯正指的是与特定社群相联系的，匿名是认为语言属于任何人的状态。纯正与少数族裔的语言相关，而匿名与支配性语言相连。纯正—匿名的区分也适用于艾沙塔尼亚语。卢森堡语的发展也被包括进去，未来的书面语化、标准化和互联网上的书写使用的增加，能解决社会异质性问题和增强社会凝聚力。熟练使用卢森堡语并不意味着使用者完全融入卢森堡社会，社会融合也可以通过法语这个通用语，德语在卢森堡也有发展历史。卢森堡语尽管地位得到提升，在教育系统中的地位却变化不大，书面语德语却是基础阶段的主要教育语言，之后是法语。由于英语水平难以得到提高，学生受到影响，难以获得重要的工作岗位。卢森堡语作为口语是儿童语言储备的核心部分,伍拉德认为卢森堡语因此成为典型的纯正语言,显示出特定群体的身份,并解释了学校系统的本质和发展。卢森堡语在历史上曾作为德语的"方言"存在是出于政治和教育需要。尽管发生了社会和人口模式的巨大变化,教育话语却未相应发生变化。卢森堡语却被建构成自然语言,可以自然习得。同样在官方文件中,卢森堡语被建构为匿名语言,敞开了通往社会和职业融合之门。如前所述,宣传册也存在着纯正和匿名的冲突。两者的冲突不断在文本中涌现,只有将卢森堡语建构为匿名语言,其作为纯正语言的身份才能存在。从语境生产角度也能看出这种话语冲突,进而折射历史文化和意识形态上的原因。

弗兰克·冯·斯普伦德在《英语为媒介语的欧洲高等教育中的语言意识形态:透视佛兰德和芬兰》中指出英语是全球化的重要媒介语,同时也给其他语言和文化造成冲击。弗兰克并未过度关注语言政策过程,而是聚焦于文本中的斗争。意识形态通常自然化,为机构所强制推行的政策。赫尔特格伦(Hultgren)区分了"国际者"和"文化者"话语、单语主义和多语主义、正确的交流语言等,本质上并非界限分明,而是连续体。佛兰德和芬兰的语言政策旨在保护国语,引入国际语言以及增强多语环境。北欧国家经历了以英语为教育媒介语的发展期。尽管多数国家在国家层面管理语言,有些国家在地区层面管理语言。佛兰德和荷兰建立了联合的语言政策。相应机构也会有自己的语言政策。因此每个人都可视为语言管理者,其行为反映出语言实施形态。芬兰和比利时都是双语国家,反映出意识形态的概念化。由于国际化和高等教育不断市场化,英语作为额外的教育媒介语兴起。19世纪发生了"语言斗争",多数语言被少数语言所压制,前者没有后者更能反映出文化和教育级别。瑞典语是贵族语言,而芬兰语地位较低,后来芬兰语逐渐获得统治地位。比利时历史上受到其他国家的殖民统治,1830年独立后与荷兰语产生了语言张力,产生了佛兰芒语(又译"弗拉芒语")。法语一直作为比利时的权势语言而存在。与芬兰不同,比利时一直盛行多语主义。英语在芬兰和佛兰德作为媒介语言是必要的,因为芬兰语和荷兰语都欠缺这种能进入国际学术语境的能力。瑞典语慢慢也取得了芬兰的语言地位。法语在佛兰德不再如以前一样显赫,英语成为第一学术语言。政治话语中荷兰语与法语对峙,而学术领域荷兰语与英语相对。佛兰德出台了限制英语使用的"标准化"措施,推崇佛兰芒语单语主义。芬兰和佛兰德建构了"我们"和"他者"的话语身份。国家层面,芬兰采取国家双语——芬兰语与瑞典语,而比利时则是单语主义。教育机构层面,芬兰要求大学决定语言使用,事实上大部分大学将芬兰语作为教学语言。在语言政策上,比利时比芬兰要求更为严格,比利时的一些地区具有选择语言的权力。2003年,佛兰德规定荷兰语为教学语言,也允许其他语言(指英语)作为教学语言存在,少量课程以法语或其他语言教授。芬兰的媒介语指的是"他者"语言,而不是英语。英语刻意被引申,尽管实际使用广泛。大学层面的语言政策反映了上层建筑的影响,同时各个学校也与之博弈。佛兰德大学比芬兰大学执行语言政策上严格得多。通过话语分析,作为高校教学媒介语的语言政策被建构为国家语言意识形态,与身份管理有关,并以"他者"和"我们"的形象呈现。

弗拉巴彻在《推广和要求合并:巴塞尔移民语言的话语个案研究》中提到,在移民和整合政策上,过去几十年西欧经历了范式转移。语言测试则贯穿了移民过程,整合项目却通常成了阻碍移民的绊脚石。此研究旨在解构整合概念的霸权话语,研究何种条件下"通过语言整合"出现在瑞士巴塞尔,以何种形式发展,以及行动者在话语结构中如何定位这种话语。此研究关注针对外来人口的联邦法律在巴塞尔的地方法律中如何体现,社会行为者如何理解政策和相关话语。作者采用了福柯框架的批评话语分析,聚焦说了什么或想了什么,结合话语结构和实际话语研究。作者关注不断演进的话语实践,与政治经济变化有关,与相关利益体有关。作者选取了两个相关的话语实践和话语物质手段,围绕话语和法律展开。1931年以来,瑞士修订移民法律,提倡"整合"概念,将"语言整合"的话语语义扩大,对政治经济领域的转变和再语境化做出了回应。巴塞尔自1999年就推行语言整合政策,在2004—2007年定位为"推广和要求"的整合政策,要求申请者参与语言整合课程,并在"语言条款"中体现。该研究包含15个半结构采访,采用"诠释性库存"话语心理学方式,实证性地追踪话语的内在逻辑。"库存"问表面相互矛盾,实际存在话语秩序上的互补功能,"推广"和"要求"库存具有"基本原则",前者指政府支持移民人口的整合措施,后者指个体实现整合的义务。两个库存处于不断互动互构之中,并因为定位问题由行为者发动。

布鲁克·博兰德在《塔吉克斯坦的多语地区霍罗格：作为意识形态的英语语言政策》中提到，英语在塔吉克斯坦长期作为教学语言，与塔吉克语、俄语和舒格尼语（又译"舒格南语"）在意识形态上互相建构。塔吉克斯坦独立后就在寻求种族和语言上的身份感。在霍罗格的诸多帕米尔语言中，著名的当属舒格尼语。塔吉克语于1993年由官方认定为教育语言，但学生从未接受过塔吉克语的教育。教师薪水低、内战和教材缺乏导致规范塔吉克语的过程困难重重。尽管不断强调"塔吉克斯坦化"，但俄语充当着沟通各种族的作用，而英语、塔吉克语、俄语一起充当了三大教育语言。作者采取语言人类学途径做话语分析，区分"叙述事件"和"被叙述事件"。作用编码了三类信息：说话者、语言排序、四种语言的参照信息，分别对四种语言的政策和意识形态做出分析。作者认为塔吉克语、俄语和英语与语言政策有关，舒格尼语使用最广泛，塔吉克语适用于塔吉克斯坦，而英语是全世界通用的。

托马斯·李圣托在此书的最后部分"批判性评论"中认为要了解语言在人类社会决定意义的本质，就需要研究其历史、信念和政治经济等表面现象。语言政策与经济有关，又由政治制度产生。以英语为媒介语的教育在欧洲对塑造语言意识形态起关键作用。佛兰德和芬兰的语言意识形态和实践就不一样。此外，政策发展也是非线性的，本质上是复杂的。话语间性和互文性是语言辩论中广泛使用的策略，比如美国的"英语唯一"运动等。此外，在设计研究问题时，语言政策研究者通常心中都有战略目标。

三、简评

此书将几种话语路径与学科方向联系在一起，密切了政策与话语的历史结构维度。尽管此书并未涉及世界所有语言，但优点是采用了话语—历史方法，有效地连接了话语与语言政策研究。除了话语路径，此书中还采用了其他广义的应用语言学途径研究语言政策。莫蒂默（Mortimer）将人类学方法用来研究"交际事件集合"的语言政策，他采用的方法类似于话语分析的互文性分析法。

此书从理论、方法与实证研究三方面出发，涵盖了语言政策的话语视角下的最新研究。此书中阐释的话语研究方法是语言政策研究者的利器。语言政策的话语路径越来越成为研究者所青睐的研究方法，而此书在推动这一最新的研究范式方面功不可没。

《基于社区的语言政策与规划研究》述评

胡 川[*]

一、引言

  教育语言的选择是教育语言政策的核心内容,选择何种语言作为教学媒介语对于教育质量的提升及国民素质的提高有着举足轻重的影响。一般来说,一个国家或地区的教育语言通常应是当地居民的母语,但受历史、政治、文化等影响,世界范围内至今仍有相当数量的儿童在非母语教学环境中接受教育,其语言能力、学术水平乃至身心健康都受到了极大挑战。由波多黎各大学教授尼古拉斯·法拉克拉斯(Nicholas Faraclas)等合著的《基于社区的语言政策与规划研究》(*Community Based Research in Language Policy and Planning*)由施普林格出版社于2019年出版,就重点关注了非母语教学这一重要话题。该书从前荷兰殖民地斯塔蒂亚岛的教育语言问题入手,通过问卷调查、语言测试、访谈集会、课堂观察等多种方式深入剖析了问题的症结所在,探索问题产生的原因,并提出了行之有效的解决方案,极大地推动了当地教育语言政策的改革。此外,该书还通过鲜活的调研实例,充分展示了基于社区的研究模式在后殖民小岛多语社区研

---

  [*] 胡川,上海政法学院语言文化学院(国际交流学院)讲师,研究方向:外语教学、语言学、翻译理论与实践。

究中的实践及意义,对于语言政策与规划领域的学者具有很高的参考价值。

二、内容简介

此书共分为六章,讲述了近年来由作者领衔的研究团队在前荷兰殖民地斯塔蒂亚岛开展的调查研究,并由此推动了当地教育语言政策变革。该研究团队由荷兰政府资助授权,以基于社区的研究模式为指导思想,综合运用多种研究手段,充分发动受试社区的主观能动性,对当地教育语言现状开展实地调研。根据调研,研究团队提出了有针对性的建议及具体实施方案,最终推动了斯塔蒂亚岛的教育语言政策改革,取得了丰硕的理论和实践成果。

第一章为全书"导论",介绍了该研究项目的总体情况。该项目以斯塔蒂亚岛的教育语言政策为研究对象。斯塔蒂亚岛在荷兰语中又被称为圣尤斯特歇斯岛(Sint Eustatius),是加勒比地区的一座岛屿,陆地面积为 21 平方公里,现有居民 3 000 多名。斯塔蒂亚岛曾沦为荷兰殖民地,由于历史问题,荷兰语在岛上的行政、法律及教育等公共领域至今仍占有重要地位,也由此出现了一系列问题。斯塔蒂亚学生在小学初期接受英语教学,但在中后期逐渐过渡为荷兰语教学,等到进入中学阶段后,荷兰语则成为唯一的教学语言。但在日常生活中,当地学生其实并不讲荷兰语,主要使用斯塔蒂亚英语(当地一种基于英语的混合语)进行交流。为了帮助他们更好地适应荷兰语教学,政府曾于 2011 年增设了为期一年的位于小学、中学阶段之间的过渡教学项目,但收效甚微。一项调查表明,斯塔蒂亚中小学教学质量堪忧。同欧洲本土的荷兰学生相比,斯塔蒂亚小学生在阅读理解、数学方面的能力要落后 2—4 年。中等教育的情况甚至更加严重,岛上中学生在荷兰语、数学和英语等学科上的表现全面落后,期末考试的通过率低至 41%—64%。这种情况引发了岛上居民对现行教育制度的极大不满和失望。他们普遍认为,问题的产生主要应归咎于教育系统的语言政策失误,使用荷兰语作为教学语言正是出现这些问题的主要原因。小学阶段,政府要求学校在中后期过渡为荷兰语教学,却没有配备与之对应的荷兰语学习教材,也没有向学生系统地教授荷兰语。此外,部分科目教材还存在着供应不足、水土不服等问题,这些教材原本是为欧洲本土的荷兰学生开发的,照搬过来很难有效激发斯塔蒂亚学生的学习兴趣。值得一提的是,此章末尾还特别指出,尽管此项目围绕着多语环境下的教育语言政策展开,但此书的主要目标重在探讨基于社区的研究模式在后殖民小岛多语社区研究中的实践及价值。

"第二章 后殖民社区内基于社区的研究"重点论述了基于社区的研究模式在后殖民地社区研究中的功用,提出相关指导原则,并追溯其理论起源。作者从现实问题入手,首先探讨了世界范围内母语教学的现状。母语教学的优势已经得到了普遍认可,有利于促进儿童的身心健康,也有利于其自身才华和性格的养成。世界上很多机构(包括联合国教科文组织在内)出台了相关文件力推母语教学,力求确保儿童母语教学的权利。尽管如此,调查表明,由于历史、政治、社会等影响,世界上仍有多达一半的儿童在第二语言或外语的非母语环境中接受教育。目前,对于非母语教学的研究较多关注少数族裔和移民儿童群体,后殖民地儿童的教育语言问题则讨论较少。由于历史问题,一些后殖民地虽然已经取得了政治独立,但在教育、行政及司法等公共领域仍沿用前殖民者的语言,而这种语言往往在其居民的日常生活中已不被广泛使用。由此产生的非母语教学问题给后殖民地儿童带来了多重负担:其母语价值被否定,母语能力既不被承认也不被重视,获取学术知识的渠道也被严重限制。鉴于这种情形,对于后殖民地教育语言政策的研究已经迫在眉睫,具有重大的理论价值和现实意义。从理论层面分析,由于全球化、新自由主义的影响,语言政策研究自身也呈现出新的发展趋势,面临着新的挑战。作者援引佩雷斯·米兰(Pérez-Milans)及托尔夫森(Tollefson)的著作,指出语言政策的研究重点应从话语本身转向人的物质现实,人不应被仅仅理解为嵌入系统中的某种隐形的生命形式,而应被视作具有物质需求的有血有肉的生命个体。作者由此倡导在斯塔蒂亚教育语言政策研究中采用基于社区的研究模式,有效避免后殖民地受试群体的物化,也能最大限度确保受试群体充分参与项目的设计、实施等环节,表达其意见。正是基于这种模式,研究团队在后续实地调查过程中组织了教堂会议和市政集会,广泛听取每位参会者的意见,摒弃了传统研究范式中只重视某些关键代表声音的做法。

接下来,作者进一步提炼出基于社区的研究模式的四条批判性对话指导原则:(1)应充分重视受试群体的知识及想法;(2)应综合运用多种研究方法,采取多重研究视角,尤其是受试群体的视角;(3)应整合多元研究背景,确保研究方法的广泛性和研究结果的社会适用性;(4)应将文献和其他研究的结论同受试社区的现实生活经验有机结合。

作者还探讨了基于社区的研究模式的理论起源。在作者看来,基于社区的研究模式同批判式教学法有着密切的理论渊源。批判式教学法最早可追溯至苏格拉底时代,倡导平等的师生关系,学生不再是知识的被动接收者,教师也并不具有绝对的权威,师生共同发现、描述、分析和解决问题。同样,基于社区的研究模式也提倡发动受试群体的主动性和参与性,重视他们的意见,研究者与受试群体共同发现、描述、分析和解决社区存在的问题。可以说,两者在精神内核上是高度一致的。不过,自柏拉图、亚里士多德时代以后,研究、教学与社会活动便逐渐分离,各自为政,三个领域的话语权也分别由科学家、教师及政治家把持,这有利于统治阶级的统治,但导致了语言霸权的产生。

此外,柏拉图强调的零和思维也导致二元对立,真伪的判断由占据话语权的统治阶级定义,用以巩固其统治地位,维护自身利益。柏拉图思想在很大程度上影响着西方世界的思维模式、宗教传统及教学研究范式。具体到科研领域,传统研究范式中研究者持有的高高在上的专家视角,忽视受试群体的参与性都是这种思想的体现。18世纪下半叶开始,大众教育运动的兴起不但改变了传统的教育模式,也颠覆了传统的柏拉图式的研究范式。基于社区的研究模式应运而生,其倡导的多元视角打破了传统的二元对立,打破了研究、教学与社会活动之间人为树立的壁垒。这种模式下,受试群体能充分发挥其主观能动性,参与到社区问题的识别、描述和分析中来,为解决这些与其自身紧密相关的问题出谋划策。事实证明,通过这种方式制定的方案往往更加完善,能更好地惠及社区。

"第三章 项目背景:加勒比地区的语言政策及语言濒危:2012—2014年斯塔蒂亚的教育语言"详细介绍了斯塔蒂亚研究项目的背景信息,包括其团队组成、团队分工、研究方法以及执行计划等。该项目启动时间最早可追溯到2012年。2012—2014年,研究团队曾多次造访斯塔蒂亚岛开展实地调研。最初,荷兰政府要求研究团队调查斯塔蒂亚居民对于荷兰语、英语的态度如何,及其作为小学、中学和职业教育阶段的教学语言各有何优势。从项目的实际情况出发,基于前期调查的结果,研究团队决定采取基于社区的研究模式进行本次调研,并由此制定了七项具体目标:(1)向受试居民充分说明项目的性质及目的;(2)解答、澄清对于项目的疑问;(3)发动受试居民全程参与项目的各个环节;(4)反复确认受试居民参与项目的意愿;(5)全面、定性地调研居民对于本地语言及教育形势的看法;(6)帮助团队成员建立工作联系,共享其在语言和教育领域的研究经验;(7)为研究团队提供制订工作计划的机会。此外,研究团队还对荷兰政府建议的调查方式做出合理调整和优化。除原定的文献研究和语言态度调查之外,还额外加入了英荷双语能力测试、焦点小组会议、课堂观察等项目,旨在更加彻底地贯彻基于社区的研究模式,帮助受试居民更加直接地参与项目全程,获取更加真实、可靠的调查数据。

此章末尾,作者还回顾了斯塔蒂亚岛被殖民统治的历史。斯塔蒂亚岛地理位置优越,历来是加勒比地区重要的通商口岸。17世纪30年代,斯塔蒂亚岛成为荷兰殖民地,然后又几经易手,先后被英国、法国殖民过,最后于1828年重新被荷兰统治。不过,在斯塔蒂亚岛漫长的被殖民统治的历史中,荷兰语却从未成为当地居民使用的主要语言,其原因在于荷兰殖民者早期实施的语言政策。在殖民统治的前两个世纪,荷兰政府并未在当地居民中主动推行其语言、文化和宗教,与此同时,贸易商人和传教士的到来却将英语带到了斯塔蒂亚岛,应运而生的斯塔蒂亚英语(当地一种基于英语的混合语)逐渐成为当地的主要语言。直到18世纪末,荷兰政府才调整政策,试图在岛上推行荷兰语及荷兰文化,但为时已晚,斯塔蒂亚英语彼时已成为当地居民日常生活中的主要交流工具,而荷兰语的使用仅限于行政、法律及教育等公共领域,这也为日后的教育问题埋下了隐患。

"第四章 文献综述、调查、书面叙事能力测试、焦点小组会议、访谈与课堂观察"阐述了项目的几种主要调研方法及相关调研结果。在介绍具体调研方法之前,作者首先分析了为何要从教育语言政策入手应对斯塔蒂亚教育系统面临的问题。在作者看来,教育语言政策看似只在学校内部产生影响,在短期内对一个地区的历史、社会、政治及经济的宏观影响有限,但从长远来看,其影响能遍及社会,最终产生十分可观的社会经济效益。另外,斯塔蒂亚教育系统面临的问题固然是多方面的,涉及历史、政治、经济等诸多复杂因素,但从教育政策的角度切入无疑是最直接、最经济的选择。

接下来,此章"第一节 文献综述"梳理了美国波多黎各自治邦、拉丁美洲、巴布亚新几内亚、背风群岛、坦桑尼亚以及佛兰德斯等地的教育语言政策及其带来的影响。这些国家或地区具有一个共同点：它们都陷入过与斯塔蒂亚相似的困境：学校使用的教学语言并非学生在日常生活中常用的语言。这些国家或地区的教育政策有的取得了巨大成功，有的则以失败告终。其经验或教训表明，只有充分保障儿童的母语教育权利，才能切实保证教学质量，也有助于促进经济独立，化解社会问题，缓和不同阵营之间的敌对情绪，从而推动整个社会的健康、和谐发展。

此章余下的三节分别聚焦三种调研方式。其中，"第二节 语言态度调查"介绍研究团队如何通过问卷调查的方式深入调查斯塔蒂亚居民的语言使用状况及其对不同语言所持的态度。调查对象覆盖小学生、中学生、教师、家长及一般群众等不同社会群体。为了使调查更具针对性，分发给不同群体的问卷内容都做了相应调整。在此，作者特别强调了基于社区的研究模式的原则，呼吁摒弃传统调查者居高临下的态度，重视被调查对象的知识和主观能动性，充分发动他们参与到调查中来，共同分析其面临的问题，找到切实的解决方案。这一点，对于在斯塔蒂亚这样的后殖民社区进行调查尤为关键，有助于消除当地民众与研究者之间的隔阂和对立情绪。也正是基于这种原则，研究团队还积极邀请当地民众参与问卷内容的优化，调查前向受试对象充分阐明调查目的，讲解问卷项目并提供必要帮助，调查的结果也借助各种媒体和渠道及时反馈给当地民众。调查结果显示，斯塔蒂亚居民中多数人是外来移民，其中教师职业人群中外来移民的比例尤其高（70%以上），但均具有强烈的社区内部认同感；除教师职业外，其他人群在正式和非正式场合一般使用斯塔蒂亚英语；成年陌生人之间的交谈则多使用标准英语；荷兰语的使用在教师职业人群中较为广泛，其他人群中则仅限于师生交流、学校考试及求职面试等学术或正式场合，使用目的也较为工具性，而在交友、通话等社交场合则较少使用。语言态度方面，多数居民对荷兰并没有强烈的情感认同，但总体而言，他们对荷兰语持积极态度，喜欢听荷兰语，希望提高荷兰语技能，强烈反对学习荷兰语是浪费时间的说法，调查人群中初中学生及其父母对荷兰语的评价则相对较低。此外，人们对现行使用的荷兰语教材评价普遍不高，家长也普遍缺乏足够的荷兰语能力帮助其子女完成学业。相比之下，他们对标准英语及英语教学的态度则比较积极。作者由此推论，多数受试者支持建立英荷双语教育体系,用以满足学业和求职的双重需求。

"第三节　书面叙事能力测试"讲述该研究团队如何通过"看图双语作文"的方式调查斯塔蒂亚学生的英语和荷兰语水平。测试均在学校课堂内进行,由三个阶段组成:第一阶段,研究团队与被试学生充分互动,阐明此项研究的特点及目标,说明研究旨在解决的问题以及被试参与的价值;第二阶段,探讨叙事作为一种社会实践的价值和功能;第三阶段,展开测试,给予学生充分时间完成英语和荷兰语的叙事写作任务。通过对写作样本进行分析,发现斯塔蒂亚小学生的英语和荷兰语能力均未达到基础教育阶段应该达到的水平,其英语写作能力稍强于荷兰语。中学阶段及职业教育阶段,学生的英语写作能力和小学阶段相比并没有表现出明显进步,荷兰语写作水平虽略有提升,但仍不如英语。不但如此,测试过程中还发现学生对荷兰语写作表现出一定抵触心理,有意推迟写作任务。

第四节则重点介绍焦点小组会议、访谈与课堂观察等研究方法。在作者看来,这几种看似不够科学、稍显主观的质性研究方法是基于社区的研究模式中不可或缺的组成部分,通过它们才能够更加有效地调动社区群体参与到研究中来,为辨识、分析和解决社区中的实际问题贡献重要力量。为达到这一目的,研究团队放弃了"一对一"的交流模式,转而选择集体讨论形式,将全体利益相关人员(包括教师、校长、校董会、学生家长、教学与社会工作机构、政治家)齐聚一堂,展开广泛而深入的沟通交流。为了使交流更具效率和针对性,小组会议、访谈与课堂观察按照以下主题进行:斯塔蒂亚教育的系统性失败、荷兰语作为教学语言、英语教学的缺乏、荷兰语作为斯塔蒂亚的外语、英语和荷兰语的学术能力、教育与身份、斯塔蒂亚的新政治地位及教育、师资、政策、测试与标准、教学法、教学材料、家长的参与、教育与社会。这些主题各有侧重,又互有关联,全面覆盖到斯塔蒂亚教育的各个维度。通过全面观察和分析,作者指出斯塔蒂亚教育应以培养学生英荷双语学术能力为目标,但当地现行的教育政策效果堪忧,学生的英荷双语能力并不足以满足其学业与交流需求。荷兰语被绝大多数斯塔蒂亚学生视为外语。进入中学阶段接受纯荷兰语教学之后,很多学生对荷兰语的评价反而有所降低。

"第五章　建议:反应与实施"承接前述调查结果,制定了针对斯塔蒂亚教育语言政策的修改建议及配套实施方案。基于前期调查,此章首先梳理了调查各方形成的几点共识,揭示了斯塔蒂亚学生对荷兰语的定位及所持态度,指出当地现行教育制度的不足,进一步明确了教育目标。基于这些共识,研究团队为修订斯塔蒂亚教育语言政策出谋划策,提供了两种备选方案。方案一:标准英语被确立为中小学阶段唯一的教育语言,在入学初期,学校应帮助学生由斯塔蒂亚英语顺利过渡到标准英语。与此同时,荷兰语则被定为一门外语,须在学生已经具备了扎实的英语读写能力之后再在各阶段进行持续、系统教授。方案二:在方案一的基础上,学生在中学第二学年可自主选择是否转向以荷兰语为教学语言的教学模式,如选择荷兰语教学模式,学生还须额外选修帕皮阿门托语作为外语。为了确保以上方案能够顺利实施,研究团队还一并提交了详细的实施建议,内容包括教材的研发、评测体系的建立、师资的选配、培训和激励等。在该方案与建议被递交至斯塔蒂亚政府与荷兰政府之后,官方对方案的可行性进行分析,重点关注了教师标准英语语言能力培训及荷兰语教材的优化和研发。经过审核,方案一最终被政府采纳,并于2014年实施,逐步实现斯塔蒂亚岛各阶段教育语言由荷兰语向英语的过渡和转向。

此章末尾,作者还援引相关报告对这一方案的具体效果进行评价。2016年和2018年发布的调查报告均表明,该方案的实施取得了诸多积极成效:岛上学校学习氛围不断好转,学生学业通过率也呈现稳步上升的趋势。

第六章为全书"总结"部分,回顾了斯塔蒂亚研究项目的全过程,并以此为实例总结了基于社区的研究模式的重要特征和注意事项。作者指出,基于社区的研究模式并非指某种具体的研究方法,而是一种宏观的研究原则和范式。这种模式打破了传统的专家视角和二元对立,避免了受试群体的物化,强调受试群体的主观能动性,确保其对研究目的及结果的知情权,鼓励其参与到研究的各个环节。此外,作者还提醒,真实的社区往往比书本上的标准模型更加复杂。因此,应用基于社区的研究模式时,研究者既要坚持实事求是的原则,又要随机应变,灵活变通,放下传统研究者居高临下的姿态,兼容并包,广泛听取意见,与受试群体在平等的基础上充分对话、互动,力求调查数据的真实性和可靠性。同时,研究者还应对所研究社区担负起高度的责任感,竭尽所能地帮助其识别、解决面临的问题。

三、简评

　　该书结构安排颇具匠心,六个章节环环相扣,层层递进。第一章"导论"总领全书,对项目进行概括性的整体介绍;第二章论述了项目的理论基础,对传统的自上而下的研究范式进行了批判,呼吁采取基于社区的研究模式;第三章介绍项目背景信息及设计理念,揭示了开展此项研究的必要性;第四章篇幅最长,详细阐述了项目采用的几种定量和定性调研方法,附上了翔实的表格和记录;第五章紧承上文,基于前述调查结果,提出行之有效的建议并最终得到政府的采纳和实施;第六章为全书总结,回顾了项目全过程,提炼了基于社区的研究模式的重要特征及注意事项。全书由浅入深,全方位地将斯塔蒂亚研究项目完整呈现在读者面前,这样的结构安排使全书内容具有极强的系统性和可读性,也有利于读者更好地把握项目的整体情况,准确理解全书内容。

　　此书兼顾了理论探讨与实践操作,具有很高的理论价值和现实意义。首先,书中探讨的非母语教学话题本身就具有很强的理论和实际意义,项目取得的成果也最终推动了斯塔蒂亚的教学改革,有效提升了当地的教育水平。当然,正如书中指出的那样,此书的主要目标在于探讨基于社区的研究模式在后殖民小岛多语社区研究中的实践及其价值。书中既有对基于社区的研究模式的宏观理论探讨,提出了对应指导原则,也不乏微观实践层面的操作详解,通过斯塔蒂亚项目这一鲜活实例清楚地展示了基于社区的研究模式在实践中究竟是如何运用的,这对于那些有志从事相关研究和实践的读者有着很强的启迪和指导作用。

　　应该说,此书推崇的基于社区的研究模式具有开创性。传统的研究模式以专家视角为中心,在项目的设计、实施及分析阶段鲜有受试群体参与发声的机会,由此做出的研究结论及随之而来的政策调整也很难真正惠及社区自身。斯塔蒂亚岛过去开展的研究就曾经历过这样的失败。斯塔蒂亚岛曾为荷兰殖民地,荷兰殖民者在语言、文化和政治方面对当地的影响仍未消退,造成了一系列社会问题,严重阻碍了当地发展。在这样的后殖民地展开社会调研,如果继续沿用自上而下、服务精英阶层的传统调研模式,无疑收效甚微。由此,作者倡导采取基于社区的研究模式,避免了受试群体的物化,强调受试群体的主观能动性,发动其参与到调研的各个环节,充分保证其对研究目的及结果的知情权。事实证明,该研究模式是积极有效的,由此提交的改革方案最终被政府采纳并得到实施。得益于这样的举措,斯塔蒂亚的教育危机已经得到缓解:当地学校学习氛围不断好转,学生学业通过率也在稳步上升。当然,基于社区的研究模式也并非对传统研究的全盘否定。此书作者反复强调,基于社区的研究模式是一种宏观的研究原则和范式,而非具体的研究方法。在这种模式下,一些传统的研究手段,如文献综述、语言态度调查、访谈等,都可以保留,确保调查数据的真实性和可靠性。

当然,全书也存在些许不足之处。此书以斯塔蒂亚岛的教育语言政策为研究对象。斯塔蒂亚岛地域小,人口较少,研究变量比较容易控制,这样的选择固然为开展研究带来了一些便利,但也引发了一些疑问。比如:基于社区的研究模式是否更适用于类似斯塔蒂亚岛这样的小型封闭社区呢?在大型社区采用这种研究模式应该如何操作,又会遇到哪些困难和挑战呢?这些疑问在书中并未提及。另外,本项目中运用的一些调研手段(如双语能力测试),似乎也可与基于社区的研究模式结合得更好一些,比如科研团队可以充分发动当地师生参与任务的设计,任务内容也可以更加贴近当地生活,这样取得的调查结果想必也会更加真实可靠。尽管存在着些许不足,但瑕不掩瑜,总的来说,此书仍然堪称一部理论与实践研究兼顾的佳作,其倡导的基于社区的研究模式对于语言政策与规划领域的研究者具有很强的启示意义,也为其开辟了一条新的研究路径。

《语言规划与政策的交叉点：在语言和文化中建立联系》述评

翁晓玲[*]

一、引言

《语言规划与政策的交叉点：在语言和文化中建立联系》(*Intersections in Language Planning and Policy: Establishing Connections in Languages and Cultures*)是由琼·福尔纳谢罗(Jean Fornasiero)、萨拉·M.A.里德(Sarah M.A. Reed)、罗布·埃默里(Rob Amery)、埃里克·布维(Eric Bouvet)、榎本佳代子(Kayoko Enomoto)、徐慧玲(Huiling Xu)六人主编的一部论文集,该论文集是2017年由澳大利亚大学语言文化网络在阿德莱德大学举办的国际研讨会的主要成果,也是施普林格出版社出版的"语言政策系列丛书"之一。这本书呈现了澳大利亚大学语言研究的新成果与新动态。全书共十一章,除第一章绪论外,其余十章分设十个主题,每个主题下含二至四篇研究成果。下面先概述各章主旨,再分别介绍各篇研究成果,最后做简要评价。

---

[*] 翁晓玲,上海政法学院语言文化学院(国际交流学院)副教授,研究方向：社会语言学、词典学与国际中文教育。

二、内容简介

第一章是该书的绪论,由此书六位主编共同撰写,题为《交叉点:语言与文化的范式?》。该文开宗明义,明确此论文集主题为"交叉点",旨在描述澳大利亚语言学术研究与实践的多面性特征。

绪论共分五个部分,第一部分"交叉点"说明立足于澳大利亚本土研究的语言规划、政策与实践的跨学科性质,认为澳大利亚的语言研究将是在未来的高等教育中发挥强大作用的学术领域。第二部分"政策更新的途径"初步介绍当前澳大利亚语言政策变化的大背景,受到"危机中的语言"研究范式发展的影响,但政策和媒体关注的问题之一是许多举措倾向于针对学校,指向新的国家语言政策的出台。第三部分"大学中的语言:回收属于自己的空间"则探讨大学中的"语言生态",研究语言院系、语言教师及教职工之间的关系。第四部分"交叉教学和研究途径"概述该论文集各章节主题、研究路径与基本结论等,指出许多论文基于澳大利亚本土经验,部分论文采用对比方法。第五部分为"结论",通观全书,大学参与语言规划和政策方面的任务最小,而语言教师则在积极把握语言研究与实践的整体方向。

"第二章 重新规划学科边界"含三篇论文。

第一篇论文《语言学习中的交叉点研究》探讨开发和语言学习同等学科与互补学科(文学、历史等)协同合作的策略。此文指出澳大利亚大学中语言学习面临的语言教职员工越来越广泛的学科背景、学生多样化、资源配置问题等诸多挑战,制定了研究的个体对抗协同模型,提倡跨国或跨学科合作,要求重构人文研究,论述了埃特(Ette)文学研究的"生命科学转向",并进一步探讨文学研究与历史研究的亲缘关系,举例说明各类文献、档案的研究价值,而语言研究亦可开采丰富的档案资源,寻求跨学科合作。

第二篇论文《重塑翻译》回顾了在第二语言教学中翻译的历史,特别关注其涉及的社会背景、主导思想与翻译类型,翻译活动类型主要有最初的解释、用第一语言翻译、用第二语言翻译、检查翻译、翻译批评与完全翻译。虽然浸入式教学思想反对翻译,但作者指出当前的多语言社会需要交际翻译,并列出了交际翻译的七条教学原则,而这些有待实证研究检验。

第三篇论文《在现代欧洲构想中国》回顾了在现代欧洲中国形象的演变史,从"中国的历史""莱布尼兹'乌托邦式'的中国观",到"法国启蒙运动:相互冲突的议程""德国启蒙运动:赫德的谩骂",再到"19世纪:黑格尔的历史形而上学""19世纪末:殖民主义意识形态",中国由不同的形象组成,有积极的,也有消极的、对立的、静态的、边缘化的。作者指出,在这些形象的转变中,我们不能不看到西方概念在中国现实中的影响。

"第三章 语言史:相交轨迹"含三篇论文。

第一篇论文《回顾澳大利亚大学的语言研究:一项意大利案例研究》探讨墨尔本高等教育机构中的意大利语教学和方案。该文介绍了研究数据收集的过程和方法论,以墨尔本高等教育机构中的教职工手册、大学日历、教职工采访等为研究资料,简述在国家和地区语境中意大利语研究的过去和现在,及其在墨尔本各级大学、学院中的发展状况。

第二篇论文《1921—1956年墨尔本大学的法语研究》以人物为线索,简要回顾墨尔本大学法语研究的历史,描述了几位学者任教期间所做的贡献,尤以学者奇泽姆(Chisholm)在任期中规划的法语课程,特别是其中的文学课程,影响深远。此文还介绍了法语课程设置与课外活动安排情况。作者认为墨尔本大学法语研究的历史与这些杰出学者的职业生涯密切相关。

第三篇论文《回顾过去:阿德莱德大学现代语言史的教训》简述阿德莱德大学在1874年建校之初采用的英国教育体系,再从课程开发与宣传、资金情况和新发现、管理的巩固和扩张、系统压力等方面探索其现代语言的发展历史。作者指出,制度和系统性因素在各个时期对阿德莱德大学现代语言研究产生决定性影响,而强有力的宣传和领导力也对其产生积极影响。

"第四章 政策方向:磋商僵局及寻求路径"含四篇论文。

第一篇论文《语言在大学课程中的地位:澳大利亚和英国》通过比较澳大利亚和英国语言学习在大学课程中的地位,辨别其异同点,审视语言学习的本质。此文选取英国两大教育集团和澳大利亚八校集团、技术网络和区域大学网络中涉及的几十所大学为研究对象,从其学校网站获取研究数据,指出其相似点在于语言种类、时间分配和结业标准的多样性,这种趋同反映了对语言学习的独特性缺乏认可,不是大学协调的基于证据的决策结果。

第二篇论文《跨机构语言研究:专案规划中的案例研究》以堪培拉大学和澳大利亚国立大学合作的日语跨机构项目为例,对比跨机构项目产生前后学日语的学生人数变化,发现校内课程的缺乏显然对学生课程选择产生影响。该文进一步讨论由此导致的语言学习人数减少意味着什么,以及这种变化带来的社会成本。作者认为,坚持一种过时的单一文化的尝试将是徒劳的,并且成本很高,应培养那些能带领澳大利亚走出日益不切实际的单一文化世界观的年轻人。

第三篇论文《为研究生阶段进行语言研究做准备》讨论澳大利亚大学研究生培养理念与实践方面的新变化,并探索语言项目如何响应这些变化。此文调查了研究生教育变化的领域均指向当下的博士培养理念,即培养受过学术和可转移技能培训的独立研究人员。作者进一步讨论了三个策略:通过在相关区域进行共同监督来吸引学生及为语言系以外的其他系提供本科课程;将语言课程定位为研究训练,为学生可转移技能训练做出贡献;重新定位现代语言研究。

第四篇论文《关于学生保留和减员的三个问题及其政策含义》,针对语言和文化教育中的学生保留和减员问题,作者通过问卷调查、数据对比等方式,提出三个问题:(1)也许不是我们的错——研究表明在每个过渡点学生将选择改变语言,而不管他们的经历如何。(2)课程战争——语言突出了基础教育和高等教育课程概念化之间的一种陈旧的哲学分歧,问题在于这种分歧是否导致学生保留或减员。(3)性别与身份——在语言教育队伍中,女性所占比例较大,但在大学中此情况有所不同。而在高等教育阶段,学生如何在性别和身份方面认同教职员工,以及这是否会影响学生保留或减员,还有一些问题待解决。作者认为,对于保持入学率,我们做得远远不够。

"第五章　工作场所中的语言"含三篇论文。

第一篇论文《工作中的语言:定义语言研究中的工作整合学习》以墨尔本大学的西班牙语和德语课程为例,对第三语言学习中的工作场所综合学习进行论证。作者认为,将工作场所综合学习纳入课程,使我们能够将学生与当地社区和文化机构联系起来,并为他们提供与工作相关的技能,特别是跨文化能力。从而将精力既集中在显然适合实习的更高级的语言科目上,也集中在初级和中级语言科目上。

第二篇论文《在行动中学习语言：用语言创建实习工作计划》报告了弗林德斯大学实施的"行动中的语言"项目，该项目为学生提供了在当地社区环境中学习语言的机会，并促成了"语言行动"网站的建立。该文概述了"行动中的语言"项目的制度背景和基本原理，并介绍支持该项目的八条教育原则。作者称"行动中的语言"概念从托孔（Tochon，2014）的"世界语言和文化深层方法"中得到启发。而"深层方法"是一种语言学习的整体观点，它提供了跨学科深入而有意义的内容，同时允许个性化和指导性的学习方法。随后作者提供有关该项目实施的信息，并讨论学生对该项目的评价及网站的主要功能。

第三篇论文《培养全球研究生能力：在跨学科领域整合商业、语言和文化》讨论将语言学习纳入商业课程的可能性，以澳大利亚一所商学院开设的一个新的本科学习单元"与欧洲做生意"为例，该学习单元结合三个要素：商业、文化和语言。而开发和讲授这类课程面临以下问题：如何在三个要素之间划分内容及选择什么样的内容；学生可以获得哪些成就；如何培养和评估全球跨文化技能；大学背景下的课程和组织问题。围绕这些问题，作者进行课程设计，展示单元教学内容、教学大纲、评价体系及具体执行过程等。

"第六章　规划互联教室"含三篇论文。

第一篇论文《日语初级课程的在线交付：成本和收益》介绍了一项基于西悉尼大学新开发的全在线日语初学者单元的研究。该单元涵盖四项基本技能：阅读、写作、听力和口语，课程内容可通过"黑板学习管理系统"进行教学，并辅以ZOOM视频会议。此文讨论了在线课程的效益、优势和劣势，并进一步从背景、结构、学习评估等方面描述如何重新开发该单元。调查显示，该学习单元的积极和消极方面与其他在线课程类似。学生的成绩表明在线学习语言是可行的。但作者认为，在大学语言教育的背景下，在线授课是不是语言课程教学的最佳方法仍是问题。

第二篇论文《在线现代希腊语项目的开发和交付》以弗林德斯大学的在线现代希腊语项目为例，解读该项目如何应对在线教学质量实践的挑战。根据培养学生的交际能力这一学习目标，该项目采取了以学生为中心的方法，允许学生选择参与方式。此文确定支撑现代希腊语课程发展的理论框架——"高等教育质量标准",从课程概述、学习目标、评价、学习材料、活动和学员互动、技术、学习者支持和话题可用性这八个通用标准进行描述,以证明它与在线语言教学的最佳实践是一致的。此文还讨论了基于2015年和2016年进行的语言课程评估。作者认为,该课程是一门精心设计的语言课程,包含一个学习和交流相辅相成的互动环境。

第三篇论文《大学适应性和移动学习:学生在意大利语初学单元中的体验》对西澳大利亚大学的意大利语初学单元进行研究。这些单元经过重新设计,以整合自适应和移动学习资源,实现自动化和个性化的语言练习。此文描述并讨论了学生参与自适应平台的定性和定量数据、对平台上技能练习的评估以及使用移动设备访问平台的情况。研究结果表明,自适应和移动技术对于提高学生的学习体验具有重要意义,但目前各种问题限制了这些资源的实施,文中提出了解决这些问题的建议。

"第七章 国际交流和文化联系"含两篇论文。

第一篇论文《通过Skype融合意大利语:一个远程协作项目的历时性和比较性描述》,提供两个连续实施的远程协作项目的报告。作者进行项目结构和目标概述,该项目通过Skype桌面视频会议方式,澳大利亚莫纳什大学的意大利语学生和意大利乌尔比诺大学的硕士一对一合作。此文从参与者、方法、结果和讨论三个方面介绍了2018年这一远程协作项目的发展,重点讨论了教师和学生对自我介绍视频的感知和活动有效性的反馈,通过比较,数据显示前者很成功,而后者在第二阶段课程中更有效。

第二篇论文《语言学习者如何在电子交流中实现跨文化交际?》让澳大利亚、德国和墨西哥的三所大学的语言学习者通过Skype进行跨文化交流,以对话互动的特点为研究重点,通过考察学生与对话者之间的对话互动特征,运用语篇分析工具记录学习者谈论文化的方式和目的,旨在探讨:(1)参与者参与文化信息协作处理的意愿;(2)参与者的在线"跨文化动态"。这些观点支持一种"发展范式",这种范式将跨文化视角从个体的技能和特征转移到对话者之间构建跨文化能力的过程。

"第八章 深化语言学习的途径"含三篇论文。

第一篇论文《培养学生自主学习能力:大学学汉语和西班牙语同龄人的比

较分析》报告了一个基于以学生为中心的方法，并将自主学习任务引入两个不同语言课程的项目的结果。通过对项目前和项目后数据的定量分析，再结合对两支队伍学习日志目录、最后的反思性文章和焦点小组访谈的定性研究，发现学西班牙语的学生更加渴望自主学习，一些学习者会自我反思，动机更强，而自我反思也产生了在个体语言学习和跨文化交际过程中元认知技能增强的迹象。此文提供了一些可能的原因分析和对未来迭代的教学启示。这种方法有待未来更广泛的有效性评价的检验。

第二篇论文《利用学科知识培养长期团队激励：在澳大利亚第二语言课堂实现未来的第二语言自我导向》讨论了愿景概念和未来自我导向在第二语言动机研究前沿理论中的中心地位，考察了实施第二语言愿景构建的学习活动的激励潜力。此文通过提出一个为期一学期的以三项活动（影像识别、绘制旅程地图、保持愿景的活力）为中心的计划，弥合了理论和实践之间的鸿沟。

第三篇论文《在西班牙语和文化课堂上促进协作学习》以悉尼科技大学的西班牙语和文化项目为例，反思语言学习的新方法。此文阐述协作学习理念、语言与文化课程中协作学习的基本原理及在高校推动协作学习的好处。作者认为，语言和文化项目能够很好地满足日益增长的协作和知识传播需求，继而描述为构建这样一个环境需做出的教学选择。作者认为，让学习语言的学生接触协作学习环境有助于他们理解、包容多元文化并提高语言技能。

"第九章　重新审视语言和文化的关系"含三篇论文。

第一篇论文《食品语言：在语言课程中开辟食品研究的空间》论证食品研究在大学语言研究项目中的地位，在大学西班牙语和意大利语研究的背景下讨论语言和食品研究之间的协同作用，详细介绍这一领域的一些举措。作者认为，食品和食品文化在学生中有着巨大的吸引力，除了为学生提供丰富的学习其他文化的方式，食品或食品课程还有一个优势，即学生都有自己的食品体验。对食品的研究也为我们提供了一个提高学生跨文化技能的机会，这些技能在全球工作场所具有越来越大的价值。理解食物和食物文化的多层含义有助于学生在与其他文化的互动中培养对日常生活重要性的敏感度。

第二篇论文《运用表演技巧和"流动"学习语言》指出，戏剧制作是西澳大利亚大学德国研究课程的一个组成部分。该研究以学生创作的两个戏剧项目为例,对这两个项目制作过程中收集的数据进行分析,以确定"流动"教学法如何在创作和表演戏剧的过程中提高学生的学习体验。该研究证明,"流动"教学法是在第二语言课堂上进行戏剧教学的有效方法。

第三篇论文《通过翻译教学评估语言和文化》指出大学语言课程中的学生保留仍是一个挑战。有一所大学通过将来自不同语言学科的学生组合成一个翻译团体,并结合英语和外语教学来解决"学生保留"的问题。该文概述了这个翻译团体如何使用协作模式来整合与评估语言、文化和翻译。

"第十章 原住民语言教育:规划和实践中的国际差异"含三篇论文。

第一篇论文《夏威夷语言学院的夏威夷语》从交叉点和合作的角度探讨原住民语言及其推广情况,以夏威夷语言学院的语言政策为例,重点关注以夏威夷语表达的基于该语言的身份。此文概述了夏威夷语言学院的发展史,特别是语言教学的发展史,以及夏威夷文艺复兴带来的语言复兴理念。此文还介绍了夏威夷语言学院对语言复兴理念的贯彻与执行,包括形成从学前教育到博士研究生的完整教育体系、成立夏威夷语言中心等。实践证明,这一教育理念对于原住民语言复兴有优势,并带来入学人数的增长。

第二篇论文《少数民族语言教育的准入与人事政策:中国云南民族大学案例研究》对中国少数民族语言种类进行简述,继而介绍此文采用的理论框架是卡普兰(Kaplan)和巴尔杜夫(Baldauf)的语言教育政策模型以及方法论。研究数据包括对云南民族大学8名教师和9名目前使用少数民族语言的学生的文件和访谈。此文对数据进行定性分析,以了解该校内部的准入和人事政策,特别是在教师和学生招聘方面。此文分析指出,云南民族大学的少数民族语言本科课程仅限于招收当地少数民族学生学习本民族语言。此外,他们的户口必须在入学计划名单上。考生需要参加高考的少数民族语言口试。招收少数民族学生有一些优惠政策。然而,地方政府或大学没有签订就业协议,这导致少数民族语言专业毕业生难以找到与其专业相关的工作。

第三篇论文《圆孔中的方桩:通过南澳大利业技术和继续教育部门教授原住民语言的思考》回顾了过去7年来通过南澳大利亚技术和继续教育部门教授原住民语言的成果和挑战。此文先概述历史背景,接着介绍语言训练课程的发展,包括试行新语言课程、濒危原住民语言三级证书课程、师资培训四级证书课程、皮姜加加拉语(Pitjantjatjara)教师培训、语言复兴领域的教师培训等。文中指出,从2011年南澳大利亚技术和继续教育部门首次通过"国家认证"课程开设濒危原住民语言三级证书课程时起,有37名原住民获得濒危原住民语言三级证书,其中有14人继续完成了师资培训四级证书并教授濒危原住民语言。2019年8月,又有25名学生以濒危原住民语言三级证书毕业,这代表着这些语言的复兴。

"第十一章 学术界中的澳大利亚原住民语言:构建路径"含四篇论文。

第一篇论文《在大学教授原住民语言:目的何在?》调查了澳大利亚大学教授和学习原住民语言的原因,围绕"谁在高等教育阶段学习语言"以及"为什么要学习原住民语言"两个问题展开论述。该文指出,这些原因比学习现代世界语言的原因更加本土化。学生学习原住民语言以便能够与澳大利亚中部、北部或其他地方的特定本土化群体沟通。在大学教授这些语言确实有助于赋予这些语言地位和价值。学生学习这些语言是努力维护、复兴和振兴澳大利亚的国家语言宝藏。

第二篇论文《皮姜加加拉语和延库尼加加拉语暑期学校:听!看!试!在大学语言密集型模式下构建原住民语言学习教学法》先概述了自1968年以来南澳大利亚大学皮姜加加拉语和延库尼加加拉语(Yankunytjatjara)教学的历史,接着概述了暑期学校多年来鼓励学生用听、看、试的方法学习语言。该校通过对话、歌曲、故事等让学生在听、看、试中学习词汇和语法。暑期学校的目标是加强学生对这两种语言和文化的理解。

第三篇论文《学院里的原住民语言:对20年高等教育的反思》描述并反思了查尔斯·达尔文大学语言与文化课程的历史,重点关注语言教学方面,尤其是课程和教学法。该项目的特点是:(1)致力于教授原住民语言及其文化;(2)涵盖澳大利亚的原住民语言;(3)由有关当局教授这些语言。此文中学生们分享的学习经验表明,除了获得一些使用这些语言的能力,学生们还深深地尊重和热爱这些语言和文化的特定群体。

第四篇论文《大学如何加强澳大利亚原住民语言:澳大利亚原住民语言研究所》指出,人们对澳大利亚原住民语言有着相当大的兴趣,然而训练有素的教师和资源的严重缺乏往往意味着这些语言的实际教学是有限的。大学在改善这一方面可以发挥作用,不仅要通过大学对原住民语言的维护和复兴进行持续研究,而且要提供专门的教学资源。作者建议通过建立澳大利亚原住民语言研究所来实现这些目标。这将提供一种手段,即用原住民可以使用的语言开发大学课程,并提供语言和相关主题的深入教学,如语言学以及复兴和维护过程。该语言研究所可以利用多所大学的资源,采用不同的授课模式,包括暑期和冬季学校、线上和线下课程,向教师授予高等教育资格。

三、简评

作为一本关于语言政策与规划的论文集,此书汇集了澳大利亚各大学在该领域的最新研究成果,具体而言,该书有如下特点:

(一) 研究主题凸显交叉性

此书立足于"语言规划与政策的交叉点:在语言和文化中建立联系"这一主题,试图从一个研究维度进行语言规划与政策研究,而这一研究维度涉及三个关键词——"交叉点""语言""文化","交叉点"体现了语言规划和政策研究的复合性与跨学科性质,而"语言""文化"则是"交叉点"的具体载体,它表明此书收录的论文的论题基本上都与之相关,但并不统一,具有交叉性。

通观此书,共有十一章,除第一章绪论外,其余十章分别指向不同的分论题,分别是:(1) 重新规划学科边界;(2) 语言史:相交轨迹;(3) 政策方向:磋商僵局及寻求路径;(4) 工作场所中的语言;(5) 规划互联教室;(6) 国际交流和文化联系;(7) 深化语言学习的途径;(8) 重新审视语言和文化的关系;(9) 原住民语言教育:规划和实践中的国际差异;(10) 学术界中的澳大利亚原住民语言:构建路径。这十个分论题均与语言规划和政策相关,但有着不同的面向,诚如此书编者所言:"'交叉点'构成了本卷文章的合适主题线索,其目的是描述澳大利亚语言学术的多面性和连贯性。"

(二)研究内容具有多面性

此书收录的论文绝大多数是基于澳大利亚本土的语言研究,而且是高等教育中的语言研究。因此,此书为我们全面描述了当今澳大利亚大学语言规划与政策的研究与实践。

这本论文集的研究内容具有多面性,有理论的探索,比如《语言学习中的交叉点研究》一文探讨开发和语言学习同等学科与互补学科(文学、历史等)协同合作的策略,从方法论上指导语言研究,凸显跨学科性;《重塑翻译》探索交际翻译理论,以期对第二语言教学提供支持。

但更多的论文属于实证研究,特别是案例研究,其中有23篇为案例研究,针对各种不同语言的不同教学和研究环境,其研究视角也各不相同:针对语言教学活动,有关注语言史的,如《回顾澳大利亚大学的语言研究:一项意大利案例研究》《1921—1956年墨尔本大学的法语研究》等;有关注语言学习者的,如《语言学习者如何在电子交流中实现跨文化交际?》《培养学生自主学习能力:大学学汉语和西班牙语同龄人的比较分析》等;有关注教学法的,如《运用表演技巧和"流动"学习语言》《通过翻译教学评估语言和文化》《在行动中学习语言:用语言创建实习工作计划》《利用学科知识培养长期团队激励:在澳大利亚第二语言课堂实现未来的第二语言自我导向》等;有关注课程开发和项目合作的,如《在线现代希腊语项目的开发和交付》《通过Skype融合意大利语:一个远程协作项目的历时性和比较性描述》等。这些不同的视角均影响着语言规划与政策、语言教学与研究。

(三)研究角度、方法体现综合性

从上述可知,此书收录的论文从研究方法上更为突显实证研究,具有鲜明的直接经验特征。具体而言,从研究角度上看,论文中多数为共时研究,少数为历时研究,除三篇语言史研究论文外,还有不少论文在开篇章节里涉及对所研究案例语言史的梳理,体现了共时研究和历时研究的综合性。

从研究方法上看，有定性研究，定性研究是社会科学领域的一种基本研究范式，当然也包括语言学研究；也有定量研究，书中共使用表格27张、图44幅，并结合统计学研究方法，对这些图表进行定量分析，定量研究体现了语言研究的跨学科性和综合性。

当然，这本书也存在诸多不足之处。首先，理论的建构还不够，语言规划与政策的交叉点应具有哪些特征还有待进一步探讨，尽管此书具有主题线索，但主题略显模糊。其次，研究还不够深入，此书中的多数研究基于个别经验的案例分析，致使部分论文流于经验分享，缺乏理论深度。最后，研究环境不够广泛，此书中的研究环境限于大学，缺乏对大学以外其他学术研究环境的关注。

尽管如此，这本书仍然为我们提供了基于澳大利亚高等教育经验的语言规划与政策方面的最新研究成果，希望澳大利亚的语言研究在未来的相关学术研究领域发挥更大的作用。

《语言政策和语言公正：经济学、哲学和社会语言学方法》述评

李诗芳[*]

一、引言

《语言政策和语言公正：经济学、哲学和社会语言学方法》(*Language Policy and Linguistic Justice: Economic, Philosophical, and Sociolinguistic Approaches*)由米歇尔·加佐拉(Michele Gazzola)、托斯滕·坦普林(Torsten Templin)和本格特-阿恩·威克斯特罗姆(Bengt-Arne Wickström)三位主编。前两位编者均来自德国柏林洪堡大学，后一位编者来自匈牙利布达佩斯安德拉什大学。该书于2018年由施普林格出版社出版。这本书由四部分组成。第一部分是文献介绍，概述了语言政策和语言公正方面的文献，重点是政治学和经济学领域的相关文献。第二部分是关于语言公正的定义和四种哲学观点。第三部分从经济学角度介绍了对语言政策的应用研究。第四部分讨论了很多社会语言学方法下的语言政策和语言公正的实证研究。下面先概述各部分主旨，再选取有代表性的章节做介绍，最后予以简评。

---

[*] 李诗芳，上海政法学院语言文化学院(国际交流学院)教授，研究方向：法律语言学、法律翻译、法律语言安全与规划。

二、内容简介

这本书的第一部分"文献介绍"共有两篇文章。第一篇文章的题目是《语言政策与语言公正的经济学研究方法》,该文由本格特-阿恩·威克斯特罗姆、托斯滕·坦普林和米歇尔·加佐拉合著。他们提出了四个要点。

首先,三位作者试图证明一种建立在经济学理论基础上的语言政策设计方法的合理性。他们坦言,自主又自由放任的语言政策不会取得有效的结果。为此,公共部门参与制定和实施语言政策是必要的。同时,文中列举了很多市场失灵的经典案例,以证明政府的参与是必要的。

其次,语言政策的好处很难评估。这需要做成本效益分析。政府部门通过将政策措施的成效与其投入成本做比较来评估效果。成本投入显然更为重要,人均成本的标准化使我们能够对语言政策措施进行分类,即根据成本结构将语言政策措施划分为不同类别。

再次,语言政策措施可以简化为相对较少数量的规则,以适用于不同的成本类别。这些规则是基于人口密度、关键受益人数量或两者的组合。当然,也可以达成适用于所有政策措施的统一规则与单独规则。假如单独最优规则不同于统一最优规则,则福利会增加。

最后,将分配问题纳入成本效益进行有效性分析,或成本是通过效率—公平来权衡操作。然而,这个效率和公平的相对权重却是一个政治问题。

第二篇文章的题目是《语言公正:一个跨学科视角的文献综述》,作者杰维尔·阿尔卡德(Javier Alcalde)对有关语言公正的文献进行了全面的跨学科概述。此文的重点是从多语言环境中的语言正义和公平的政治哲学视角(集中在多元文化主义和平等自由主义两大类中),深入阐述了哲学视域下语言公正辩论的主要论点,特别关注有关领土和人格原则的辩论,研究分析了不同理论的优点和缺点。此外,该文概述了可以从不同方法中得出的政策建议。除了政治哲学,该文还讨论了经济学、法学、社会语言学和语际学等对语言政策和语言公正的贡献。

第二部分"语言公正的政治和哲学视角"讨论了与多语言环境中的语言公正有关的哲学和政治问题。在引言中,作者重点介绍了语言策略,将其定义为在某些公共领域使用某些语言的一组权利。语言政策有助于塑造语言环境,并对不同群体产生影响。因此,语言制度与语言公正的考量是相关的。同时,语言环境的其他方面与其说是确定的政策结果,不如说是个人自由和不协调决定的结果。这就引出了一个问题,即语言环境的哪些方面实际上与语言公正的审核评判有关。例如,尽管个人可以自由地转换为多数语言,但从自由主义的角度来看,支持正在消失的少数语言的语言政策是否合理呢?

此外,作者已经看到,语言环境绝不是静态的。唯一不变的是它的动态特性。因此,第二部分讨论的另一个问题是如何设计一种语言公正理论来解释语言环境的复杂性和可变性。此外,语言政策的合理性通常是由关于政策本身、政策可能产生的影响以及语言环境的某些假设来证明的。如果这些假设是有缺陷的、有偏见的,或者只适用于特定的地点和时间,那么相应的政策就会产生无效的、不公平的和/或意外的影响。

在每一种语言环境中,环境所隐含的限制和机会对拥有不同语言储备的个体的影响不同。关于语言公正,作者提出了与规范性分析相关的语言环境特征的问题,并且应该通过语言政策来解决,以改善某些个人或群体的状况。在广义的方法中,所有特性都会得到评估,而在狭义的方法中,只考虑环境的某些部分。在"语言环境中的正义:狭义还是广义?"一章中,安德鲁·肖滕(Andrew Shorten)研究分析了支持狭义方法的两个论点。他举了两个例子,说明这种方法很难解决不公正的影响。因此,更广义的方法可能更适合考虑影响自尊和自由环境的人群及其社会语言学特征。

所有健康的人都具有语言能力和道德推理能力。与此同时,人类也沿着这条线分裂。有些人有共同的语言和道德信仰,有些人只共同的信仰或语言,有些人两者都没有。这可以通过类似于囚徒困境情况的"2×2矩阵"来说明。将语言公正问题描述为合作正义问题,我们正在处理合作博弈游戏。人类的各种特征使这些游戏复杂化:道德信仰和语言库不断变化,个人和集体表现出有限的理性,世界变得越来越复杂。在"走向语言公正的适应性途径:三个悖论"一章中,耶尔·佩里德(Yael Peled)认为,伊恩·夏皮罗(Ian Shapiro)提出的适应性途径能够将这些特征纳入语言公正理论。通过这种语境和适应性的方法,佩里德挑战了语言公正的普遍性和程序性理论,强调了复杂合作游戏的开放性,并拒绝了在无知的面纱后面所存在的确定的非历史性解决方案。

移民和公民身份测试是各州控制移民和入籍程序的常用工具。大多数情况下,评估移民或准公民在东道国的语言技能是此类测试的一个组成部分。理想情况下,他们应该客观且中立地评估新移民成为政治共同体成员的意愿和(语言)能力。由于使用一种共同语言通常被视为民主的先决条件,因此在关于语言公正的文献中也有一定的共识,即语言熟练程度是授予公民身份的合法标准。在"语言熟练程度和移民:反对测试的论据"一章中,阿斯特丽德·冯·布塞基斯特(Astrid von Busekist)和本杰明·布杜(Benjamin Boudou)对这一观点提出了疑问。此外,在质疑语言测试所声称的客观性、中立性和目的性时,他们争辩说,希望所有公民都说一种共同语言并不是语言测试所代表的强制性的充分理由。与强制性测试不同,两位作者提出了一个支持"将语言培训作为一项权利"的论点,即依靠个人激励来促进新移民的融合。

不同语言群体之间的交流是他们合作的前提。实现这种交流的一种方法是发展使用共同语言或通用语的技能。支持通用语言的习得可以被视为对公共产品的投资。在欧盟,英语已成为主要的语言,并经常被视为(未来)欧盟的通用语。在"英语作为欧盟通用语言的神话及其政治后果"一章中,琼·克劳德·巴比尔(Jean Claude Barbier)首先回顾了当今整个欧盟的实际英语能力。他指出,精通英语的人在数量上仍然是少数,不同资历、收入水平和职业的人在英语技能上存在很大差异(精英偏见)。这些差异在不久的将来不太可能改变。这本书的第二部分讨论了英语在欧盟的跨国和超国家政治中占主导地位的后果。作者以法国、丹麦、荷兰为例指出,对欧洲一体化的不信任和敌意,不仅与教育水平、收入和阶层有关,还与外语能力有关,从而揭示了一个尚未深入研究的现象。

第三部分"语言政策和语言公正的经济学方法"包括五章,涉及多语言政策的成本和收益的不同方面。由于收益通常伴随成本而来,因此,两者必须相互权衡。在该简介中,作者提出一种成本效益分析的应用,或者如果效益难以量化,则进行成本效益分析。每项成本效益或成本效益分析的第一个必要组成部分是对不同政策选择的实际成本进行估计。为了获得适当的估算,可以对公共账目和政府报告进行分析。每项成本效益或成本效益分析的第二个必要组成部分是利益或预期结果的定义和实施。

语言不仅仅是一种简单的交流工具,公民可能会从能够使用他们的第一语言与公共机构或其他社会成员交流中获得便捷效用。因此,使公民能够用他们自己喜欢的语言与当局互动的语言政策,或支持多数语言群体成员掌握少数语言的政策,可以增加整体人群的获益。此外,由于语言是人力资本的一种形式,适当的学习计划可以扩大个人的语言储备,从而对经济的整体表现产生积极的影响。举例来说,对于使用多种语言的个人来说,在母语以外的其他语言占主导地位的地区或国家工作更容易。如果人们在多语言领域内的流动是一个理想的结果,那么缺乏适当的语言政策,可能会剥夺某些语言和社会群体的权利。

在实践中,评估语言政策和比较不同的政策选择,需要有关成本和收益方面的详细信息。在"联邦环境下的语言公正:加拿大各省的案例"一章中,弗朗索瓦·维尔兰科特(François Vaillancourt)举例说明了如何从公共账户和政府报告中获得以少数民族语言提供公共服务的成本和收益估算。作者采用了一种模拟成本方法:他不仅考虑使用少数族裔语言提供服务的成本,还考虑除了以多数族裔语言提供服务,以该语言提供服务的额外成本也算在内。双语政策的主要好处是,讲少数民族语言的人在获得政府的服务时可以使用他们喜欢的语言。为此估算货币价值(支付倾向)充满了方法论和实践上的困难。因此,弗朗索瓦·维尔兰科特提供了另一种方法。他预判了如果采用单语政策(例如翻译服务),只讲少数民族语言的个人所应承担的成本。在此章的最后,作者比较了加拿大不同省份当前少数民族语言项目的成本。

虽然不同语言群体之间的交流是合作的必要条件,但人们可能会问,一种共享的语言是否已经足以进行合作交流。在"语言政策和社会分割:来自加泰罗尼亚的证据"一章中,拉蒙·卡米纳尔(Ramon Caminal)和安东尼奥·迪·保罗(Antonio Di Paolo)认为,只有当语言仅被视为中立的交流工具时,才会出现这种情况。也就是说,如果双语群体在各种情况下对他们所使用的语言漠不关心时,情况才会如此。考虑到加泰罗尼亚的案例,作者研究了语言在其交流功能之外的作用。在加泰罗尼亚,后佛朗哥时代的语言政策极大地提高了以西班牙语为母语的人的加泰罗尼亚语技能,尽管从纯粹的交际角度来看,这些技能是多余的。因为没有人会说单一的加泰罗尼亚语。在此章的理论部分,作者阐述了使用多数语言的人习得少数语言如何增加合作交流的倾向,从而产生总体社会效益。在此章的实证部分,作者分析了夫妻关系的形成。他们的研究结果表明,西班牙本地人对加泰罗尼亚语的熟练程度越高,其同部族间的婚姻(内婚制)比率越低,换句话说,两个语言社区的个体之间的合作交往越多。

作为个人人力资本的一部分,语言技能会影响个人生产力,进而影响其收入。由于语言政策,特别是针对习得规划的政策,决定了受这些政策支配的人群中语言技能的状况。因此,这些政策可能对总体经济表现和人口福利产生重大影响。在"撒哈拉以南非洲的语言、人力资本和福祉"一章中,凯特琳·布扎西(Katalin Buzási)和彼得·福尔德瓦里(Péter Földvári)分析了定量实证数据。一方面,他们调查了语言政策的某些方面和语言环境与人均国民总收入之间的关系。另一方面,他们的研究覆盖了撒哈拉以南非洲,该地区的特点是语言多样性高,经济表现相对较差。统计分析显示,使用官方语言(在许多情况下是前殖民者的语言)的人口比例,以及当地语言在教育中的使用强度,对收入和人力资本积累具有积极影响。在此章的最后,作者讨论了政策概念的含义。

工人的自由流动是欧盟各项条约的一项基本原则,被视为一体化市场有效运作的重要工具,从而促进经济发展和机会平等。欧盟公民有权在没有任何许可的情况下,在其他欧盟成员国工作和居住。但实际上,只有少数欧盟公民真正这么做了。其中一个原因是移动的权利与移动的能力不同,而这种能力包括语言技能。更准确地说,语言技能不足会阻碍劳动力流动。因此,在行动自由方面,工人可能因语言技能不足而被剥夺该权利。工人语言技能在欧盟各成员国的状况主要是国家一级语言政策的结果。在"欧洲的语言权利剥夺与劳动力流动"一章中,蒂尔·伯克哈特(Till Burckhardt)提出了一种衡量与流动性相关的语言权利被剥夺的新方式。在金斯伯格(Ginsburgh)和韦伯(Weber)[1]的研究基础上,作者设计了一系列语言权利被剥夺的指标,并将它们应用于正规语言教育入学率的实证数据。他指出,整个欧盟剥夺公民语言权的比率差异很大,而且

---

[1] V. A. Ginsburgh and S. Weber, "Linguistic Distances and Ethnolinguistic Fractionalization and Disenfranchisement Indices," in V. A. Ginsburgh and S. Weber (eds.), *The Palgrave Handbook of Economics and Language*, Hound-mills: Palgrave Macmillan, 2016.

剥夺公民语言权似乎与劳动力的流动性有关。

在欧盟的机构中，就像在其他国家和超国家组织中一样，拥有不同语言储备的人必须能够相互交流。"在一个多语种组织中选择工作语言：对欧盟的特殊看法的统计分析"一章中，迪特里希·沃斯兰伯（Dietrich Voslamber）认为，在选择一套工作语言时，必须权衡两个相互冲突的要求。一方面，应尽量增加工作语言的数量，以尽量减少语言歧视和被剥夺的权利；另一方面，应尽量减少工作语言的数量，以保证行政效率和最低成本。这正是效率和公正之间的权衡。沃斯兰伯提出了一种统计方法来比较各种工作语言选择的效果，即不同语言制度的效果。这种做法也适用于欧盟委员会的情况，该委员会目前的主要工作语言是英语。沃斯兰伯主张减少限制性语言制度，并考虑改变欧盟委员会的工作人员条例。

第四部分"社会语言学观点及其应用"从社会语言学的角度探讨了多种语言环境下与语言公正和语言政策有关的各种问题。这些章节主要基于案例研究，说明在设计适当的语言政策时，对实际语言环境的评估是相当重要的。哪些语言变体是目前存在的或由移民带来的？哪些语言用于什么目的？哪些语言可以在哪些领域中使用？必须回答此类问题才能确定和解决语言不平等问题。这本书第四部分的章节提高了我们对语言政策如何有助于更公平地管理语言多样性和处理对使用多种语言偏见的理解。

第四部分还讨论了语言政策的有效性。例如，给予少数民族语言群体正式权利只是建立公平语言环境的第一步。这些权利的实施是第二步。为了能够用少数民族语言与政府部分进行交流，需要多语种工作人员或适当的翻译服务。因此，必须建立鼓励某种语言占多数的人学习其他语言的措施，并减少少数语言使用者在公共部门就业的障碍。最后，各章节表明，语言政策不仅应该被认为是自上而下的策略，而且应该考虑到自下而上的输入。

在"社会语言公正的评估：分析的参数和模型"一章中，加布里埃尔·伊安纳卡罗（Gabriele Iannàccaro）、费德里科·戈博（Federico Gobbo）和维托里奥·戴尔·阿奎拉（Vittorio Dell Aquila）主张基于语言不安的概念来解释语言公正。"语言不安"被定义为一组情境中说话者的语言知识不足以满足当时的语言需求。因此，这种关系和情境概念与个体语言储备和语言制度之间的差距有关。有人认为,语言不安本身不能被视为语言不公正,但语言不安程度越低,语言公正程度越高。分析语言公正性的第一步是确定在一个给定的语言社区中多层次存在的所有语言变体。为此,作者介绍了一些最初为研究语言活力而设计的社会语言学参数。此外,作者提出了一组维度,可用于识别移动说话者的语言特征,从而识别特定语言社区中新来者的潜在语言不安。

在"监管环境、语言不平等和匈牙利少数民族利益代表在罗马尼亚的新机会"一章中,兹索姆博尔·卡萨塔(Zsombor Csata)和拉兹罗·马拉奇(László Marácz)分析了罗马尼亚特兰西瓦尼亚的民族语言混合地区讲匈牙利语的少数民族的情况。后来讲匈牙利语的少数民族获得了更多的承认和权利,以及一定程度的自治。由于国际规则改善,少数群体的法律地位得到了提升,人格原则在行政和教育中得到了落实。一些活动家提出了匈牙利少数民族占绝大多数的地区的领土自治问题,但没有取得多大成功。作者将这种争取自主权的努力视为一种古老或传统的战略。2007 年罗马尼亚加入欧盟后,通过了支持匈牙利语和少数民族权利的新战略。作者认为,这些新战略,包括公民行动主义和匈牙利相关品牌的商业化,在实现保护匈牙利文化特征和语言的目标方面比争取领土自治的已有战略更有希望。

少数民族语言权利不仅需要形式上的授予,而且需要在实践中得到落实,以实现语言公正和语言活力。为了有效地以多种语言提供公共服务,双语工作人员尤为重要。在斯洛文尼亚的两个种族混合地区,即斯洛文尼亚—匈牙利语和斯洛文尼亚—意大利语,在一级机构环境中正式保证有双语。在执行方面,了解大多数人和少数人的语言往往是在公共部门就业的先决条件,并向与公众接触的工作人员支付"双语奖金"。这项政策不仅促进了双语公共服务,而且为个人获得另一种语言能力创造了经济激励。查看斯洛文尼亚的两个双语区,戴维·利蒙(David Limon)、莫伊察·梅德维塞克(Mojca Medvešek)和索尼娅·诺瓦克·卢卡诺维奇(Sonja Novak Lukanovic)在"掌握语言的经济价值:斯洛文尼亚种族混合地区的案例"一章中质疑双语奖励政策的有效性。

在"城市超多样性背景下的语言和翻译政策"一章中,瑞娜·梅拉茨(Reine Meylaerts)以伯纳德·斯波尔斯基(Bernard Spolsky)的语言政策概念为基础,在梅拉茨看来,这一概念涵盖了语言实践以及对语言和语言管理的信念,以审视翻译政策。此章的基本论点是，在当今复杂的多语言民主国家中，翻译政策是每项语言政策的重要组成部分。特别是在当今日益多元化的城市中心，翻译政策对于众多同音异语少数民族的政治和社会包容起着至关重要的作用。作为一个案例研究，梅拉茨分析了比利时佛兰德斯地区的翻译实践、翻译信念和翻译管理，尤其关注多语言城市安特卫普。有人认为，由于关注新移民的语言习得和非翻译政策，当局在翻译服务方面的投资不足，这可能有助于非荷兰语新移民的融入。

在许多欧洲国家，通过语言交流接触的机会正在稳步增加，这主要是由于国际流动性的增加。一方面，欧盟公民可以在没有工作许可证的情况下在其他欧盟国家工作；另一方面，非欧盟居民的数量在过去十年中一直在增长，尤其是由于近年来难民和寻求庇护者的人数众多。由此产生的结果提出了关于语言政策的问题，传统上这些政策往往面向单一语言。在"意大利移民的语言政策：民主、决策和语言多样性之间的紧张关系"一章中，萨布丽娜·马切蒂（Sabrina Machetti）、莫妮卡·巴尼（Monica Barni）和卡拉·巴格纳（Carla Bagna）对意大利采取的语言政策进行了批判性概述，特别侧重于针对移民的语言政策。他们以移民的应用语言学和社会语言学为基础，考虑了三种现象：教育、政策制定者对语言多样性的科学研究缺乏关注及长期居留许可的能力测试。作者发现，政治话语中普遍存在着单语倾向，许多政策中忽视了语言多样性。只注重保护和促进意大利语作为官方语言，以及将多样性视为一个简单问题，这阻碍了将语言视为促进社会包容因素的观点，也不利于移民参与东道国公共领域的活动。

一些学者建议将世界语或其他一些计划中的语言作为欧洲或全球通用语言的候选语言，而不是英语，特别是因为世界语的中立性和简单性。而该语言计划的反对者所使用的论据包括：世界语的负面形象、迄今为止有限的交际用途和以世界语为例的欧洲中心主义。除此之外，一些学者预测，如果世界语被更广泛地使用，它将大量地从英语中输入单词和其他特征。在民族语言的历史轨迹的指导下，这样的预测对世界语的中立性和简单性的未来效度提出了疑问。在"世界语和语言公正：对怀疑论者的实证回应"一章中，西里尔·布罗希（Cyril Brosch）和萨宾·费德勒（Sabine Fiedler）对这些反对意见和预测提出了疑问。基于案例研究和语料库分析，他们发现母语为世界语的人在地位问题和语言优势方面无法与母语为少数民族语言的人相提并论。此外,关于世界语的语码转换和术语规划的数据表明,英语对世界语的影响小于对其他语言的影响,因此这仍然不及其批评者的预期。

三、简评

纵观全书,具有如下特点:

(1) 重视文献介绍,辟专章呈现,方便读者把握此书研究内容的学术源流和脉络,宏观了解相关学术动向。如在第一部分通过两篇文章提供了与其学科视角相关概念的不同理论和方法的示例,并描述了该领域最新技术的广阔全景。这是一个以跨学科方法为特征的领域,比如会发现一些哲学家写的是关于经济的文章,或者结合了社会语言学的见解。

(2) 综合性和前瞻性。此书汇集、梳理了大量语言政策与语言公正方面的最新研究成果,并从经济学、哲学、政治学和社会语言学等多个视角,精心分析和归纳了语言政策与语言公正之间的复杂关系,内容丰富、论述全面。如在第二部分中从哲学、政治学的视角,阐述了多语言环境中与语言公正有关的哲学和政治问题,重点介绍了语言策略,讨论了如何设计一种语言公正理论来解释语言环境的复杂性和可变性,指出语言环境具有动态特性,并围绕有关语言公正与规范性,深入分析了相关的语言环境特征问题,提出应该通过语言政策来解决,以改善某些个人和群体的状况,为语言政策与语言公正领域的研究提供了可靠的证据,其综合性和前瞻性可见一斑。

(3) 将专业学术概念进行跨学科移植使用。作者介绍并深入讨论经济学和政策分析中使用的一些基本概念,并阐明这些概念如何从积极和规范的角度丰富语言政策和规划研究。除效率问题外,还特别重视处理语言政策分配影响的问题。而此书的重点是专业学术概念,这些概念为语言政策的实证和应用评估奠定了坚实的基础。作者进一步强调,尽管偶尔会用到从经济学中引入的概念,但迄今为止还没有被广泛讨论的是如何使用这些经济学概念和一般的经济学理论来研究语言政策和语言公正。这是跨学科研究的学术活动。作者给出了三个相互关联的原因。第一,政府在一定程度上参与语言环境是必要的。第二,经济论点在语言政策选择的规范性辩论和讨论中可能具有价值。第三,"政策分析中包含的基本经济方法与语言政策和规划中的决策相关,就像在卫生、交通或环境等领域的其他公共政策中一样"①。像其他公共政策一样,语言政策必须经过设计、实施、管理和最终评估。

(4) 基于案例研究的实证研究法。如在此书的第四部分从社会语言学的角度探讨了多种语言环境下与语言公正和语言政策有关的各种问题,主要以案例研究为抓手,说明在设计适当的语言政策时,对实际语言环境的评估是相当重要的。作者阐释了语言政策不仅应该被认为是自上而下的策略,而且应该考虑到自下而上的输入。为此,作者认为将语言视为离散现象和将说话者群体定位于特定区域的设想是一种明智又富有成效的抽象解说。这使人们能够开发可实施的模型来分析和指导语言政策和规划。作者发现该部分内容能够提高读者对语言政策如何有助于更公平地管理语言多样性的理解力。

这本书也有不足之处。一是该书未能考察社会性别视角下的语言政策与规划研究方面的内容。二是该书没有从语言秩序的宏观视角,探讨其对语言政策与规划研究的影响,特别是语言秩序视域下的全球语言规划与语言公正问题。

总之,这本书瑕不掩瑜,是语言政策与语言公正研究领域一部具有时代特征的经典著作,对经济学、哲学、政治学、社会语言学等学科的研究具有参考价值。近年来在西方社会语言学界,围绕语言权利展开的研究与讨论较多,特别是在语言规划领域已成为一种新的研究范式和话语范式。在这一大背景下,该书将有助于读者从经济学、哲学、政治学、社会语言学等多个视角思考当下的中国语言政策和规划,亦希望这本书能够吸引更多学者从事相关研究,并对科研实践产生深刻的影响。

---

① F. Grin, "50 Years of Economics in Language Policy: Critical Assessment and Priorities," in M. Gazzola and B. A. Wickström (eds.), *The Economics of Language Policy*, Cambridge: MIT Press, 2016.

《语言政策与规划中的研究方法：实用指南》述评

夏甘霖[*]

一、引言

《语言政策与规划中的研究方法：实用指南》(*Research Methods in Language Policy and Planning: A Practical Guide*)一书由美国马里兰大学教育学系弗朗西斯·M. 赫尔特(Francis M. Hult)和爱荷华大学教育学院戴维·卡斯尔斯·约翰逊(David Cassels Johnson)联合主编，书中包含了语言政策与规划(Language Policy and Planning, LPP)领域众多知名学者撰写的较为简短的文章。正如编者所说，此书的主要目的是向读者(特别是该领域的新手研究者)提供语言政策与规划研究的基本问题及方法论的概括性介绍，以帮助他们在研究初期构建研究框架和选择内容时能对自己将要采用的研究方法进行全面的考虑并做出决定。此书包括前言、第一至十九章和附录。

---

[*] 夏甘霖，上海政法学院语言文化学院(国际交流学院)副教授，研究方向：第二语言习得、语料库语言学等。

二、内容简介

(一) 前言和引言

《语言政策导论：理论与方法》作者是加拿大卡尔加里大学教育学院教授托马斯·李圣托(Thomas Ricento)，他为此书撰写了前言，其中包含关于语言政策与规划研究的三个基本观点：第一，语言政策与规划的突出特点是其"跨学科"研究属性，因此要求研究者了解和熟悉多个相关领域的理论知识，并综合运用多种研究方法。第二，语言政策与规划研究关注的是与语言地位、语言身份和语言使用等相关的现实问题，因此研究问题和研究方法的选择都会受到研究者自身原有的信念和理论背景的影响。第三，和其他社会科学研究相似，语言政策与规划研究也是解释性的，即对复杂的、超出我们理解能力的现象进行解释，因此无论我们如何努力地研究"客观""中立"，其中总是会包含很多不确定的因素。第四，李圣托教授指出，此书的视角更多的是关注人种学和社会语言学相关的问题，而对与政治学、经济学和社会学相关的问题关注不够。

"第一章 引言：语言政策研究的实践"是对语言政策与规划研究发展历史的简要梳理和对此书内容的概括介绍。该研究的发展大致可以分为三个阶段：(1) 初始阶段(1960—1980)，各国学者根据本国政治经济要求制定有关语言规划的策略和措施，包括语言地位规划、语料库规划和语言习得规划；(2) 发展阶段(1980—1990)，将语言规划看作一种"霸权机制"的学者占主导，开始在这一领域使用历史结构分析和人种学的研究方法；(3) 成熟阶段(1990年至今)，人种学和文本分析方法在语言政策与规划研究中被广泛采用，其他多个学科(如经济学、政治学和法学等)的研究方法也开始被用于语言政策与规划研究，学者们开始关注语言政策与规划问题的众多研究视角。此书正文部分的主要内容分别为语言政策与规划研究的基本问题(第一部分)和语言政策与规划研究的方法论(第二部分)，附录部分则举例介绍了语言政策与规划学者参与公共事务的若干途径，将在下文分别介绍这些内容。

（二）语言政策与规划研究的基本问题

此书正文的第一部分（第二至六章）阐述了语言政策与规划研究在选择研究方法时必须考虑的三个基本问题（单一领域研究方法的局限性问题、研究者的定位问题和研究过程中的伦理问题），并介绍了语言政策与规划研究同两个最相关领域（政治学和法律）的交集和关联点。

"第二章 在语言政策与规划研究中选择合适的研究方法：方法论丰富点"作者南希·H. 霍恩伯格（Nancy H. Hornberger）首先界定了其在 2013 年的一篇文章中提出的"方法论丰富点"这一概念：随着科学和社会环境的不断发展变化，研究人员会时常面临一种压力，即自己原先建立的关于研究和研究工具的理解和框架在新的研究面前是不足以理解问题的，而语言政策与规划研究就是这样一个新研究领域。在此基础上，作者在简要梳理了语言政策与规划研究的几个发展阶段（与第一章的划分相同，但是此章包含了更多标志性研究的例子）之后，高度概括了在选择语言政策与规划研究时需要考虑的问题：在语言政策与规划研究中，由谁来研究谁、研究什么、在哪里、怎样研究以及为什么研究。此章随后对上述每个问题分别进行了详细解读，举例说明了在选择研究问题和研究语境时，围绕语言政策与规划的参与者、语境化和权威性三个问题可能出现的"方法论丰富点"以及探究问题解决方案的可选路径和方法。

"第三章 研究者定位"作者主张从兴趣出发探讨研究者定位。此章所讨论的兴趣是基于哈贝马斯（Habermas）所提出的知识构成型兴趣的概念及其分类。为帮助研究者从兴趣出发确定自己的研究定位，作者解释了三类研究兴趣（技术型兴趣、实践型兴趣、批判型兴趣）和三种研究范式（实证研究范式、解释研究范式、批判研究范式）是如何契合的，并建议研究者尝试多个立场和范式。此章的个案研究举例部分介绍的是在中国香港语言政策制定和执行中所进行的三个研究里，上述三个研究范式是如何被综合运用的。

"第四章 语言政策研究中的伦理考量"旨在为研究者（特别是新手研究者）指出在研究的每一个阶段都不应忽视的伦理问题。伦理问题是所有研究都应该考虑的问题，而在语言政策与规划研究中涉及的很多问题（如语言身份、语言态度和语言忠诚等)都与意识形态密切相关,因此也与伦理问题密不可分。此章作者围绕语言政策与规划的研究目的是什么(为了谁的利益)、研究者的身份是什么(这种身份会对研究结果产生怎样的影响)、研究结果如何(用何语言)呈现这三个问题,通过众多实例展示了在现实中语言政策与规划的制定者和研究者是采用何种方法和策略管理伦理问题的,例如风险效益分析、复杂的研究者定位谈判、代表少数族裔社区的知识呈现方法等。

"第五章　语言政策与政治理论"试图阐述政治理论能够为语言政策与规划研究提供怎样的社会历史和社会政治视角,从而拓宽语言政策与规划研究者的视野和研究领域。在政治理论的视角和指导下进行语言政策与规划研究,主要研究问题包括国家的角色、公民身份的概念、语言意识形态和语言权利,以及一个以英语主导的日益全球化的世界带来的影响。此章还简要介绍了几个有关的政治理论供研究者参考,例如正统自由主义、社群主义、社会建构主义和"群体分化"的权利等理论观点和框架。

"第六章　语言与法律"指出,法律首先是一种有偏见的制度,法律研究主要为了寻找为特定个人或群体提供保护或赋权并驯服强权利益的有效方法。因此,该章主要是在法律文化从"权威文化"向"正当文化"转变的背景下,以现行主要的国际或地区语言政策和法律文件为例,阐述了法律从限制语言多样性,到促进语言多样性发展和多语融合,再到保护少数族裔和濒危语言、保障少数族裔及其社区的语言权利等方面的发展过程,从而呈现了"国际语言法"的基本特征和原则。

(三) 语言政策与规划研究的方法论

此书正文的第二部分(第七至十九章)并不是罗列社会科学研究领域通用的定量定性数据采集及分析的步骤方法,而是根据语言政策与规划的研究范围和特点介绍了各种方法如何在语言政策与规划研究中得到综合运用。根据第二部分所涉及的研究范围,我们将其分为两个类别:第一类是介绍如何将一些通用的研究方法框架应用在语言政策与规划研究中;第二类是关于在特定研究语境下进行语言政策与规划研究应该如何综合运用各类数据和分析方法。

1. 通用研究方法框架

"第七章 使用Q分类排序法（Q-sorting）来探索语言问题"详细介绍并举例说明了一种基于逆向因子分析定量统计研究方法在语言政策与规划研究中的应用步骤和注意事项。基于该方法开展的研究主要包含四个步骤：公众意见的广泛取样、观点样本的挑选、被试对观点样本的评估和排序，以及对评估结果进行统计分析。此章作者主张在语言政策与规划研究中可以采用访谈、小组座谈等定性方法作为补充。该方法是一套系统的且以经验为基础的选择研究主题的方法，主要目的是探索、界定和分析该领域（在此是语言政策与规划研究）的核心问题，能够产生同关键参与者的意识形态和其行动导向观点相关的可靠数据，并使用政治话语矩阵作为筛选状态的基础，使研究者能够对总论点及其组成部分的基本特征进行精细的分析，这些都为研究人员对语言规划背景进行分析做好了信息准备。此章的个案研究介绍的是澳大利亚教育部委托调查的学习意大利语和日语的学生出现高流失率的原因。

"第十章 语料库语言学在语言政策研究中的应用"介绍的语料库语言学及其相关工具是可以在很多领域使用的研究方法，近年来在社会语言学、心理语言学等领域的研究中被广泛使用。在语言政策与规划研究中使用语料库方法和工具有两个重要的作用：一是促进教育语言的标准化（通过语言使用的特征分析）；二是可以通过对政治文本的分析辨别出特定群体的意识形态。此章简述了语料库方法和工具使用的基本步骤（选择语料库、自建语料库、语料库分析和结果解读），并在个案研究中逐一说明了作者在某项研究的各个阶段的研究内容和需要考虑的问题。但是，鉴于语料库语言学涉及的概念原则、理论框架和具体的数据采集、分析软件的使用方法等较为复杂，因此想要使用该方法进行语言政策与规划研究的学者还需要参考语料库语言学的其他书籍。

"第十五章 互文性与语言政策"介绍的是巴赫金（Bakhtin）在有关文学符号学的著作中论述的"互文性"这一概念，以及如何在语言政策研究中运用这一概念引申的分析方法。巴赫金提出：每段话语里都充满了先前话语的回声，这些回声是语境的产物，赋予了话语言外之意和多种意义，任何对（潜在多个声音的）文本的解释都需要理解这些语境间的联系。克里斯蒂娃（Kristeva）在此叙述基础上提出了"互文性"这个术语。上述理论和概念被文学、艺术批评等许多领域的研究者采用，并与其他研究方法广泛结合，其中就包括费尔克劳夫（Fairclough）将文本互文的分析方法用在了批判性文本分析中。他指出，在考察文本意义时，互文性理论应该与权力理论相结合，在权力关系条件的限制下解读语言意义。他还将互文划分为两个类型：明显的互文（通过引文等方式进行直接解释）和构成性互文（文本的流派、语篇和文体等因素的交互作用）。对语言政策的研究，除了要对政策文本进行字面理解，还需要结合过往的政策、在特定背景下人们的意识形态、信仰、社会关系和权力关系等因素来解读政策的含义。文本互文的方法在语言政策研究中有两个方面的应用：一是解释某一特定语言政策的意义，特别是其语义内容如何与其他文本和话语相关；二是学校和社区对语言政策文本的解释和挪用，即语言政策的重新情境化过程。作为一个可在多个领域通用的研究方法，在使用文本互文的分析方法进行语言政策研究时，可与书中提到的其他研究方法和研究框架结合使用，如历史结构分析、人种学研究、语言意识形态研究、关系分析等。

"第十七章　研究语言态度与政策问题之间的关系"较为详细地介绍了使用书面调查问卷对人们的（语言）态度进行调查和定量分析的过程，内容涉及使用问卷进行态度调查的多个基本概念和详细步骤，对于初入科研大门的研究新手来说，参考性和可操作性较强。作者指出，在制定研究问题的时候，研究者首先需要考虑以下几个因素：被调查群体的态度是什么、研究这些态度的重要意义是什么，以及研究者的研究目的是什么。此章的核心部分是"数据采集和分析方法"，主要内容包括：（1）问卷的基本构成：标题、填写说明、问卷项目和致谢。（2）问卷项目包含的两类问题：以调查性别、年龄等背景信息为目的的事实性问题和通常用李克特（Likert）量表进行测量并最终进行定量统计分析的态度性问题。（3）两种数据抽样的方法：概率（或统计）抽样和非概率（或目的）抽样，这里作者重点介绍的是为了定量分析所进行的概率（或统计）抽样的具体方法和相关概念，如简单随机抽样、系统抽样、置信区间等。（4）数据分析处理的四个步骤：数据清洁、描述性统计计算、量表的属性分析、与背景变量相关的量表分数的分析。此章个案研究介绍的是"在芬兰大学里说芬兰语的大学生对瑞典语的态度，以及学生对芬兰强制学习瑞典语的政策的态度研究"。此章介绍的方法应用面很广,非常适合新手研究者"按图索骥",进行更加深入的学习和研究,但是也要求研究者具备一定的统计分析基础。

"第十八章 将人口普查数据和人口统计学方法用于政策分析"的重点是如何利用官方发布的人口普查数据进行语言政策与规划研究。此章指出,由于各国的人口普查数据包括了许多与语言学习和使用相关的信息,如不同人种和民族、不同年龄阶段的人使用某种语言的程度、读写能力、入学和受教育的情况等,因此语言政策的研究者可以探究这些信息与人们的社会经济地位、民主公民身份和参与民主活动的情况等之间的关系。作者从自身经历出发,为新手研究者举例示范了在研究生涯的每个阶段可以如何选择研究问题和研究语境,比如:初期研究需要结合自身的经历和体验发现问题,并结合自己掌握的方法开展研究和实验;在积累了一定的研究经验之后,要跳出自身经验和所受训练的范畴,对语言政策与规划研究进行理论方面的探讨,为语言政策与规划领域的研究做出自己的贡献。此章的核心部分是如何利用官方发布的人口普查数据作为分析研究的资料来源。作者在此章中介绍了中国和美国两个国家的人口普查数据的基本构成、数据特点、数据来源(网站)等,并分别举例说明了人口普查数据可以用于哪些问题的研究,如不同种族和人种使用的语言与其参加民主活动(如选举)的关系等。需要说明的是,该章认为中国国家统计局公布的中国人口普查信息不完整、普查和统计标准不明确,为此笔者访问了中国国家统计局的网站,可以看到该网站公开发布的信息从时间跨度和内容广度上都有了很大的提升,研究者在研究中应该以网站实际检索到的信息为准。此章的个案研究介绍的是在中国人口普查数据支撑下的"中国的推广普通话政策对少数民族人口的影响"研究。

2. 特定研究语境下的研究方法框架

"第八章 语言规划与政策研究中的人种学"探讨的是在语言政策与规划研究中无法回避也不能忽视的一个研究视角和研究语境。植根于人类学的人种学被应用在语言政策与规划研究中时,提供的是看见的方式、观察的方式和存在的方式。此章作者借助许多具体的例子表明了在人种学视角下选取的研究问题应该具备的特征(开放性、可变性和实践性),介绍了常规数据采集和分析方法在语言政策与规划研究中的应用要点和注意事项,例如体验、观察、访谈、字段注释、详查文献、叙事分析、话语分析和描述法等。此章的个案研究探讨的是母语丧失和复兴对美国印第安人学生语言学习和学业成绩的影响。

"第九章　透过课堂话语分析看教育中的语言政策过程"介绍的课堂话语分析方法所处的研究语境是双语或多语课堂,这是语言政策与规划研究发展进入第三个阶段(20世纪90年代)以来最为突出的一个特征。此章首先简要梳理了多语课堂研究在不同阶段的研究视角、理论基础和研究重点,并举例说明了在这个过程中研究者如何通过对课堂话语进行分析来研究正式发布的语言政策在日常课堂交际中的使用和执行情况。关于如何实施课堂话语分析进行语言政策与规划研究,此章为研究的每个方面和阶段(研究设计、选择研究问题、收集数据、分析数据、解读数据)都提出了具体方法上的建议、可遵循的实验及调查步骤或具有参考意义的案例。

"第十一章　语言政策经济学：评价工作的导论"介绍如何从经济学的研究视角开展语言政策与规划研究。此章简要介绍了经济学中的若干相关概念(反事实、边际主义、数据聚合等),强调了在使用这些概念和经济学家所使用的研究方法开展语言政策与规划研究时必须遵循的原则,如使用定量统计分析方法、关注稀缺资源的最优配置和使用,以及如何采集和处理数据以确保其符合研究要求等。此章的个案研究是对加拿大"官方语言法案"的成本和收益进行的评估。

"第十二章　分析新媒体中的语言政策"关注的是不同于传统纸媒的网络媒介中的语言政策与规划相关问题。开展语言政策与规划研究的网络媒介可以分为两种具体的研究环境：互动(对话式)的空间和文本储存(独白式)的空间。此章简单列举了网络语言使用规范、数字环境下的语言权利以及英语在网络环境中的作用等可以选取的语言政策与规划研究问题,但此章的重点是如何在独白式网络空间中进行语言政策与规划研究,特别是法人组织和机构的门户网站中的语言政策与规划相关现象和问题。此章介绍的数据采集和分析方法是虚拟语言民族学和语言景观分析两个研究分析框架,文中包含上述两个方法的基本理论背景和较为详细的方法应用步骤与注意事项指南,并在个案研究中以"全球化知名品牌门户网站的语言政策"为例,演示了上述方法的使用过程。

"第十三章 历史结构分析"介绍的方法是在与古典研究方法的对照中产生的,其研究核心是语言规划在创造和维持不平等体系中的作用以及语言规划在经济分层和社会"层次化"过程中的作用。在这一视角下进行的语言政策与规划研究,"权力"(包括国家权力、意识形态权力和话语权力)是其中的核心概念,研究的主要内容是探讨不同群体所经历的语言使用和语言学习模式的不平等成本与利益的(历史)根源、对语言规划过程可能存在的(历史)解释、规划机构的组成及其所代表的利益和规划过程中产生的特定政策的影响等。此章在研究方法部分将历史结构分析法框架下的研究分成了七个步骤,详细阐述或举例说明了每个步骤在语言政策与规划研究中的应用方式和要点。此章的个案研究介绍了按照上述步骤进行的历史结构研究:在中国香港特区的学校就读的东南亚学生学习成绩差异产生的原因以及提高学习成绩的对策。

"第十四章 使用解释性政策分析法研究语言政策"中所说的"解释性政策分析法"是一种以解释为核心或导向的综合研究方法,其中包括案例研究、观察、访谈、档案数据收集和分析以及人种学方法,涉及收集数据的各种场景、主题/参与者,以及与语言政策和教育政策相关背景的方法。解释性政策分析法最适合的情景是政策复杂、包含多方面和涉及各种利益相关者的作用影响,并对语言政策的开发、实施和应用能够产生一系列作用。此章对数据采集、分析和解读的众多方法(包括基于扎根理论的质性研究方法)进行了简单的说明,可以起到引导新手研究者入门的作用。此章的个案研究介绍的是在2000年亚利桑那州通过《限制双语教育并将结构化/庇护性英语沉浸法作为英语教学主要方法》(203号提案)后,出现的复杂社会现象及有关研究的举例。

"第十六章 映射语言意识形态"讨论的语言意识形态研究是20世纪最后20年才出现的新兴研究领域,最初受到沟通人种学和互动社会语言学的影响,在20世纪末以后逐步围绕语言人类学的有关研究话题展开。此章在介绍研究问题和研究语境的选择时,指出语言意识形态的早期研究依赖的是人种学和历史学的研究方法,主要关注的是:(1)语言态度和语言意识形态在(人种)民族主义身份的构建和再现中的作用(这在当前的研究中仍然至关重要);(2)公共机构在语言意识形态产生中的具体作用;(3)与全球化相关的问题,如在经济新自由主义、政治正确和宗教激进主义的意识形态语篇对语言的操控。同时,此章还指出，近期语言意识形态相关的研究往往更面向同步（当前）的、本地化的、基于文本的并越来越依赖于混合方法的研究设计，结合语料库语言学的技术和批判性语篇分析的方法。作者将语言意识形态研究的主题分为三大类：语言意识形态与语言教育；语言意识形态与身份、种族和民族主义；语言意识形态和社会正义。作者重点介绍了两种数据采集和分析方法：（1）使用结构化的心理测量工具（如经过表达清晰度审查、飞行测试、量化方法检验信度效度的问卷），要求受访者对一组描述进行评分或对一组陈述进行选择的调查研究方法（定量分析为主）；（2）结合包括语料库语言学方法和批判性话语分析方法在内的综合工具对报纸话语进行分析研究的思路和设计。此章的个案研究介绍的是在波斯尼亚和黑塞哥维那开展的关于"主导语言意识形态在民族身份构建和语言决策过程中的功能"的研究。

"第十九章 使用关联分析建立不同规模层级之下的政策之间的联系"使用的一个核心概念是"关联实践"。这一概念来自社会文化理论，指的是由众多"社会行动"组成的某一特定社会现象。例如，实施语言教育政策是一个"关联实践"过程，立法、教师培训等相关社会行动就是这个过程的组成部分。因此，在语言政策与规划研究中，关联分析的主要研究目的是探究和解释不同规模层级的政策语篇在某一"关联实践"中是如何交互并建立联系的，即一个整体的事件或现象是如何由其组成部分共同作用而形成的。此章最突出的特点是作者将三类语篇（历史主体、运作中的语篇和交互顺序）、关联分析的三个阶段（建立关联、寻找方向和改变关联），以及三大类研究问题（语言政策中语言之间的关系、语言政策与个人语言使用和信念之间的关系、语言政策与社会语言环境之间的关系）结合在一起，绘制了一张以政策行动为核心的在语言政策与规划研究中进行关联分析的图谱，图谱非常清晰地罗列了分别以上述三类语篇为研究语境的情况下，语言政策所处的规模层级、可以选择的关联点、研究问题，以及可以采用的数据收集和分析方法，并对三类语篇的交互关系在语言政策与规划研究中的应用做了详细的说明。在此章的个案研究中作者介绍了他和同事在得知瑞典一所大学准备制定语言政策的时候，如何参与其中并使用关联分析的方法为政策制定工作提供建议和协助的过程。

(四) 语言政策与规划学者参与公共事务的若干途径

此书的附录部分简明清晰地为研究者(特别是刚刚进入语言政策与规划研究的新手们)如何开展语言政策与规划研究提出了建议,指出了在不同环境(教育、政治、媒体等)面对各种对象(教育者、受教育者、政治家、政策制定者、媒体大众)时,如何开展语言政策与规划研究并将研究成果转化到政策制定和实施的过程中。附录 A 介绍的是在与学校和社区进行交流和互动时,应该如何调查了解教育环境中的语言政策、课程安排和实际做法,从而为特定学校或行政区域提供具体而有效的语言政策与规划建议。附录 B 的核心内容是当语言政策与规划相关问题成为公众关注和讨论的热点话题时,语言学家应该采取的积极态度和具体做法:迅速回应热点、撰写简明扼要和突出重点的文章、引用简短的论述、建设专门的网站发布观点、充分利用新闻和社交媒体及其他新闻服务平台传播观点、多次重复观点、预见可能遇到的挫折、做好成长的准备等。附录 C 则为有机会与政治领导人或政策制定者进行交流、讨论语言政策与规划问题的研究者们提供了一个可以遵循的行动步骤:在初期阶段如何反思个人研究需求、与即将会见的人讨论某个话题是否恰当得体等问题;在准备阶段怎样规划好会见的时间轴、讨论的话题和提出的问题、需要使用的交流策略等;在会面阶段可以采取哪些措施建立信任,以及需要注意哪些正规场合的社交礼仪等;在反思阶段需要考虑哪些问题,以及在会面后应该继续关注相关领导人或政策制定者的语言政策与规划行为等。附录 D 中提出的一个重要理念是在语言政策与规划实践中"如何管理媒体",并提出了面对媒体采访过程中的一些有效和无效的做法。有效的做法包括了解采访你的记者和你将要面对的观众、确保对问题的回答中心明确、表述生动而具体、提前确定谈话要点、表现出人性化有亲和力的形象、设定内容界限并严格审查等。无效的做法包括使用学术话语、试图全面深入回答记者的提问、临时发挥、过于学究气等。

三、简评

作为一本语言政策与规划研究方法的"实用指南",此书既包含语言政策与规划研究相关理论的简单梳理,也为打算从事语言政策与规划研究的研究生和新手研究者提供了一个在选择研究方法和研究话题时的重要参考。这本书有以下几个突出的特点。

第一,以新手研究者为主要读者群。此书由不同作者精心撰写的短小精悍的文章构成,且每篇文章(除前言外)都以相似的结构呈现给读者,特别是此书正文第二部分包含了寻找确定研究问题、选择研究语境、数据采集和分析方法以及个案研究举例等。对于新手研究者来说,这本书结构体例清晰,可以作为参考书经常翻阅,并且很容易查到自己感兴趣的话题可以使用的研究方法,或根据该书提供的建议进一步查阅其他参考文献。

第二,关注不同方法和理论之间的关联。书中各章所讨论的主题和方法有很多关联,全书明确标注的联系点有40处之多。例如,在第二章讨论研究方法选择时,提到了与第四章相关的伦理问题、与第三章相关的研究者定位问题;在第四章讨论伦理问题时,谈到了与第三章相关的研究者定位问题,还提示了第十三章出现的有关研究趋势的变化;第五章探讨语言政策与政治理论时,还提到了与政治和法律(第六章)的关联,以及可以采用的经济学研究视角(第十一章);第九章的课堂话语分析又与第三章的研究者定位问题密切相关;第十五章的互文法则可以和历史结构分析法(第十三章)、人种学方法(第八章)、语言意识形态分析(第十六章)以及关联分析(第十九章)等方法结合使用;语言意识形态分析(第十六章)又与语言态度(第十七章)密切相关;等等。

第三,贯穿全书的人种学视角。全书"人种学"(Ethnography)一词总共出现了147次,它的形容词"人种学的"(Ethnographic)则出现了130次,分布在全书十九个章节中的十五个章节里以及前言和附录中。由此可见,人种学研究的理论和实践为语言政策与规划研究提供了基础,也是语言政策与规划研究中不可或缺的一个考量因素。

这本书在总体上延续了托马斯·李圣托在2009年编辑出版的《语言政策导论：理论与方法》一书的基本架构，探讨了一些与之相似的理论和方法论话题，补充了之后相关领域的新进展，同时增加了语料库语言学等被日益广泛用于语言政策与规划研究的多种方法和研究视角。可以说此书更具实践参考价值，对寻找研究方法的研究者而言，可以更快地找到更加实用的、与自己的研究主题相匹配的研究方法。但是，《语言政策导论：理论与方法》一书中探讨的批评性语篇分析、地理语言学分析和心理社会语言学分析的方法对语言政策与规划研究的意义也是十分重大的，而《语言政策与规划中的研究方法：实用指南》对这些内容却鲜有提及或没有涉及，这是该书的不足之处。

图书在版编目(CIP)数据

语言政策与安全研究 / 夏甘霖主编 . —— 上海 : 上海社会科学院出版社,2024
ISBN 978 – 7 – 5520 – 3995 – 5

Ⅰ.①语… Ⅱ.①夏… Ⅲ.①语言政策—关系—国家安全—研究 Ⅳ.①H002②D035.3

中国版本图书馆 CIP 数据核字(2022)第 203786 号

语言政策与安全研究

主　　编	夏甘霖
责任编辑	沈明霞
封面设计	陈雪莲
出版发行	上海社会科学院出版社 上海顺昌路 622 号　邮编 200025 电话总机 021 – 63315947　销售热线 021 – 53063735 https://cbs.sass.org.cn　E-mail:sassp@sassp.cn
排　　版	南京展望文化发展有限公司
印　　刷	上海万卷印刷股份有限公司
开　　本	710 毫米×1010 毫米　1/16
印　　张	19
插　　页	2
字　　数	310 千
版　　次	2024 年 1 月第 1 版　2024 年 1 月第 1 次印刷

ISBN 978 – 7 – 5520 – 3995 – 5/H・069　　　　定价:88.00 元

版权所有　　翻印必究